Günter Liehr
Grand Paris

Für Angela

Günter Liehr

GRAND PARIS

Eine Stadt sprengt
ihre Grenzen

12 urbane Exkursionen

Rotpunktverlag

Der Rotpunktverlag wird vom Bundesamt für Kultur
mit einem Strukturbeitrag für die Jahre 2016–2020
unterstützt.

© 2017 Rotpunktverlag, Zürich
www.rotpunktverlag.ch

Umschlagfoto: © Herzog & de Meuron
Gestaltung und Karten: Patrizia Grab
Lithografie: typopoint GbR, Ostfildern
Druck und Bindung: Friedrich Pustet, Regensburg

ISBN 978-3-85869-729-5
1. Auflage

INHALT

7	EINLEITUNG
10	DIE HAUPSTADT DES 19. JAHRHUNDERTS
38	Exkursion 1: Auf den Spuren von Haussmann
49	DIE NEUEN RÄNDER VON PARIS
61	Exkursion 2: Das ehemals industrielle 19. Arrondissement
72	Exkursion 3: Auf den Spuren der Impressionisten im Seinetal
83	PIONIERE DES SOZIALEN WOHNUNGSBAUS
93	Exkursion 4: Sozialwohnungen in Ménilmontant
103	Exkursion 5: Tramfahrt über den Boulevard des Maréchaux
113	Exkursion 6: Die Cité-jardin von Stains
123	VOM PROLETARIAT UMZINGELT
135	NACHKRIEGSPROBLEME
141	GAULLISTISCHE MODERNE
149	Exkursion 7: Sarcelles, das erste »Grand ensemble«
159	MODERNISIERUNG »INTRA MUROS«
171	Exkursion 8: Das modernisierte 13. Arrondissement
178	NEUE STÄDTE AUS DER RETORTE
186	Exkursion 9: »Ville nouvelle« Marne-la-Vallée

196	DIE GENTRIFIZIERUNG GEHT WEITER
202	Exkursion 10: Gentrifizierung im 11. Arrondissement

212	RAUCHZEICHEN

220	DER WILLE ZUR GRÖSSE

229	DIE JAHRHUNDERTBAUSTELLE

240	DIE STADT ALS UNTERNEHMEN
252	Exkursion 11: La Défense
264	Exkursion 12: Umgewidmete Industriebrachen in der Plaine Saint-Denis

273	PROPAGANDA UND PROTESTE

281	BESSERES LEBEN FÜR ALLE?

289	Literaturverzeichnis
292	Bildnachweis
293	Personenverzeichnis

EINLEITUNG

Diese Hauptstadt ist ein einzigartiger Fall: ein kompaktes, abgeschlossenes, ovales Gebilde, von der umgebenden Stadtlandschaft deutlich abgesetzt, früher von Befestigungsanlagen, inzwischen vom Autobahnring des Boulevard Périphérique umrundet. Immer noch wird der Ausdruck »intra muros« benutzt, wenn vom »eigentlichen« Paris die Rede ist. Im abgeschotteten, eiförmigen Kern mit dem Autokennzeichen und der Postleitzahl 75 leben etwas mehr als zwei Millionen Menschen, während die Einwohnerzahl »extra muros«, draußen vor den Toren, die der Hauptstadt längst um ein Vielfaches übertrifft.

Seit 1860 ist das Stadtgebiet von Paris nicht mehr erweitert worden, die Hauptstadt ist klein geblieben: Nur 105 Quadratkilometer beträgt ihre Fläche. Madrid hat 607, in Moskau sind es 879, in London gar 1579.

Mit dieser Besonderheit wird es nun ein Ende nehmen. Die Hauptstadt soll ihr Korsett sprengen, auf staatliche Initiative werden »intra« und »extra muros« zu der größeren Einheit »Grand Paris« zusammengefügt.

Zu Beginn des Jahres 2016 wurde per Gesetz die neue administrative Struktur »Métropole du Grand Paris« ins Leben gerufen. Sie umfasst das bisherige Paris, dazu 130 Gemeinden der umliegenden Banlieue, und ist berufen, zur europäischen Metropole schlechthin zu werden.

Ein Transformationsprozess hat eingesetzt, der sich über einen Zeitraum von zwanzig Jahren hinziehen wird. Im Moment sieht man noch nicht viel von der Riesenbaustelle, die Arbeiten vollziehen sich bislang weitgehend unter der Erde: Gebaut wird ein weit in die Agglomeration ausgreifendes neues Metronetz, als Adersystem des vergrößerten Stadtkörpers.

Die oberirdische Stadt der Zukunft wird vorerst in gespenstischen Digitalmodellen präsentiert, es dominieren vertikale Phänomene: Eigenwillig geformte Wolkenkratzer, mal dreieckig, mal schräg verkantet, prägen die künftige Skyline. Der Eiffelturm wird wohl seine Exklusivität als beherrschende Landmarke verlieren.

Drohen hier Verunstaltungen? Muss man sich Sorgen machen? Was in Paris geschieht, betrifft ja nicht bloß die Bewohner dieser Stadt. Sie gehöre allen Völkern, hat Victor Hugo geschrieben. »Die Menschheit hat ein Anrecht auf Paris.« Lange Zeit war diese Stadt eine universelle Orientierungsgröße, ein Ort künstlerischer wie politischer Avantgarden, Hauptquartier des Luxus und der Moden. Auch wenn Paris heute diese herausragende Rolle nicht mehr im gleichen Maße spielt, ist doch die Faszination nicht verschwunden. Die Stadt ist nach wie vor ein Magnet für Abermillionen Besucher. Vielen ist sie lieb und vertraut. Ankündigungen größerer Eingriffe wirken beunruhigend.

Das heißt: Vertraut ist vielen das noch immer ziemlich homogene Paris »intra muros« mit seinen zwanzig Arrondissements, »Le Petit Paris« sozusagen. Das große Gebiet draußen vor den Toren mit seinen neun bis zehn Millionen Menschen, das sich weit in die Ile-de-France hinein ausbreitet, das kennt man kaum. Auch für Pariser ist die Banlieue weithin Terra incognita, ein formloser Brei, je nachdem Wüste oder Dschungel. Da wohnen die »banliusards«, wie sie abwertend genannt werden. Dort herrscht ein konturloses Durcheinander. Es gibt gewiss einige verborgene Perlen, aber insgesamt ist das Territorium der Vorstädte für die Hauptstädter wenig verlockend. Endlose Teppiche aus Einfamilienhäusern wechseln mit abschreckenden Hochhauswohnsiedlungen, dazwischen alte Ortskerne, Landschaftsreste, Verschiebebahnhöfe, aufgegebene Fabriken, Warenlager, Reklametafeln, Großmärkte.

Bilder von Vorstadttristesse haben sich seit langem durch die Literatur – Louis Ferdinand Céline, Emanuel Bove, Blaise Cendrars – verfestigt, oder auch durch Fotografien wie die von Robert Doisneau. Später thematisierten Filme wie *La Haine* (Hass) von Mathieu Kassovitz oder *Dheepan* (Dämonen und Wunder) von Jacques Audiard die rauen Verhältnisse der Banlieue. Wer wollte da schon hin? Allenfalls durchquerte man sie per Auto oder Bahn.

Zwischen drinnen und draußen existiert ein physischer und mentaler Graben. Als der Verleger und Essayist François Maspero für sein Buch *Roissy Express* in die Banlieue aufbrach, erschien es ihm wie eine Expedition auf einen fremden Erdteil, und er bemerkte selbstkritisch: »Du machst dich über alle Leute lustig, die einen kleinen Trip nach China machen und ein Buch mit zurückbringen, doch was könntest du aus La Courneuve oder Bobigny-Pablo Picasso berichten, wo die Metros hinfahren, die du jeden Tag nimmst, in einem Land in dem du lebst? Als guter Franzose redest du dauernd über alles und nichts, doch bist du jemals in Sevran-Bedaudottes oder in Les Baconnets ausgestiegen, Stationen, an denen du seit Jahren ständig vorbeikommst?«

Jetzt sollen also »intra« und »extra muros« vereint werden, nachdem sie so lange getrennt waren. Neu ist diese Idee nicht. Schon seit Beginn des 20. Jahrhunderts wurden – vor allem von linken Politikern und Urbanisten – Vorschläge für eine Ausweitung des Pariser Stadtgebiets gemacht. Vorherrschende Motive waren dabei die Solidarität zwischen dem reichen Paris und der vernachlässigten Banlieue und die Herstellung demokratischer Verhältnisse in der unter staatlicher Vormundschaft stehenden Hauptstadt. Jahrzehntelang wurden diese Forderungen erhoben und immer wieder abgewehrt. Und so blieb eben Paris, anders als andere Hauptstädte, eine abgegrenzte geschützte Sonderzone.

Aktuell wurde die Frage erst wieder durch Staatspräsident Nicolas Sarkozy, der zur allgemeinen Überraschung gleich nach seiner Amtsübernahme 2007 die Stadterweiterung zum Thema machte. »Le Grand Paris« sei eine Antwort auf die großen Herausforderungen der Zeit und solle »Frankreichs Trumpfkarte in Europa und der Welt« sein. Es schien auf einmal eine Sache höchster Dringlichkeit. »Zusammen werden wir die Stadt des 21. Jahrhunderts bauen.«

Zusammen? Die »citoyens« hatten bei all dem bisher wenig zu melden. Aber sie durften staunen. »Wir werden die Chance haben, ein außerordentliches Abenteuer zu erleben, nämlich die Metamorphose unserer Hauptstadt!«, verkündete ein Manager der Société du Grand Paris, die zuständig ist für die Schaffung des neuen Metrosystems.

Wohin geht die Reise? Welche Motive stehen hinter der Grand-Paris-Initiative? Weshalb wird jetzt ein Schritt unternommen, den man viele Jahrzehnte hindurch strikt vermieden hatte? Es drängt sich auf, die Entwicklungen nachzuzeichnen, die der Pariser Großraum seit den Zeiten des Baron Haussmann durchlaufen hat.

DIE HAUPSTADT DES 19. JAHRHUNDERTS

Paris ist wie eine Zwiebel gewachsen, sieben Ringe werden von den Historikern gezählt. Auf eine Mauer folgte jeweils die nächste, wenn die befestigte Grenze vom Wachstum der Stadt überschritten worden war. »Schließlich springen die Häuser über die Mauer Philippe Augustes hinaus, zerstreuen sich lustig in der Ebene, wie Flüchtlinge ohne Ordnung und Symmetrie.« So beschreibt Victor Hugo diesen Prozess in *Der Glöckner von Notre-Dame*. Nach der um 1200 gebauten Mauer von Philippe Auguste kam im 14. Jahrhundert die von Charles V, deren Verlauf im Stadtplan in Gestalt der Grands Boulevards noch gut erkennbar ist, ebenso wie die Mauer der Generalpächter aus dem 18. Jahrhundert, die den nächsten Boulevardring entstehen ließ. Diese 24 Kilometer lange Zollmauer, die ungefähr den Strecken der heutigen Metrolinien 2 und 6 entspricht, bildete zu Beginn des Zweiten Kaiserreichs noch die Stadtgrenze für das aus zwölf Arrondissements bestehende Paris. Sie hatte keine militärische, sondern ausschließlich fiskalische Bedeutung: An den Durchgangsstellen mussten die nach Paris eingeführten Waren verzollt werden.

Der Gedanke an eine militärische Verteidigungslinie der Hauptstadt war während der Julimonarchie (1830 bis 1848) aufgekommen, motiviert durch die Niederlage Napoléons im März 1814 und Blüchers Einmarsch in Paris im Juli 1815. Es gab

längere Diskussionen darüber, ob man nun einzelne Forts in einem weiten Bogen um die Stadt errichten sollte oder besser eine zusammenhängende Mauer. Schließlich entschied man sich unter Regierungschef Adolphe Thiers für eine Kombination aus beidem.

Oppositionelle argwöhnten, es ginge in Wirklichkeit weniger um die Verteidigung gegen einen äußeren Feind als darum, die eigenen Citoyens in Schach zu halten, denn in Lyon hatten kurz zuvor Forts der Armee dazu gedient, den Aufstand der Weber niederzuschlagen. Der Bau einer solchen Befestigung stelle einen Misstrauensakt gegen das Volk dar, eine »flagrante Reaktion gegen die Französische Revolution«, sagte der Dichter und Abgeordnete Alphonse de Lamartine.

Worauf Thiers sich darüber entrüstete, dass jemand so etwas überhaupt denken konnte: »Es hieße, eine Regierung, welche es auch sei, zu verunglimpfen, wenn unterstellt wird, sie könne eines Tages, um sich an der Macht zu halten, die Hauptstadt beschießen.«

Adolphe Thiers' Befestigungsgürtel.

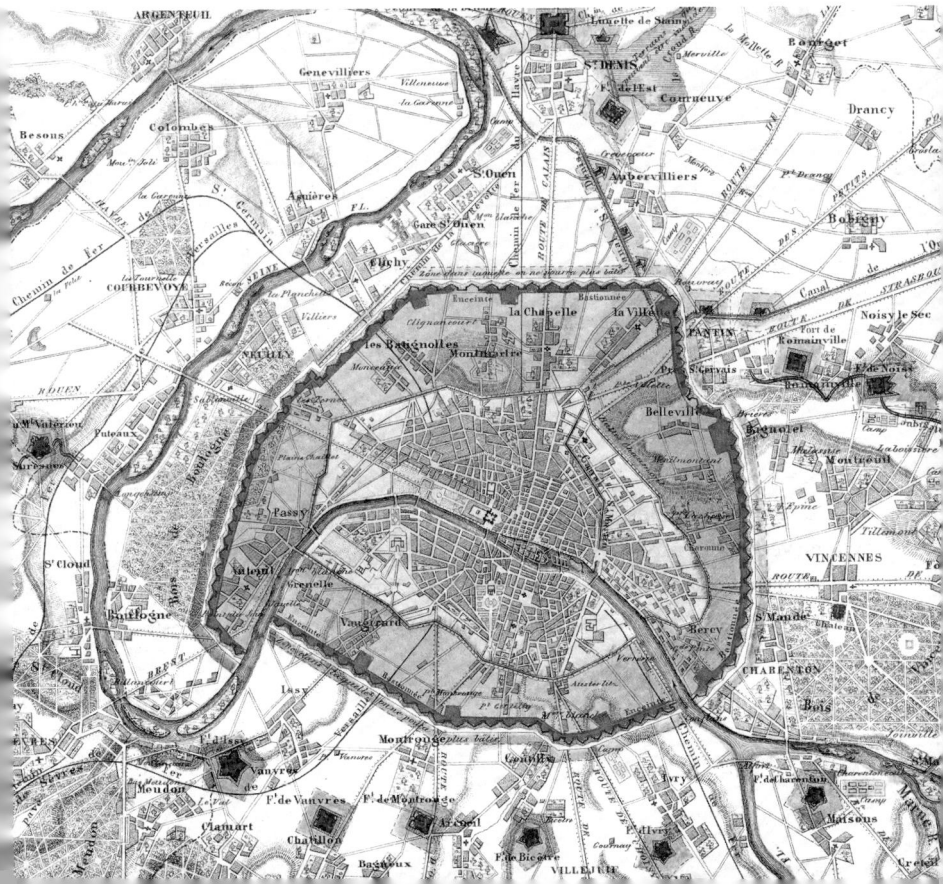

Bittere Ironie, wenn man bedenkt, was er selbst dann 1871 bei der Niederschlagung der Pariser Commune anrichten sollte.

1841 wurde der Bau des Befestigungsgürtels beschlossen, dazu die Anlage von 17 vorgelagerten Forts. Das 1845 vollendete Bauwerk schuf eine neue räumliche Konstellation rund um die Hauptstadt. Manche Gemeinden wie Belleville, Charonne, Vaugirard, Montmartre, Bercy oder Passy waren nun von diesem weit vorgelagerten Mauerring komplett eingeschlossen, andere wie Ivry, Auteuil oder Montrouge in zwei Teile geschnitten. Kaum fünfzehn Jahre nach dem Bau der Thiers-Befestigung begann man in Deutschland und Österreich damit, solche Anlagen zu demontieren. Die Kriegstechnik hatte sie zum Anachronismus gemacht.

DER NEUE AUGUSTUS

Während des Zweiten Kaiserreichs wurde die nächste Ausdehnung des Stadtgebiets bis hin zur thierschen Befestigung unternommen. Sie wurde im Rahmen eines beispiellosen städtebaulichen Transformationsprozesses vollzogen, der im Laufe von achtzehn Jahren die soziale Struktur und das Gesicht von Paris gründlich änderte und jene Metropole hervorbrachte, die in ihrem Erscheinungsbild in großen Teilen noch heute existiert.

Vorausgegangen war die Revolution von 1848. Vor dem Hintergrund einer schweren Wirtschaftskrise hatten Proteste gegen das Zensuswahlrecht in Paris den Auslöser für die Erhebung geliefert. Im Februar wurde der Julimonarchie ein Ende bereitet, eine provisorische Regierung verkündete die Republik – es war die zweite nach der von 1792. Aber nach einer ersten euphorischen Phase mit ergreifenden Verbrüderungsszenen zwischen Bürgern und Arbeitern erlebte Paris im Juni den hässlicheren Teil der 48er-Revolution: Die Nationalwerkstätten, die dem notleidenden Proletariat das Überleben sichern sollten, wurden geschlossen. Daraufhin wuchsen in den Pariser Arbeitervierteln zahlreich wie nie zuvor die Barrikaden empor. Den Aufstand, der nun ausbrach, bezeichnete Alexis de Tocqueville als den »größten und einzigartigsten« in der französischen Geschichte. 100 000 Menschen waren an den Kämpfen beteiligt, die vier Tage lang in der östlichen Hälfte der Stadt tobten. Karl Marx sprach vom Juni 1848 als »dem kolossalsten Ereignis in der Geschichte der europäischen Bürgerkriege«. Zum ersten Mal war der Klassengegensatz deutlich aufgebrochen. Mit hemmungsloser Brutalität ließ die bürgerliche Regierung den Barrikadenaufstand niederschlagen. Die Verbrüderungsillusion vom Februar und die Verheißungen einer sozialen Republik wurden im Blut der Aufständischen ertränkt, zerstoben war die Fiktion der republikanischen Gemeinsamkeit.

Eine Konsequenz aus diesem Bruch war die Wahl von Louis Napoléon Bonaparte zum ersten Präsidenten der Zweiten Republik im Dezember 1848. Er vereinte auf sich die Stimmen der monarchistischen und klerikalen Rechten sowie vieler von der Republik enttäuschten und betrogenen Arbeiter. Der von Marx als windiger Abenteurer geschmähte Neffe Napoléons bereitete denn auch mit seinem Putsch vom Dezember 1851 der Republik bald wieder ein Ende, angeblich um die für die Wahlen vom Mai 1852 zu erwartende »rote Anarchie« zu verhindern. Dafür inszenierte er ein Jahr darauf als Napoléon III eine Neuauflage des napoleonischen Kaiserreichs.

Im Londoner Exil hatte er feststellen können, wie sehr Frankreich gegenüber England wirtschaftlich im Rückstand war. Nun trat er mit dem Ehrgeiz an, die französischen Verspätungen aufzuholen, den Pauperismus zu überwinden sowie Ruhe und Ordnung zu gewährleisten beziehungsweise »die Ära der Revolutionen zu schließen und die legitimen Bedürfnisse des Volkes zu befriedigen«.

Die Ereignisse von 1848 hatten deutlich gemacht, dass sich die französische Gesellschaft in einem instabilen, potenziell explosiven Zustand befand. Eine marxistische Interpretation liefert der britische Sozialtheoretiker David Harvey: »Dies war eine ausgewachsene Krise kapitalistischer Überakkumulation, in der massive Überschüsse von Kapital und Arbeitskraft parallel nebeneinander existierten, ohne dass ein Weg offen schien, der sie auf profitable Weise zusammenführen würde. Entweder Reform des Kapitalismus oder revolutionärer Umsturz: diese Alternative starrte 1848 jedem deutlich ins Gesicht.«

Das unter der Julimonarchie akkumulierte Kapital war im Überfluss vorhanden, ebenso eine unzureichend beschäftigte, der Verarmung ausgesetzte Masse von Arbeitern. Die theoretischen Voraussetzungen für einen wirtschaftlichen Aufbruch schienen also vorhanden. »Die Regierungen sind dazu da, der Gesellschaft zu helfen, die Hindernisse, die ihr Fortschreiten aufhalten, zu beseitigen.« So lautet Louis Napoléons Credo. Wie konnte man der französischen Wirtschaft neue Impulse geben, sie auf dem Weg in den Industriekapitalismus voranbringen? Eine wichtige Rolle als ideologisches Triebmittel spielte dabei der Saint-Simonismus, diese aus den Schriften des

Enge Gassen der Pariser Altstadtviertel.

Grafen von Saint-Simon abgeleitete Lehre von der segenbringenden Allianz der modernen Industrien, aus der eine gerechte und harmonische Sozialordnung hervorgehen würde. Die saint-simonistische Doktrin, die das Loblied der technokratischen Eliten sang, fand reichlich Anhänger unter Industriellen und Bankiers und verlieh der imperialen Wirtschaftspolitik eine quasi spirituelle Legitimität, zumal sich viele ihrer Adepten für die Durchsetzung eines entschlossenen Industrialisierungsprogramms nur ein autoritäres Regime vorstellen konnten.

In Michel Chevalier, einem früheren Weggefährten des saint-simonistischen »Priesters« Prosper Enfantin, besaß Louis Napoléon einen einflussreichen Berater. Und die beiden Brüder Pereire, saint-simonistisch inspirierte Bankiers, beseelt von der Idee, dass universeller Kredit den Weg zu ökonomischem Fortschritt und sozialer Versöhnung ebne, erwiesen sich als unersetzlich für die Modernisierung des französischen Bankwesens und die Finanzierung von Napoléons großen Projekten.

Es galt, das ruhende Kapital zu wecken, es durch die Praxis öffentlicher Anleihen zu mobilisieren und disponibel zu machen für große fortschrittsträchtige Projekte. 1852 gründeten die Brüder Pereire den Crédit Mobilier, um das Geld größerer wie kleinerer Sparer einzusammeln und Investitionen durch längerfristige Kredite zu fördern.

Voraussetzung für den großen Sprung nach vorn war die Vereinheitlichung des nationalen Marktes. Dazu gehörte die Schaffung eines zusammen-

hängenden Eisenbahnnetzes, zu dessen Finanzierung die Brüder Pereire entscheidend beitrugen. Und es ging damit prächtig voran: 1852 gab es in Frankreich 3870 Kilometer Bahnstrecken, 1870 waren es bereits 17 000 Kilometer. Und natürlich war Paris das Zentrum des neuen Eisenbahn-Spinnennetzes.

Die Neugestaltung der Hauptstadt gehörte ebenfalls zu den vorrangigen Projekten des Empereur. »Ich will ein neuer Augustus werden, denn Augustus hat aus Rom eine Stadt aus Marmor gemacht«, hatte er schon Jahre zuvor pathetisch verkündet. Nun sollte aus Paris die »schönste Stadt der Welt« werden. Verschönerung – »embelissement« –, das war die allgemeine Bezeichnung, die er seinen Plänen gab. Als Vorbild diente ihm London, denn die urbanistische Gestaltung der britischen Hauptstadt mit ihren Parks und Squares hatte ihn stark beeindruckt. Aber es ging natürlich bei den angestrebten »Verschönerungen« um weit mehr als um neue Grünanlagen. Was anstand, war eine grundlegende Reorganisation des städtischen Raums. Louis Napoléon hatte ein neues Schema breiter Achsen im Sinn, geradlinige Einschnitte, die er auf einem Stadtplan einzeichnete. Der frühere Präfekt Rambuteau hatte schon während der Julimonarchie mit solchen Durchbrüchen begonnen, war aber nicht sehr weit gekommen. Jean-Jacques Berger, den Louis Napoléon bei seinem Amtsantritt als Präsident im Dezember 1848 zum Präfekten des Seine-Département ernannt hatte, erwies sich als zu langsam und zu zaghaft für die Umsetzung der großen Pläne.

Erst mit Eugène Haussmann, der 1853 an Bergers Stelle trat, hatte der Kaiser seinen Mann für die Paris-Umgestaltung gefunden, das heißt, gefunden hatte ihn eigentlich Innenminister Persigny, Louis Napoléons alter Kampfgefährte und engster Berater, der sich später an seine erste Begegnung mit Haussmann erinnerte: »Vor mir stand einer der außergewöhnlichsten Menschen unserer Zeit. Groß gewachsen, stark, tatkräftig, entschlossen und zugleich schlau, gerissen, mit einem fruchtbaren und einfallsreichen Gehirn, scheute sich dieser verwegene Mann nicht, offen zu bekennen, wer er war. [...] Als diese faszinierende Persönlichkeit sich mit ihrem brutalen Zynismus vor mir entblößte, konnte ich meine starke Befriedigung kaum zurückhalten.«

Dieser von Skrupeln unbehelligte, »halsstarrige, dickfellige, kühne, selbstsichere Kraftprotz« mit seinem brachialen Durchsetzungswillen, »dieses große Raubtier« schien über die nötigen Eigenschaften zu verfügen, um die radikale Modernisierung der Hauptstadt durchzusetzen. Haussmann wurde zum Erfüllungsgehilfen der kaiserlichen Ideen, war aber auch mehr als das. Er hatte sehr eigene Vorstellungen für die Gestaltung des großen Werks und wusste sie auch durchzusetzen.

SANIERUNGSFALL PARIS

Das Zweite Kaiserreich war mit einer Stadt konfrontiert, deren Bevölkerung sich während eines halben Jahrhunderts innerhalb derselben Grenzen verdoppelt hatte und von 546 000 im Jahr 1801 auf 1 053 000 im Jahr 1846 angewachsen war. Es waren viele Saisonarbeiter darunter, Migranten aus der Provinz, die sich in den oft überfüllten Häusern der zentralen Stadtteile konzentrierten. In den Hinterhöfen wurde jeder Fleck für zusätzliche Behausungen und Werkstätten vollgebaut. Die schmalen Gassen dieser labyrinthischen Viertel waren für Fahrzeuge kaum zu benutzen und ließen auch in hygienischer Hinsicht sehr zu wünschen übrig. Allgegenwärtiger feuchter Schlamm und üble Gerüche machten auf Besucher einen unguten Eindruck. »Der Fußgänger ist nicht nur der ständigen Gefahr der Wagen ausgesetzt, es fehlen wegen der Höhe der Häuser auch Luft und Sonne, und da es kaum Abwasserkanäle gibt, wälzt sich durch viele Straßen schwarzer Schlamm«, klagt ein Paris-Führer von 1831. Und 1844 schrieb der Stadtrat Victor Considérant: »Das gesamte Zentrum von Alt-Paris und die drei Arrondissements am linken Ufer sind ebenso wie die Cité eine große Kloake, während die Viertel Gros Caillou, Saint-Marcel und Ile Saint-Louis in ihrer Isolation immer mehr verkommen.« Die Verhältnisse waren beengt, ungesund und menschenunwürdig, keine Frage.

Mehrere Motive bündelten sich im Projekt der großen Umgestaltung. Zum einen ging es um eine Verflüssigung des Verkehrs, der bislang in den engen Gassen stecken blieb. Das moderne Verkehrsmittel Eisenbahn drang zwar ins Innere der Stadt vor, traf dort aber auf ein quasi mittelalterliches Gewirr aus schmalen Gassen. Um die Zirkulation von Waren und Menschen im Stadtgebiet zu beschleunigen, mussten die Bahnhöfe an ein modernes Straßennetz angeschlossen werden.

Des Weiteren drängte sich die Sanierung heruntergekommener und unhygienischer Viertel auf. Haussmann hielt sich später zugute, dass es ihm gelungen sei, »die beengten, schäbigen, verdreckten und ungesunden Häuser abzureißen, die überwiegend Nistplätze von Not und Elend waren – eine wahre Schande für ein großartiges Land wie Frankreich«.

Schwere Choleraepidemien hatten in jüngerer Zeit die Stadt heimgesucht, so etwa 1832, im selben Jahr, als in den verwinkelten Quartiers um die Rue Saint-Martin und im Faubourg Saint-Antoine ein republikanischer Barrikadenaufstand gegen das Regime der Julimonarchie ausbrach. Eine weitere Choleraepidemie folgte 1849, ein Jahr nach den Barrikadenkämpfen vom Juni des Vorjahres. So ist mit »Sanierung« hier beides gemeint: die Idee der Gesundung der Stadt durch Bekämpfung sowohl der bakteriellen als auch der politischen Infektionsherde.

Ein Teil der Aufgabe bestand also darin, die Hauptstadt, in der seit dem Mittelalter immer wieder Konflikte zwischen den Herrschenden und dem Pariser Volk ausgebrochen waren, politisch zu entschärfen, jenes Paris der Revolutionen, Revolten und Rebellionen zu zähmen, von dem, wie Friedrich Engels schrieb, »in gemessenen Zeiträumen die elektrischen Schläge ausgehn, unter denen eine ganze Welt erbebt«, und das Heinrich Heine veranlasste, vom Talent der Franzosen für den Barrikadenbau zu schwärmen: »Jene hohen Bollwerke und Verschanzungen, zu deren Anfertigung die deutsche Gründlichkeit ganze Tage bedürfte, sie werden hier in einigen Minuten improvisiert, sie springen wie durch Zauber aus dem Boden hervor, und man sollte glauben, die Erdgeister hätten dabei unsichtbar die Hand im Spiel.«

Die kritischen Köpfe Europas mochten die spezifische Pariser Aufruhrqualität schätzen die so etwas wie ein politisches Markenzeichen dieser Stadt geworden war. Die jeweiligen Machthaber aber empfanden das Volk von Paris, das sich immer wieder dreist in den Gang der Geschichte einmischte, als furchterregend und abstoßend. Schon 1831 dichtete Auguste Barbier:

»O Pöbel von Paris, herzlose Brut des Lasters,
Die keck das Eisen schwingt und keck den Stein des Pflasters.
Du Meer, dess' Zorngebrüll, wenn es im Sturm erwacht,
Auf der gekrönten Stirn den Goldreif zittern macht,
Das himmelhoch drei Tag' emporwirft seine Massen,
Und wieder fällt und träg sich hinstreckt und gelassen,
Volk, einzig in der Welt, in dem sich rätselhaft
Mit Greisensünden mischt beschwingte Jugendkraft,
Das mit Verbrechen spielt und mit dem Tode – immer
Erstaunt vor dir die Welt, doch sie begreift dich nimmer.
Ein Höllenkessel ist auf diesem Erdenrunde,
Er heißt Paris und dampft und qualmt zu jeder Stunde.«

Aus diesem Höllenkessel den Dampf abzulassen, die aufstandsfreudigen Kräfte zu neutralisieren, und zwar möglichst ein für alle Mal – auch dies gehörte zu den Motiven der großen Transformation. Der unruhige Plebs sollte aus der inneren Stadt vertrieben, oder zumindest unter Kontrolle gehalten werden. Zur politischen beziehungsweise sozialen Sanierung gehört das strategische Einkreisen, wo nicht Zerstören ganzer Viertel. Das Pariser Zentrum musste so umgestaltet werden, dass sich die dominierende Klasse dort frei entfalten konnte. Eine Petition von Unternehmern an das Städtebauministerium aus dem Jahr 1849 formulierte dieses Interesse in wünschenswerter Klarheit: »Wir müssen die alten Viertel frontal angreifen [...] und die Bevölkerung aus dem Zentrum vertreiben, müssen den Mut haben, Viertel von Grund auf umzugestalten.«

Gerade in den östlichen Teilen der Stadt, in denen der Aufstand vom Juni 1848 überwiegend stattgefunden hatte, sollten breite Boulevards den Bau von Barrikaden erschweren und Truppeneinsätze erleichtern. Diesem Zweck diente dann auch die große Kaserne auf der neu geschaffenen Place du Château d'Eau (der heutigen Place de la République), wobei die Anlage des Platzes selbst dem Militär in alle Richtungen freies Schussfeld bot. An diesem Zweck ließ Haussmann keinen Zweifel, und er betonte in seinen Erinnerungen, dass auch der Empereur, dem es offiziell um Verschönerung der Hauptstadt ging, sich von seinen Überlegungen und Planungen zur Aufruhrbekämpfung angetan zeigte. Besonders gefiel dem Herrscher die Idee des findigen Präfekten, Teile des Canal Saint-Martin zu überdecken. »Ich habe Seine Majestät selten begeistert gesehen, diesmal allerdings vorbehaltlos. [...] Der Boulevard, den ich über dem überdeckten Kanal plante, sollte anstelle der Verteidigungslinie, die dieser Kanal den Aufständigen bot, einen neuen Zugangsweg ins übliche Zentrum ihrer Krawalle schaffen.«

Haussmann ließ den Kanal 1861 von der Stadt kaufen, legte sein Bett um sechs Meter tiefer und baute den Boulevard Richard Lenoir darüber, womit er diese natürliche Barrikade beseitigte. Mit dem Boulevard Voltaire war dann der gefährliche Faubourg Saint-Antoine komplett eingekreist.

Manchmal wurden auch gefährliche Erinnerungen beseitigt. Der Durchstich der Rue de Turbigo löschte den Gedenkort für das Blutbad in der Rue Transnonain aus. Im April 1834 waren dort im Verlauf eines Volksaufstands sämtliche Bewohner eines Hauses massakriert worden. Eine legendäre Lithografie von Honoré Daumier hat das Drama festgehalten. Der urbanistische Eingriff ließ, wie Haussmann zufrieden konstatierte, »die Rue Transnonain endgültig vom Pariser Stadtplan verschwinden«.

Honoré Daumiers Lithografie *Das Massaker in der Rue Transnonain.*

DIE HAUPSTADT DES 19. JAHRHUNDERTS   19

Die politische Entschärfung war ein Anliegen sowohl des Präfekten Haussmann wie der ihm nachfolgenden Umgestalter der Hauptstadt. Angesichts einer zur Unruhe neigenden Bevölkerung wurde Paris politisch unmündig gehalten und stand unter staatlicher Vormundschaft, durfte – im Unterschied zu anderen französischen Gemeinden – keinen gewählten Bürgermeister haben. »Paris gehört Frankeich und nicht den Parisern«, stellte Haussmann in seinen Memoiren klar, »nomadisierende Massen« waren für ihn die Angehörigen der Arbeiterschicht, »eine Anhäufung einander wildfremder Menschen, die nur flüchtigsten Eindrücken und beklagenswerten Reizen folgen«. Denen das Stimmrecht für Kommunalwahlen zu geben, hieße, das Hôtel de Ville »den Feinden der Staatsregierung« auszuliefern.

Zur Ruhigstellung der Risikobevölkerung war es allerdings auch nötig, ihr Arbeitspotenzial einzubinden. »Brot oder Blei!«, hatten sie im Juni 1848 gerufen. Die öffentlichen Großprojekte trugen daher zur Lösung dieses Problems bei. Arbeiter, die Straßen und Häuser bauten, errichteten keine Barrikaden. »Lieber würde ich einer feindlichen Armee von 200 000 Mann gegenüberstehen als der Bedrohung eines durch Arbeitslosigkeit verursachten Aufstands«, sagte der Kaiser.

FREUDEN DER SPEKULATION

Die Dimension des epochalen Umbauvorhabens verlangte eine Finanzierung, die das normale Budget der Stadt Paris bei weitem überstieg. Besonders teuer wurden mit der Zeit die den Hausbesitzern zu zahlenden Entschädigungssummen. Ohne viel Federlesens waren die gesetzlichen Voraussetzungen geschaffen worden, Gebäude und Grundstücke aus Gründen des öffentlichen Interesses oder wegen Baufälligkeit zu enteignen. Das ließ bei manchen Betroffenen Wut auf den tyrannischen Präfekten aufkommen. Als »Attila der Enteignung« schmähten ihn seine Gegner. Gleichwohl profitierten viele vom »Räderwerk der Enteignung, dieser allmächtigen Maschine, die in Paris fünfzehn Jahre lang das Unterste zuoberst kehrte«, so Emile Zola in *Die Beute*, seinem Roman über die Haussmannisierung von Paris. Eine der Hauptfiguren ist der gerissene Geschäftemacher Saccard, der seine Insiderkenntnisse über die nächsten geplanten Einschnitte ins Stadtgewebe zu nutzen weiß: »Zunächst trieb er ein sicheres Spiel, indem er Häuser erwarb, die er von der Spitzhacke bedroht wusste, und sich seiner Freunde bediente, um riesige Entschädigungssummen zu erzielen.« Die Kompensationszahlungen stiegen mit dem

Wert der Immobilien. Sie lagen ohnehin schon über dem Marktpreis, außerdem aber florierten betrügerische Agenturen, die Expertisen über den angeblichen Wert kläglicher Bruchbuden ausstellten. Die Kosten liefen aus dem Ruder, aber Haussmann steckte nicht zurück, er jonglierte mit waghalsigen Finanzierungsmethoden, machte hemmungslos Schulden, Hauptsache, das große Vorhaben machte Fortschritte. Es war abhängig von der Existenz finanzkräftiger Institutionen, welche in die von ihm geöffneten Stadträume investieren, Parzellen kaufen, sie bebauen und verwalten konnten. Die Pereire-Brüder wurden zur idealen Ergänzung des planenden Präfekten, der seit 1857 den Titel eines Barons trug. Es galt hier wie beim Eisenbahnbau, Kapitalflüsse in Bewegung zu setzen.

Die Pereires lancierten das Kreditinstitut Crédit Foncier und gründeten Finanzunternehmen, mit denen sie selbst zu Investoren und Promotern wurden, so die Compagnie Immobilière de Paris, die sich auf die Vermarktung von Grundstücken und Gebäuden spezialisierte.

Das Umbauprojekt bot nie gekannte Bereicherungsmöglichkeiten. Die anfangs eventuell noch skeptische Bourgeoisie ließ sich rasch anstecken. Das Verhältnis zu Immobilien bekam eine radikal neue Bedeutung. »Das war ein wildes Spiel; man spekulierte in künftigen Stadtvierteln wie in Staatspapieren«, schreibt Emile Zola. Grundbesitz wurde mehr und mehr zu einem rein finanziellen Abstraktum, zum kapitalistischen Spekulationsobjekt.

Das neue Straßensystem schuf grandiose Gelegenheiten. Vielerorts verzehnfachte sich der Wert in wenigen Jahren. Ein Extremfall: Der Quadratmeter am künftigen Boulevard de Sébastopol kostete 1850 gerade 10 Francs, sieben Jahre später war er 1000 Francs wert.

Gewerbe, die sich die steigenden Mieten nicht leisten konnten, mussten für andere Platz machen. Ein Prozess der Umschichtung und Aufnobelung von Geschäften, Cafés und Stätten des Amüsements setzte ein. Paris wurde zur Stadt des Luxus und der Moden. Haussmann hatte eine wahrhafte Wachstumsmaschinerie in Gang gesetzt.

HAUSSMANNS GROSSE BAUSTELLE

»Paris versank jetzt in einer Wolke aus Gipsstaub. […] Mit Säbelhieben zerteilte man die Stadt«, so Emile Zola in *Die Beute*. Mit dem Einsetzen der großen Arbeiten wurde Paris zu einer Stadt der Baugerüste und gesperrten Straßen. Heere von Maurern, Erdarbeitern und Zimmerleuten bevölkerten sie nun.

Dazu kamen die vielen Schaulustigen, denn was da geschah, war ja wirklich sensationell. In den Jahren des Zweiten Kaisereichs wurden 20 000 Gebäude abgerissen, 43 000 gebaut. »Von allen Seiten rücken die Avenuen im Sturmschritt vor und vernichten und nivellieren alles unter sich«, berichtet der Paris-Historiker Victor Fournel 1865 sozusagen live vom Geschehen.

In mehreren Phasen wurden die neuen Schneisen ins alte Stadtgewebe getrieben. Den Beginn machte die »grande croisée«: Auf der Höhe der Place du Châtelet kreuzten sich nun über die verlängerte Rue de Rivoli eine West-Ost-Achse vom Etoile bis zur Bastille und eine Nord-Süd-Achse in Gestalt des Boulevard de Sébastopol, die an der Gare de l'Est begann und im Süden am Observatorium endete. Der Boulevard de Sébastopol, den die Pariser »Sébasto« nennen, wurde eröffnet wie eine Denkmalsenthüllung. Haussmann hatte die Einweihung selbst inszeniert: Ein Vorhang zwischen zwei Säulen wurde feierlich aufgezogen, als sich der kaiserliche Tross vom Boulevard Saint-Denis her näherte.

Die Schaffung des neuen zentralen Verkehrsschnittpunkts, dieser neuen Mitte, wurde ergänzt durch den Beschluss zum Bau der großen Markthallen, Baltards Pavillons aus Eisen und Glas, die zum neuen »Bauch von Paris« werden sollten.

Zerstört wurde im Zusammenhang mit der »großen Kreuzung« das Armeleutequartier zwischen der Place du Châtelet und dem Rathaus. An seiner Stelle entstanden der untere Teil des Boulevard de Sébastopol, die Avenue Victoria und der neue Châtelet-Platz mit den zwei gegenüberliegenden Theatern, beide Werke des Architekten Gabriel Davioud, der auch so manches andere bauen durfte, so zum Beispiel die Prince-Eugène-Kaserne auf der Place du Château d'Eau, der heutigen Place de la République, deren ausgedehntes Terrain das Ergebnis einer größeren Kahlschlagaktion war. Bei der Demolierung des missliebigen Viertels, das dem immensen rechteckigen Platz weichen musste, wurden gleich auch die dem Baron verhassten Theater des »Boulevard du Crime« mit beseitigt. Der Boulevard du Temple wurde so wegen der blutrünstigen Stücke genannt, über die sich das niedere Volk in schlichten Etablissements amüsierte. Marcel Carnés Film *Kinder des Olymp* hat dem verschwundenen Boulevard du Crime ein Denkmal gesetzt. Nach Haussmanns Empfinden waren das allzu primitive Darbietungen, die dem angestrebten Niveau der zu verschönernden Stadt nicht mehr entsprachen. Wie anständige Theater nach dem Geschmack des Präfekten auszusehen hatten, sieht man an den beiden neuen Häusern des Châtelet-Platzes.

Keine Gnade fand etwas später auch die Ile de la Cité, die tatsächlich in keinem guten Zustand war, wenn man den Beschreibungen von Eugène Sue in seinem Roman *Die Geheimnisse von Paris* Glauben schenkt: »In den schmutzigen Häusern führten dunkle, übel riechende Gänge zu finsteren Treppen, die so steil waren, dass man sich beim Hinaufsteigen an einem Seil festhalten musste, das von der feuchten Wand herabhing.« Auch wenn es der älteste Teil der Stadt war, gab es hier keinen Respekt vor der historischen Substanz. Schon der erste Napoléon bezeichnete die Insel als »eine ausgedehnte Ruine, gerade noch gut, um die Ratten des einstigen Lutetia zu beherbergen«.

Von Haussmann, dem Vollzugsbeamten seines Neffen, wurde sie zum größten Teil abgeräumt. Anstelle des mittelalterlichen Stadtkerns entstanden drei Großbauten: die Caserne de la Cité, das Handelsgericht und das Hôtel-Dieu, ein neues Krankenhaus. Gerade auf dieses hatte der Kaiser besonderen Wert gelegt. Es sollte seinen fürsorglichen, volksverbundenen Charakter betonen, als Ausgleich zum gleichzeitig entstehenden luxuriösen Opernhaus.

Letztlich beschränkten sich Haussmanns großflächige Abrissaktionen auf einige wenige Fälle. Natürlich fielen auch den Durchbrüchen für die breiten Straßen viele alte Gebäude zum Opfer. Aber hinter der Reihe der neuen einheitlichen Mietshäuser blieb von den alten Kernen doch vieles erhalten.

Nach Fertigstellung der »grande croisée« begann 1858 die zweite Phase. »Sobald das erste Straßennetz fertig ist, beginnt erst der große Tanz! Das zweite wird die Stadt nach allen Richtungen hin durchbrechen, um die Vorstädte mit dem ersten Netz zu verbinden.« (Emile Zola, *Die Beute*)

Die mit dem Lineal gezogenen schnurgeraden Boulevards hatten nicht nur einen militärischen Sinn, sie fungierten unter anderem auch »als Verbindungen zwischen den Bahnhöfen und dem Stadtzentrum oder als Verbindungen zwischen den Bahnhöfen untereinander«, worauf Wolfgang Schivelbusch in seiner *Geschichte der Eisenbahnreise* hinweist. Unmittelbar einleuchtend ist das beim Boulevard de Strasbourg, der quasi den Schienenstrang der Gare de l'Est als Straßenschneise verlängert. Aber auch andere große Durchbrüche lassen sich neben ihrer strategischen Bedeutung als Ergänzungen zum Eisenbahnverkehr begreifen, so die Boulevards Magenta, Mazas (heute Diderot), Prince Eugène (Voltaire) oder die Rue de Rennes, die an der Gare du Montparnasse beginnt. Zu dieser Phase gehörte auch die Herrichtung der großen sternförmigen Verteilerkreise – Place de l'Etoile (heute Charles de Gaulle), Place du Trône (Nation) oder Place d'Italie.

Einen speziellen Fall stellt die Avenue Napoléon, die heutige Avenue de l'Opéra, dar. Sie war schon recht früh geplant, aber mit den Arbeiten ging es erst richtig los, nachdem der Bau der Oper beschlossen wurde. Denn die Avenue sollte dem Kaiser als standesgemäßer Zugangsweg von seinem Wohnort, dem Tuilerienpalast, zum Opernhaus dienen und gegebenenfalls auch als Fluchtweg, denn nach einem vorhergegangenen Anschlagsversuch in der früheren Oper hatte er Grund, sich vor Attentaten zu fürchten.

Zum Wettbewerb für die neue Oper, das erhoffte Glanzstück des Empire, wurden 171 Projekte eingereicht. Es gewann ein unbekannter junger Architekt namens Charles Garnier. Er war dann vierzehn Jahre lang total von seinem großen Werk absorbiert. Seine Oper sollte die Synthese aller Künste sein. Er schuf eine Hochzeitstorte mit allen erdenklichen Zutaten. Marmor, Granit, Porphyr, Onyx waren die verwendeten Steinsorten. Alles musste vom Feinsten sein: Kristalllüster, Bronzestatuen, vergoldete Brüstungen, grandiose Freitreppen. Der Bau verzögerte sich durch allerlei Finanzierungsprobleme, aber auch wegen sozialer Skrupel, die den Kaiser plötzlich packten. Wäre es nicht vielleicht klüger, dem Bau des Krankenhauses Hôtel-Dieu den Vorzug vor diesem Tempel des elitären Vergnügens zu geben? Immerhin war wenigstens die Fassade zur Weltausstellung von 1867 fertig geworden. Es kam zu einer etwas Potemkin-

Ile de la Cité vor der Haussmannisierung.

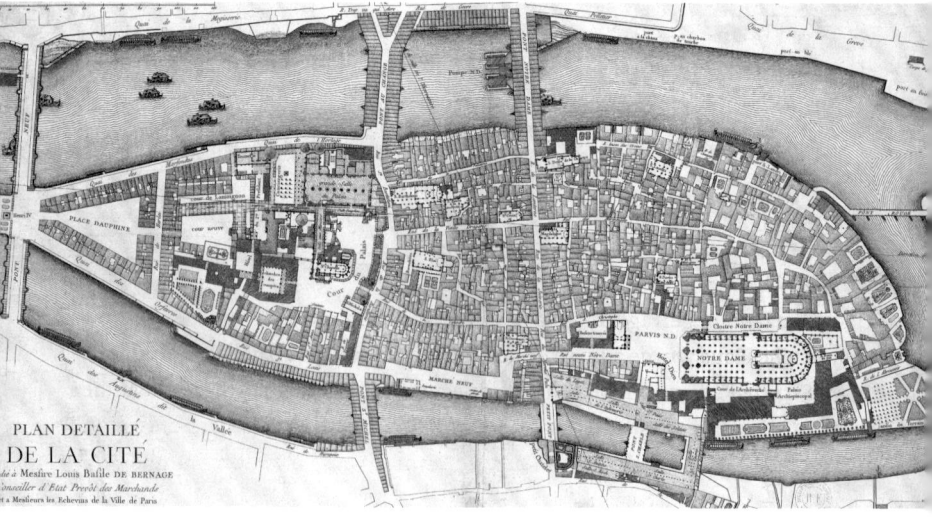

artigen Einweihung, bei der Eugénie, die Gattin des Empereur, den Architekten mit Missfallen in der Stimme gefragt haben soll: »Was ist denn das für ein Stil? Das ist nicht griechisch, ist weder Louis XV noch Louis XVI!« Darauf die Antwort des selbstbewussten Garnier: »Das ist der Stil Napoléon III, Madame, und Sie beschweren sich!« – Garnier war ein genialer Eklektiker, ein Meister im effektvollen Verquirlen unterschiedlichster Stilelemente. Er benutzte die aktuellsten Bautechniken, zeigte sie aber nicht vor. Alle Eisenstützen wurden mit traditionellen Materialien verkleidet. Alles sollte aristokratisch wirken, nichts an die industrielle Herkunft erinnern.

Der Kaiser hatte weder die Fertigstellung der Oper, dieses architektonischen Glanzpunktes seiner Ära, noch die der Avenue de l'Opéra erlebt. Als das Singspielhaus 1875 während der Dritten Republik eingeweiht wurde, war er schon zwei Jahre zuvor im englischen Exil gestorben. In der Pariser Stadtlandschaft wurde die Garnier-Oper dennoch zum emblematischen Gebäude des Second Empire. Unübersehbar prunkend hatte sie sich ins Zentrum des neu gestalteten Paris gesetzt, wie eine übermäßig mit Schmuck behängte Diva. Sie verkörperte das neue Paris und den Stellenwert der Bourgeoisie. Sie war der Palast der tonangebenden Klasse, der Ort ihrer Selbstfeier oder, wie Théophile Gautier befand, die »mondäne Kathedrale der Zivilisation«.

NEUE ÄSTHETISCHE ORDNUNG

Für die Bebauung der neuen Boulevards stellte Haussmann den Investoren die Grundstücke zur Verfügung, schrieb ihnen aber genauestens Baustil und Baumaterialien vor. Genehmigt war ausschließlich heller Quaderstein. Er erließ Vorschriften über Höhe und Zahl der Etagen. Fünf Stockwerke hatten es in der Regel zu sein, darüber ein mit Schiefer und Zink gedecktes Mansardendach. Er bestand auf wiederkehrenden Stilelementen: Die Beletage musste ein durchgängiges Balkongitter aufweisen, ebenso das oberste Stockwerk. Alles wurde für die neuen Häuserzeilen penibel reglementiert, ob Mauervorsprünge, Giebelhöhen oder Fassadendekorationen. Wenig Spielraum blieb für formale Varianten, gefragt war geballte Gleichförmigkeit. Das typisierte haussmannsche Haus wurde zum Grundelement einer neuen visuellen Ordnung.

Strikte Regeln waren auch bei der Anordnung der neuen Straßenbäume zu berücksichtigen, von denen 82 000 zu pflanzen waren. Jede Straße, die breiter war als 26 Meter, bekam eine Reihe Bäume, war sie breiter als 36 Meter, kriegte sie zwei Reihen.

Ein Prinzip, das sich stellenweise bis zur Marotte steigerte, war Haussmanns Fixierung auf Perspektiven. Er suchte für seine Straßenzüge nach Möglichkeit visuelle Fluchtpunkte, dazu dienten ihm sowohl bereits existierende wie eigens produzierte Monumente. Den Boulevard Henri IV, der rechtes und linkes Ufer verbinden sollte, legte er so schräg über die Seine an, dass vom Platz der Bastille aus wunschgemäß das Panthéon ins Visier geriet und umgekehrt die Bastille-Säule. Damit der Boulevard de Sébastopol von Norden her auf ein herausgehobenes Element zulief, musste der Architekt des Handelsgerichts auf der Ile de la Cité dem neuen Gebäude eine bizarr an den Rand geschobene Kuppel aufsetzen. Und um von der Place de la Madeleine aus den Boulevard Malesherbes mit einer Perspektive auszustatten, setzte Haussmann bei Victor Baltard, dem auf Eisenbau spezialisierten Architekten, die seltsame Gestalt der Kirche Saint-Augustin durch: Er bestand auf einer übergroßen, sechzig Meter hohen Kuppel, damit man sie als perspektivischen Abschluss wahrnehmen konnte. Das Ergebnis war ein unproportioniertes, allgemein als missraten angesehenes Bauwerk.

Haussmann hatte das große Ganze im Blick, aber er legte in geradezu besessener Weise Wert auf Details, kümmerte sich um jede Kleinigkeit, trug Sorge für das Design des Straßenmobiliars, wählte die Modelle der Kandelaber, Kioske, Bänke, Reklamesäulen und Pissoirs. Der öffentliche Raum wurde so einer durchgängigen Ästhetik unterworfen, die bis heute noch in Teilen präsent ist. Auch wenn die Pissoirs – bis auf ein letztes Exemplar vor dem ehemaligen Santé-Gefängnis – leider verschwunden sind.

Die dritte Phase der großen Arbeiten betraf im Wesentlichen die Ausweitung des Stadtgebiets bis zu den knapp zwanzig Jahre vorher errichteten Befestigungsanlagen. Durch die 1860 vollzogene komplette oder teilweise Annektierung der benachbarten Gemeinden vergrößerte sich die Fläche von Paris auf mehr als das Zweifache, die Bevölkerung vermehrte sich um 350 000 Einwohner. Statt vorher zwölf Arrondissements waren es jetzt zwanzig. Die acht neuen Bezirke des vergrößerten Paris wurden nun ebenfalls von der Haussmannisierung erfasst, wenn auch in verschiedenen Intensitätsgraden. Allen gleich war die Ausstattung mit Schulen, Rathäusern, Markthallen und Kirchen. Aber die neu gewonnen Stadtteile im Westen, das 16. und 17. Arrondissement, entwickelten sich rasch zu Erweiterungen der »Beaux quartiers«. Ausgedehnte Bauprogramme urbanisierten die Monceau-Ebene, und vom Etoile aus wurde die ultrabreite Avenue de l'Impératrice (heute Avenue Foch) zum umgestalteten Bois de Boulogne geführt. Er gehörte zu den neuen Parks, die der Gartenspezialist Alphand in der von Louis Napoléon so geschätzten englischen Manier anlegte. Zu ihnen gehören als östliches Pendant zum Bois de Boulogne der Bois de Vincennes sowie der Parc des Buttes-Chaumont im Norden und der Parc Montsouris im Süden.

Weniger sichtbar, weil zum großen Teil unterirdisch, aber gar nicht hoch genug zu bewerten, waren die Veränderungen im Hinblick auf Wasserversorgung und Kanalisation. Als einen »organischen Kreislauf ohne Verstopfung und Fäulnis« beschreibt Haussmann seine Vision von der zu schaffenden neuen Unterwelt: »Die unterirdischen Gänge würden als Organe der Großstadt genauso zusammenwirken wie körperliche Organe. Reines Quellwasser, Licht und Wärme könnten das Innere der Stadt durchströmen wie Lebenssäfte.« Die Verwirklichung dieser Pläne lag in den Händen des genialen Ingenieurs Eugène Belgrand: In jedem Haus musste es jetzt, so war es gesetzlich vorgeschrieben, eine Verbindung zu den »égouts« geben, den Abwasserkanälen, die unter allen Straßen angelegt wurden – ein epochales Vorhaben. Was Belgrand da schuf, war die erste systematische Kanalisation einer modernen Metropole, sechs Jahre vor London: ein 650 Kilometer langes unterirdisches Netz aus mannshohen, begehbaren betonverkleideten Röhren.

Die Cloaca maxima, der neue Hauptkanal, in den alles andere hineinfloss, begann an der Place de la Concorde. Wohin aber wurde die gesammelte Pariser Schmutzbrühe von dort transportiert? An den Unterlauf der Seine, bei Asnières. Pech für die Leute da draußen, auf deren Gemeinde das traurige Los fiel, zum Klo der Lichterstadt zu werden. Aber in Paris war die Begeisterung groß. Kaum war das System in Betrieb genommen, begann es mit den Besichtigungen. Der Fotograf Nadar hatte an der Erweckung des Interesses einigen Anteil. 1864 unternahm er eine Fotoexpedition in den Abwasserkanälen, seine Bilder galten als Riesensensation. Und gleich darauf begann die Mode der Ausflüge in die städtischen Eingeweide. Man war fasziniert: Es war alles so sauber da unten! Während der Weltausstellung von 1867 stieg der russische Zar Alexander II. in den Orkus hinab und ließ sich das Wunderwerk zeigen. Auch der König von Portugal war sehr beeindruckt. Alle namhaften Reiseführer empfahlen dringend eine Besichtigung. Zum Teil hatte die Begehung etwas von einer fidelen Kahnfahrt: Juchzende Damen mit modischen Hüten und Herren mit Zylinder fuhren auf den »bateaux vannes«, den Reinigungsbooten, durch den großen Sammelkanal.

Eine andere Großtat war die Versorgung mit Trinkwasser. Haussmann ließ einen 130 Kilometer langen Aquädukt bauen, um für die nördlichen Stadtteile das Quellwasser des Flusses Dhuis heranzuführen. Und ein noch längerer Aquädukt brachte das Wasser aus der Vanne-Quelle bei Sens im Burgund zur »Rive gauche«.

Die unterirdische Herrichtung der Stadt war ohne Zweifel eine beachtliche Leistung und wurde auch allseits gelobt und geschätzt. Aber die sichtbare Ebene der Paris-Verwandlung nahmen viele Zeitgenossen mit gemischten Gefühlen wahr. Häufig empfanden sie die massiven Eingriffe als urbanistischen Gewaltakt. Daumier thematisiert in seinen Karikaturen die Schocks beim Anblick der Zerstörungen, die beklommenen Blicke der Städter auf bloßgelegte Innenwände. Victor Fournel klagt über die Monotonie, die Haussmanns Beharren auf strenger Linearität hervogebracht hat: »Überall dieselben geometrischen und geradlinigen Straßen, mit ihrer immergleichen meilenweiten Perspektive und ihren kontinuierlichen Reihen von Häusern, die immer nur dasselbe Haus sind.«

Im *Paris Guide* der zur Weltaustellung von 1867 herauskommt, schimpft der Schriftsteller Charles Yriarte: »Die gerade Linie hat das Malerische und das Unvorhergesehene vernichtet. Die Rue de Rivoli ist ein Symbol, eine neue, lange, breite, kalte Straße, auf der sich Leute ergehen, die so wohlgesetzt, wichtigtuerisch und kalt sind wie sie.« Angesichts der rapiden Veränderungen des ihm vertrauten Paris fühlt sich der Fotograf Nadar »wie ein Reisender, der soeben in einer fremden Stadt angekommen ist«. Auch er kritisiert die Uniformität der neuen Gebäude, nennt sie »Krankenhaus-Kasernen und Grand-Hotel-Kasernen, Musiktheater-Kasernen und Kasernen-Kirchen«.

Sehr verbreitet ist ein unterschwelliges, nagendes Gefühl von Verlust. Das Verschwindens des »alten Paris«, der gewohnten Szenerie und Lebensweise, wird von vielen als schmerzhaft empfunden. Die Brüder Goncourt argwöhnen, es entstehe hier das »amerikanische Babylon der Zukunft«.

Haussmann selbst war zwar alles andere als nostalgisch, ließ aber wenigstens die Wandlungsprozesse fotografisch dokumentieren. Der Fotograf Charles Marville wurde engagiert, um die Veränderungen in der städtischen Landschaft festzuhalten, die verurteilten Gassen sowie die Abrissaktionen und den Neubau abzulichten. Seine Fotos bieten einen letzten Blick auf ein verschwundenes Paris.

FREUDE UND GLANZ

Indessen: Haussmann, der sich als Erzengel der »kreativen Zerstörung« sah, ließ etwas Neues entstehen, dem man trotz anfänglicher Verwirrung Qualitäten nicht absprechen konnte. Dem neuen Paris mit seiner einheitlichen Architektur, den breiten Boulevards, den grandiosen Fassaden mangelte es nicht an Grandezza. In Zolas *Die Beute* genießen Madame Saccard und ihr Geliebter die Fahrt auf einem dieser neuen Boulevards: »Diese helle Schneise, die, immer schmaler werdend und in ein Viereck bläulicher Leere mündend, bis an den Horizont reichte, die ununterbrochene Doppelreihe der großen Läden […], die strömenden Menschenmengen mit dem Geräusch ihrer Sohlen und ihrem Stimmengewirr erfüllten die beiden nach und nach mit unbedingter, ungemischter Freude, mit dem Eindruck der Vortrefflichkeit des Straßenlebens […]. Sie fuhren immer weiter, und es schien ihnen, als rolle der Wagen über Teppiche diese gerade endlose Chaussee entlang, die man eigens angelegt hatte, um ihnen die dunklen Gässchen zu ersparen.«

Haussmanns verschönerte Stadt lieferte überdies das Dekor für die Prachtentfaltung des Regimes, sie wurde zur Bühne der »fête impériale«: Die üppig inszenierten kaiserlichen Festlichkeiten bei Hofe setzten sich fort in den Vergnügungen der »vie parisienne«, wo sich alter und neuer Adel, Parvenüs, Dandys und Kokotten tummelten. Aber auch den niederen Klassen wurde einiges geboten. Jeder Anlass war gut für öffentliche Zeremonien, Bälle und Feuerwerke. »Man musste den Taumel verewigen, die Nation so in Atem halten, dass sie gar nicht zur Besinnung gelangen konnte. Daher Freude und Glanz. Die Freude sollte berauschen, der Glanz sollte verblenden«, schreibt Siegfried Kracauer. Paris wurde, so der Historiker Pierre Milza, zu einem »Theater, in dem das Fest im Herzen der Konsens-Produktion platziert ist«.

Das Second Empire war ein Laboratorium für neue Formen der Bewusstseinszurichtung. Im Auftrumpfen der Fotografie kündigte sich der Siegeszug der Massenmedien an. Über den imperialen Pomp hinaus sollte mit den Veranstaltungen des Kaiserreichs die Geburt der Moderne zelebriert werden, nicht zuletzt mit der Inszenierung von Weltausstellungen, besonders jener von 1867. Auf dieser, schreibt Walter Benjamin, erreichte die »Phantasmagorie der kapitalistischen Kultur […] ihre strahlendste Entfaltung«.

Nach den nur wenige Jahre zurückliegenden bittern sozialen Konflikten wirkten solche Selbstfeiern des Bestehenden mit an der Austreibung des revolutionären Gens, an der Verwandlung des Citoyen vom »acteur« zum »spectateur«. In den Hallen der Weltausstellungen waren die realen Maschinen und seriösen Erfindungen zwar durchaus präsent, aber eingebettet in ein großes Spektakel fürs Volk, umrahmt von Fantasiewelten, Palästen aus Gips und Pappmaché, wie Vorläufer späterer Amusement-Parks. Der kultivierte Zeitgenosse Nadar witterte den Bluff dieser Weltausstellungsarchitektur und spottete über den »ungenießbaren Pseudo-Palast, der vielleicht dem Verband der Wurstfabrikanten von Troyes gefallen würde«. Walter Benjamin bezeichnete die Weltausstellungen als »Wallfahrtsstätten zum Fetisch Ware«. Sie waren freilich nur von temporärer Existenz, hatten die Gestalt ephemerer Städte. Aber es gab nun auch dauerhafte Anlaufstellen für die Anbetung des Fetischs, nämlich in Form der neuen »grands magasins«. Und bald überflügelte der Zauberglanz der Warenhäuser den imperialen Pomp. Das in diesen neuen Tempeln gebotene Spektakel war letztlich zeitgemäßer als die überkommenen monarchischen Veranstaltungen.

Mit dem Kaufhaus als modernster Form des Einzelhandels wurde eine neue Stufe in der Geschichte der Warenzirkulation erreicht. Es gab aristokratischen Goldglanz für alle, Lichthöfe, Kuppeln und Treppenaufgänge wie in einem Schloss: Ihr Auftritt, werte Kundinnen und Kunden! Alles war überwältigend. Die Kathedralen des Konsums wurden zu Stätten quasireligiöser Verzückung. »Sie vergaß alles um sich her beim Anblick der flammenden Feuersbrunst der Seiden«, so beschreibt Zola die neue Faszination in *Das Paradies der Damen*.

1852 wurde mit Le Bon Marché das erste der großen Kaufhäuser gegründet. Es folgten 1855 Louvre und 1865 Au Printemps. Mit ihnen, die alle an den neu geschaffenen Verkehrsadern errichtet wurden, entstand der Prêt-à-porter-Massenmarkt. Er begünstigte eine spezifische Pariser Industrievariante und die Ausbreitung eines Systems, dem sich die bis dahin autonomen Produzenten unterwerfen mussten. Textilhändler etwa lieferten das Rohmaterial an Hunderte einzelner Werkstätten oder Heimarbeiter, kontrollierten Qualität und Termine und führten die Produkte den Großabnehmern zu. Die Produktion von Bekleidung, Luxusgütern und »articles de Paris« erlebte ein spektakuläres Wachstum. Der Boom dieses Industriesektors bewirkte die fortbestehende Präsenz einer relativ zahlreichen Arbeiterbevölkerung in Paris.

Das neue Gesicht der Stadt: einheitliche Fassaden der Rue Soufflot.

Andere Formen von Industrie, schmutzende, stinkende oder sonstwie störende, vertrieb Haussmann aus der inneren Stadt in die neuen annektierten Gebiete und auch darüber hinaus. Fabriken hatten aus seiner Sicht in der imperialen Hauptstadt nichts zu suchen. Aus einem Brief an den Empereur: »Für Paris, Hauptstadt Frankreichs, Metropole der zivilisierten Welt, bevorzugtes Ziel aller Reisenden, besteht keine Notwendigkeit, Manufakturen und Werkstätten zu beherbergen. [...] Paris sollte Heimstatt für intellektuelle und künstlerische Aktivitäten sein, finanzielles wie kommerzielles Zentrum des Landes und Sitz der Regierung. [...] In diesem Sinne gilt es, die großen von Eurer Majestät konzipierten Umbauarbeiten voranzutreiben, die Fabrikschornsteine niederzureißen, die menschlichen Ameisenhaufen zu beseitigen, in denen sich ein von Neid erfülltes Elend konzentriert. Und statt sich an dem unlösbaren Problem abzuarbeiten, in Paris preisgünstige Lebensbedingungen zu schaffen, sollte man in gewissem Rahmen die Kostspieligkeit von Mieten und Lebensmitteln akzeptieren, die in jedem grossen Bevölkerungszentrum unvermeidlich ist, und sie als ein nützliches Hilfsmittel zur Verteidigung von Paris gegen die zunehmende Invasion von Arbeitern aus der Provinz betrachten.«

VERDRÄNGUNG VON INDUSTRIE UND PROLETARIAT

Zwar blieb Paris weiterhin das bedeutendste Zentrum handwerklicher und industrieller Produktion in Frankreich, aber diese war weitgehend aus dem Stadtinneren an die Ränder verlagert. Die neuen Arrondissements des Ostens erfuhren sowohl eine Verdichtung von Industriebetrieben als auch eine Konzentration von Arbeiterfamilien. An der urbanistischen Verbesserung dieser neuen Stadtteile zeigte Haussmann wenig Interesse. Er verschwendete kaum einen Gedanken an die Situation der armen Bevölkerung, während Louis Napoléon immerhin schon 1851 in der Rue Rochechouart eine Sozialwohnungsanlage mit 86 Wohneinheiten errichten ließ. Aber dabei blieb es für längere Zeit. Konservative sahen in dieser Initiative eine unzulässige Einschränkung liberaler Prinzipien, während die proletarischen Insassen diese Cité eher als Gefängnis empfanden, wo man sie ab 22 Uhr einsperrte und das Leben auch sonst streng reglementiert wurde.

Mit dergleichen hatte Haussmann nichts im Sinn. Er stattete zwar die neuen Stadtbezirke mit den fälligen öffentlichen Einrichtungen aus, kümmerte sich aber überhaupt nicht um die Versorgung mit Wohnraum für die unteren Einkommensschichten. Aber dort wurde heftig gebaut.

Neues urbanes Mobiliar: Pissoir mit Laterne.

An eingemeindete alte Dörfer wie Belleville oder Batignolles lagerten sich neue Quartiers an. Dorthin zogen die aus der Provinz zugewanderten Familien wie die aus dem Pariser Zentrum durch Abriss und Verteuerung Vertriebenen. Der Bauboom, den die Armeleutegegenden erlebten, folgte freilich anderen Kriterien als die Herrichtung des strahlenden neuen Zentrums. Spekulanten, die an keinerlei haussmannsche Vorgaben gebunden waren, zogen dort primitive Häuser aus billigen Baumaterialien hoch. »Während man in fünfzehn Jahren fast eine Milliarde ausgibt, um Luft und Licht ins alte Paris eindringen zu lassen, kann man sehen, wie sich an den Rändern der Stadt Gruppen von engen und ungesunden Häusern bilden, in die unsere Arbeiter durch eine verabscheuenswürdige Spekulation eingepfercht werden«, schimpfte der Stadthistoriker Louis Lazare, Autor von *Les Quartiers pauvres de Paris* (1870). Friedrich Engels kritisierte den Skandal in der Schrift *Zur Wohnungsfrage* auf seine Weise: »Die Brutstätten der Seuchen, die infamsten Höhlen und Löcher, worin die kapitalistische Produktionsweise unsere Arbeiter Nacht für Nacht einsperrt, sie werden nicht beseitigt, sie werden nur – verlegt!«

Haussmanns hinterließ einen riesigen Schuldenberg von rund 1,5 Milliarden Francs, der erst 1929 ganz abgetragen war, aber er hinterließ auch ein monumentales Werk: Es beschränkte sich nicht auf die Anlage neuer breiter Boulevards und Avenuen, sondern umfasste Kanalisation, Parks, Schulen, administrative Gebäuden, Kasernen, Markthallen, Kirchen. Es war ein gestaltender Zugriff auf die Totalität des städtischen Raums, ein stadtgeschichtlicher Schub, der die Richtung künftiger Entwicklungen vorgab. Ein wesentliches Ziel der hausmannschen Transformationen war die Verbürgerlichung der Hauptstadt, ihre Herrichtung als Schutzzone der Macht und der dominierenden Kreise durch die Auslagerung von Industrie und Proletariat. In der Gesamtbevölkerung waren zwar die Angehörigen der Arbeiterklasse weiterhin in der Mehrheit, aber sie lebten nun zu einem großen Teil ausgegrenzt in den neuen Randgebieten. Mit deren sozialer und urbanistischer Umgestaltung sollten sich spätere Generationen von Stadtplanern beschäftigen. Die Weichenstellung in Richtung Segregation und Gentrifizierung wurde jedenfalls im Zweiten Kaiserreich deutlich vollzogen. Auch wenn dieser Prozess noch eine ganze Weile dauern sollte und immer noch nicht ganz zu Ende ist.

RÜCKKEHR DES »PEUPLE«

Es gab zur selben Zeit aber auch andere Ideen für eine nachhaltige Verschönerung der Hauptstadt. 1869 veröffentlichte ein Arzt namens Tony Moilin den utopischen Text *Paris im Jahr 2000*. Er enthält allerlei liebenswerte Spinnereien, aber auch einige konkrete soziale Visionen. Es gibt darin deutliche Unterschiede zur imperialen Prachtkapitale der Spekulanten und der neureichen Bourgeoisie. Moilins Paris der Zukunft besitzt eine sozialistische Regierung und sie hat die Stadt umgestaltet zum Wohle aller. Der Grundbesitz befindet sich vollständig in den Händen des Staates. Spekulation, Immobilienbesitz und geldgierige Vermieter sind abgeschafft. »Die Börse, Sitz des schändlichen Handels mit Anleihen und Aktien, wurde geschlossen und abgerissen.«

Architekten schaffen menschenfreundliche Wohnverhältnisse. »Salonstraßen« genannte Arkadenwege durch die zweiten Etagen aller Häuser fördern die Kommunikation, sind komfortabel und mit geschmackvollem Mobiliar ausgestattet. »Die Regierung wollte, dass die Straßen des Volkes in ihrer Großartigkeit die Salons der mächtigsten Machthaber in den Schatten stellten.« Die im Erdgeschoss angesiedelten hellen und luftigen Werkstätten ermöglichen Arbeit unter besten Bedingungen. Ein Untergrundbahnsystem dient der materiellen Versorgung, Hochbahnen über den Boulevards fahren sternförmig in alle Richtungen. Die beiden Seineinseln sind mit einem immensen »Palais International« aus Eisen und Glas überbaut, in dem universelle Brüderlichkeit zelebriert wird. Hier sind auch die Regierungsfunktionen angesiedelt sowie ein Tempel des Sozialismus, denn die sozialistische Religion hat im Jahr 2000 weitgehend die katholische ersetzt.

Einkommensunterschiede sind stark reduziert, in der Organisation der Arbeit herrscht das Prinzip der Gleichheit. Reformen in Erziehung und Ausbildung haben als Sozialverhalten Großzügigkeit und gegenseitige Unterstützung hervorgebracht. Die Mieten sind bescheiden und die Häuserblocks gekennzeichnet durch die größtmögliche Verschiedenheit der Bewohner. »Bei den Sozialisten des Jahres 2000 gibt es keine Domestiken. Niemand, so hochstehend er auch sein mag, hat das Recht, einen Mitbürger zu mieten, in seine Dienste zu binden, ihm Befehle zu geben, sein Herr zu sein. Die Regierung betrachtete das Dienstbotenwesen als letzten Rest der Sklaverei und als schweres Vergehen gegen die Gleichheit und hat es durch ein bemerkenswertes Dekret gleich in den ersten Tagen ihrer Amtszeit abgeschafft.« Abgeschafft wurden außerdem Adelstitel, Todesstrafe, Krankenhäuser und Altenhospize. Reich ist das kulturelle Leben. Es herrscht totale Pressefreiheit, die Pariser Vorliebe für große Cafés und Bühnenspektakel wird voll befriedigt. Abends legen sich die Städter zur Ruhe »im Bewusstsein, dass die soziale Republik die beste Art der Regierung ist«.

Die Austreibung des »peuple« aus dem transformierten Zentrum, seine Relegation an die Stadtränder, wurde 1871, nach dem schmachvollen Ende des Zweiten Kaiserreichs und der Belagerung durch die Preußen für einen kurzen historischen Moment wieder zurückgenommen. Nachdem sich die konservative Thiers-Regierung aus dem unbotmäßigen Paris nach Versailles abgesetzt hatte, wandte sich das Zentralkomitee der Nationalgarde am 22. März 1871 mit einem Appel an die Pariser Bevölkerung: »Bürger, ihr seid aufgerufen, eure Gemeindeversammlung zu wählen. Eure Souveränität ist euch völlig anheimgegeben, ihr seid euer eigener Herr! Nützt diese kostbare, vielleicht einzige Stunde, um euch der kommunalen Freiheit zu bemächtigen, derer sich anderswo die bescheidensten Dörfer erfreuen und derer man euch für so lange Zeit beraubt hatte!«

Und es wurde tatsächlich eine autonome Gemeindevertretung, bestehend aus neunzig Mitgliedern, gewählt: die »Commune«. Einige Theoretiker, unter ihnen der marxistische Stadtphilosoph Henri Lefebvre, haben den Aufstand der Commune über den aktuellen politischen Konflikt hinaus auch interpretiert als eine kurzzeitige Wiederaneignung des zentralen Stadtraums durch das unter Haussmann an die Peripherie verjagten Volks von Paris. David Harvey weist darauf hin, dass sich durch die Konzentrierung von Arbeitern in bestimmten Quartiers die Basis einer neuen kollektiven Identität, ein Bewusstsein der Klassenzugehörigkeit entwickeln konnte, was wiederum entscheidende Auswirkungen auf die Ereignisse vom Frühjahr 1871 gehabt habe. »Es waren die Arbeiterviertel, aus denen ein großer Teil der explosiven politischen Kraft der Commune hervorging.«

Die Paris-Transformation, die ja nicht zuletzt Aufstände erschweren, wenn nicht unmöglich machen sollte, hat somit paradoxerweise die Vorausetzungen für den Aufstand der Commune geliefert. Die Bevölkerungsverschiebung ging mit einer sozialen Entmischung einher, neue Quartiers wie Belleville, La Villette oder Montmartre wurden zu homogenen proletarischen Bastionen. Dort war die Arbeiterbevölkerung unter sich, was die Entstehung von politisch motivierten Zusammenschlüssen begünstigte. Schon Jahre zuvor hatte der Pariser Polizeipräfekt ungute Vorahnungen: »Die Umstände, die Arbeiter

Durchbruch der Avenue de l'Opéra.

zwangen, aus dem Pariser Stadtzentrum fortzuziehen, haben in der Regel eine bedauerliche Auswirkung auf ihr Verhalten und ihre Moral. [...] Die Arbeiter leben nun dort, wo es keine bürgerlichen Familien gibt.«

Für die Bourgeoisie und ihre politischen Vertreter war diese Wiederkehr der niederen Klassen in den zentralen Raum der Stadt eine höchst traumatische Erfahrung. Man hatte sich gerade daran gewöhnt, sie dort nicht mehr zu sehen. Groß war daher der Schock, als sie von Belleville und anderen Faubourgs heruntersteigen und gar noch beanspruchten, in Paris eine kommunale Selbstverwaltung einzuführen. Umso gewaltsamer wurde diesem zweimonatigen Intermezzo ein Ende bereitet. Nach der »blutigen Woche« der militärischen Rückeroberung beeilte man sich, die Stadt wieder unter Vormundschaft zu stellen, die Pariser Ausnahmesituation festzuklopfen.

Tony Moilin, der Autor von *Paris im Jahr 2000*, hatte in den Tagen der Commune eine marginale Rolle gespielt, für drei Tage war er Bürgermeister seines Arrondissements. Gleichwohl wurde er von den Versaillern verhaftet, verurteilt und im Jardin du Luxembourg erschossen. Nicht wegen seines bescheidenen Amtes, sondern, wie es im Richterspruch hieß, aufgrund seiner gefährlichen, subversiven Gedanken, »gefährlich wegen seines Talents, seines Charakters und seines Einflusses auf die Massen – kurzum: einer jener Männer, derer eine vorsichtige und kluge Regierung sich entledigen muss, wenn sie eine legitime Gelegenheit dazu findet«.

EXKURSION 1: AUF DEN SPUREN VON HAUSSMANN

Route: Place Saint-Michel – Ile de la Cité – Place du Châtelet – Rue de Rivoli – Avenue de l'Opéra – Boulevard Haussmann – Square Louis XVI – Boulevard Malesherbes – Place du Général Catroux – Métro Malesherbes

Distanz: 4,5 km
Gehzeit: 1 h 30
Ausgangspunkt: Métro Saint-Michel
Endpunkt: Métro Malesherbes

Place Saint-Michel: Der große Brunnen an der Häuserwand ist ein beliebter Ort für Rendez-vous und wird reichlich von Touristen fotografiert. Sehr putzig sind die beiden wasserspeienden Drachen. Haussmann hatte das Werk bei Gabriel Davioud, einem in jener Zeit viel beschäftigten Architekten, in Auftrag gegeben, um einen perspektivischen Fluchtpunkt für den Boulevard du Palais zu schaffen. Die Skulptur des Brunnens stellt den Erzengel Michael dar, wie er den Teufel bezwingt. Für den deutschen Romanisten Dolf Oehler, einen guten Kenner des französischen 19. Jahrhunderts, besteht kein Zweifel daran, »dass der schwertschwingende Erzengel auf dem Rücken des Satans zu seiner Zeit den Sieg der bürgerlich-kaiserlichen Ordnung über die Revolution repräsentieren, an den Triumph des Guten über das böse Volk des Juni 1848 erinnern sollte«. Allerdings sei heute kaum mehr jemand in der Lage, die Allegorie historisch zu entziffern.

Über den Pont Saint-Michel, an dem der eitle Empereur sein Markenzeichen »N« anbringen ließ, betreten wir die **Ile de la Cité,** den historischen Kern der Stadt, um sie auf dem Boulevard du Palais zu überqueren. Die Wiege von Paris wirkt wenig animierend. Nichts ist mehr zu ahnen vom dichten Häusergewirr, von den verwinkelten Gassen, in denen vor Haussmanns Eingriffen 15 000 Menschen lebten. Im Musée Carnavalet, das der Geschichte von Paris gewidmet ist, gibt es ein Modell der Ile de la Cité, das einen guten Eindruck vermittelt. Leider ist das Museum bis 2019 wegen Renovierung geschlossen, aber man kann das Cité-Modell über die Website www.carnavalet.paris.fr unter dem Stichwort »Maquette et modèles d'architecture« betrachten.

Im 19. Jahrhundert befand sich die

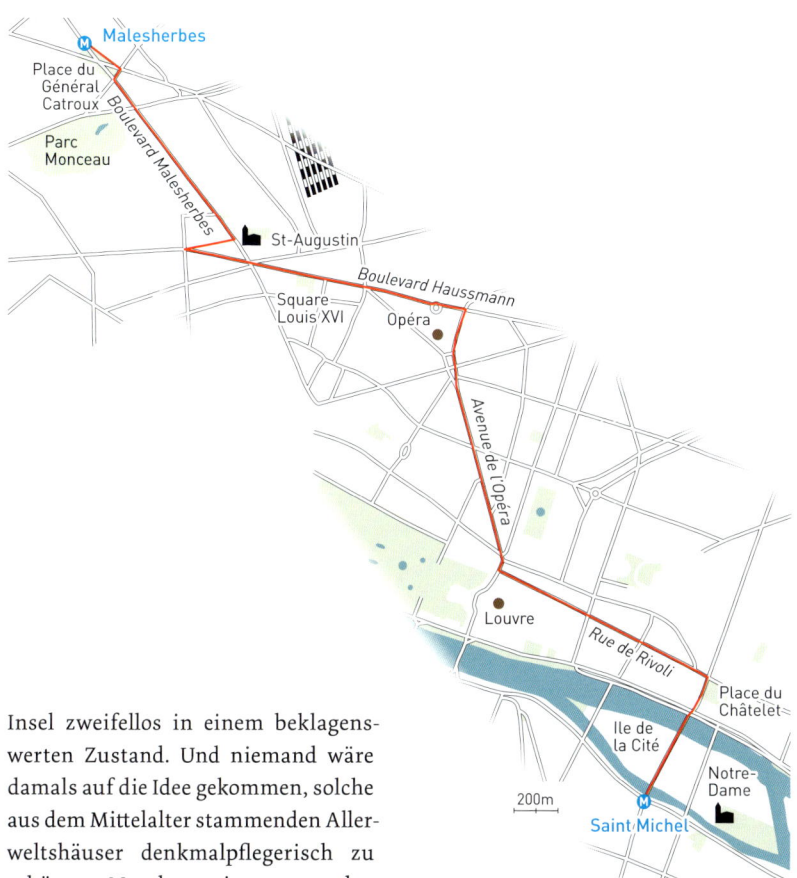

Insel zweifellos in einem beklagenswerten Zustand. Und niemand wäre damals auf die Idee gekommen, solche aus dem Mittelalter stammenden Allerweltshäuser denkmalpflegerisch zu schützen. Man hatte sie verrotten lassen, die Cité wurde zu einem der ärmsten und verrufensten Quartiers. In seinem Roman *Die Geheimnisse von Paris* malt Eugène Sue genüsslich die Schäbigkeit der Ile de la Cité aus: »Die schlammfarbenen Häuser mit ihren wenigen, von morschen Rahmen gehaltenen Fenstern berührten sich an ihren Giebeln beinahe, so eng waren die Gässchen.« In den schauerlichen Gassen zwischen dem Justizpalast und der Kathedrale Notre-Dame trieb sich, wie er schreibt, »der Auswurf der Gesellschaft« herum. Unhygienisch ging es hier zu. »In dem schwärzlichen Wasser, das in der Gassenmitte entlangfloß, spiegelte sich das bleiche Licht der vom Winde geschaukelten Laternen.« Besonders zahlreich waren hier die Opfer bei den Choleraepidemien.

Nirgendwo sonst hat Haussmann so rabiat gewütet. Für sein Vorgehen benutzte er selbst den Ausdruck »éventrer«, ausweiden. Schon als Student hass-

DIE HAUPSTADT DES 19. JAHRHUNDERTS 39

te er die Insel, weil er da zu Fuß regelmäßig die schäbigen, stinkigen Gassen durchqueren musste, um zu seiner Rechtshochschule auf dem linken Ufer zu gelangen. »Ich passierte den alten Palais de Justice mit den üblen Spelunken, die bis vor kurzem ein Schandfleck der Cité waren, zur Linken [...] diesen Schlupfwinkel von Dieben und Mördern.«

Zwischen dem Justizpalast und der Ostspitze der Altstadtinsel machte er Tabula rasa. Fast alles wurde abrasiert, auch historische Monumente, darunter fünfzehn Kirchen. Notre-Dame blieb natürlich stehen und bekam einen um das Sechsfache vergrößerten Vorplatz. Ebenso blieben die Sainte-Chapelle und der Justizpalast erhalten sowie an der Westspitze die dreieckige Place Dauphine. Der Surrealistenpapst André Breton schätzte diesen Platz besonders. In seinem Roman *Nadja* hat er in ihm das Geschlechtsteil von Paris erkannt. Dass Haussmann das auch so gesehen hat, ist zu bezweifeln. Aber der Platz ging auf König Henri IV zurück, deshalb wurde er bewahrt.

Wo die finsteren Kaschemmen gegenüber dem Justizpalast Haussmanns Augen beleidigt hatten, stehen jetzt die Polizeipräfektur und das Handelsgericht mit seiner seltsamen Kuppel, dahinter das Krankenhaus Hôtel-Dieu. Aus dem ältesten Stück Paris, in dem es von Menschen nur so wuselte, wurde eine ziemlich öde Verwaltungsinsel.

Weiter geht es über den Pont au Change – wieder mit »N«-Verzierung – auf die Place du Châtelet. Dort stehen sich in herrschaftlicher Symmetrie gegenüber das Théâtre du Châtelet und sein etwas kleinerer Zwilling, das Théâtre de la Ville, benannt nach Sarah Bernhardt, weil die berühmte Schauspielerin es ab 1898 von der Stadt gepachtet hatte. Beide Gebäude sind Werke von Gabriel Davioud.

Die **Place du Châtelet** war vor der Umgestaltung eher ein kleines Plätzchen. Von dort bis zum Rathaus erstreckte sich das Quartier des Arcis, dereinst Pfarrsprengel der Kirche Saint-Jacques-de-la-Boucherie, von der nur der Turm noch übrig ist. Den umgibt der Square de la Tour Saint-Jacques, angelegt von Jean-Charles Alphand, Haussmanns Spezialisten fürs Grüne. Viele solcher meist Carré-förmigen Squares nach Londoner Modell hat er während der Verschönerungsphase über die Stadt verteilt. Es wurden dann von uniformierten Wächtern reglementierte Pflichtspielplätze für die Pariser Kinder.

Noch vor der Zerstörung der Cité hatte sich Haussmann diesen Sektor zwischen Châtelet und Hôtel de Ville vorgenommen. Eine einzige Kloake sei das gewesen, erregte er sich noch rückblickend. »Und was für Leute dort wohnten!« Zu den alten Gassen, die hier zerstört wurden, gehörte auch die Rue de la Vieille Lanterne, wo sich Gérard de Nerval 1855 aufgehängt hatte.

Freigeräumt wurde das Gebiet, um die »grande croisée« zu realisieren, die Kreuzung der Rue de Rivoli mit dem Boulevard de Sébastopol. Einen guten Überblick hat man von der Höhe des Saint-Jacques-Turm. Man kann ihn freitags bis sonntags besteigen (10 Euro),

Saint Michel bezwingt den Teufel. Das Théâtre de la Ville an der Place du Châtelet.

Avenue de l'Opéra. Auf dem Dach des Printemps.

Der Präfekt in Bronze. Boulevard Malesherbes und Saint-Augustin.

Eingang zur Avenue Velasquez. Alexandre Dumas der Ältere.

muss aber entweder vor Ort oder unter contact@desmotsetdesarts.com einen Termin reservieren.

Wenden wir uns nach Westen in die **Rue de Rivoli**. Der unter Haussmann entstandene Abschnitt ist heute eine belebte Einkaufsstraße mit allen einschlägigen Kettenläden und Billigkaufhäusern. Auf der Höhe des Louvre beginnt der von Napoléon konzipierte Teil der Straße. Unter den eleganten Arkaden wird Souvenir-Nippes für Paris-Touristen feilgeboten.

Schon ab 1849, also noch vor seinem Putsch, hatte Louis Napoléon die Erweiterung des Louvre in die Wege geleitet und den nördlichen Flügel vervollständigt. Davor waren größere Abrissarbeiten nötig, ein ganzes ärmliches Quartier war zu entfernen, das bis vor die Mauern des inneren Palastes vorgedrungen war, etwa dorthin, wo heute die gläserne Pyramide steht. Der Louvre war sozusagen vom Pöbel umlagert, wie es Balzac in seinem Roman *Tante Lisbeth* beklagte: »Wer in einem Wagen an diesem schauerlichen Viertel entlangfährt, kann das Gruseln bekommen, und man kann es keinem übelnehmen, wenn er sich ohne Not nicht hineinwagt, besonders nachts nicht, wenn sich der Abschaum von Paris hier ein Stelldichein gibt und alle Laster sich breitmachen können [...]. Seit vierzig Jahren schreit der Louvre aus allen offenen Mäulern seiner geborstenen Mauern, aus den ewig gähnenden Fensterhöhlen: Vertilgt diesen Schandfleck von meinem Körper!«

Am Platz des Palais Royal schwenken wir nach rechts und um die Comédie-Française herum zur Place André Malraux, entstanden als Place du Théâtre Français bei den Abbrucharbeiten für die Avenue Napoléon, die heutige **Avenue de l'Opéra**. Die war schon 1854 als Verbindungselement zwischen der Ost-West-Achse und dem Boulevard des Capucines geplant. Mit dem Durchbruch wurde aber erst 1862 begonnen, nachdem die Entscheidung für den Bau einer neuen Oper gefallen war. Von beiden Seiten wurden Schneisen ins bestehende Stadtgewebe getrieben. Das dauerte sehr lange, denn dafür musste die Butte des Moulins, ein dicht bebauter Hügel, durchgehackt und abgetragen werden.

Fertig wurde die Avenue erst während der Dritten Republik. Das Gros der Bebauung ist also nach dem Zweiten Kaiserreich entstanden. Aber die Ära der Haussmannisierung reichte weit in die nächsten Jahrzehnte hinein. Die Vorschriften für die Bebauung – Höhe der Etagen, Baumaterial, Fassadengestaltung – blieben weitgehend die gleichen wie unter Haussmann. Allerdings stehen in dieser Avenue im Unterschied zu den meisten anderen neuen Straßen keine Bäume, darauf hatte Charles Garnier, der Architekt der Oper, bestanden: Man sollte einen ungehinderten Blick auf sein Meisterwerk haben.

Wir nähern uns also andächtig. Viele der Geschäfte orientieren sich am Bedarf der Touristen, die diese Straße in größeren Mengen frequentieren und mit Blick auf die frisch vergoldete Opernfassade Parfum oder teure Confiserie erwerben. Im abgerundeten Eckhaus zur Rue du 4 Septembre befand sich während des

Zweiten Weltkriegs die deutsche »Platzkommandantur«, was groß und demütigend auf Banderolen in Frakturschrift zu lesen war.

Auf dem Vorplatz des Opernhauses mit seinem pistaziengrünen Dach betätigen japanische Touristen ihre Selfie-Stangen. »Académie nationale de musique« steht auf der Fassade, und es wiederholen sich die Buchstaben N und E für Napoléon und Eugénie beziehungsweise Eugénie de Montijo, spanische Gattin des selbst ernannten Kaisers. Täglich zwischen 10 und 17 Uhr kann das immense Musiktheater besichtigt werden. Fast tut es einem leid für den protzsüchtigen Empereur, dass er dieses Symbol seiner Ära, diesen neuen Mittelpunkt des mondänen Paris, nicht mehr im fertigen Zustand erleben durfte.

Über die Rue Halévy geht es jetzt an der rechten Seite der Garnier-Oper entlang. Der runde Anbau am Operngebäude ist der »Pavillon des Abbonnés« und war mal der Eingang eines privilegiertes Publikums, mit Vorfahrtmöglichkeiten für Kutschen. Ein diskreter Zugang auch für wohlhabende Herren – heute würde man sie vielleicht »sugar daddies« nennen –, die sich an die attraktiven Ballerinen heranmachten. 2011 hat in diesem Pavillon das teure L'Opéra Restaurant mit einem Zwei-Sterne-Chef eröffnet, zu teuer für den kleinen Imbiss zwischendurch.

An der Kreuzung mit dem **Boulevard Haussmann** fällt der Blick wieder einmal auf eine dieser perspektivischen Bauten, die der Baron so schätzte, nämlich die etwas zuckerbäckerhafte Kirche La Trinité, die den monumentalen Fluchtpunkt für die Rue de la Chaussée d'Antin abgibt. Sie ist ein Werk des Architekten Théodore Ballu, eines Meisters der Eklektik, der Gotik genauso liefern konnte wie Renaissance und gerne auch beides zusammengemischt. Nach links auf dem stark frequentierten Boulevard Haussmann beginnt die Zone der »grands magasins«.

Das erste große Kaufhaus, Au Bon Marché, war zwar auf dem linken Ufer entstanden, aber man verbindet die großen Kaufhäuser vor allem mit dem Boulevard Haussmann, denn sie haben dem gesamten Quartier einen spezifischen Charakter verliehen. Es begann 1865 mit der Eröffnung des ersten Printemps, das schon ein Jahr später die »soldes«, den Schlussverkauf, erfand und damit eine seither zyklisch wiederkehrende Kaufrauschhysterie auslöste. An der Ecke zur Rue Lafayette entstand 1894 das erste Geschäft der Galéries Lafayette. Wie das Printemps bestehen sie inzwischen aus mehreren Gebäuden. Im spektakulärsten ist aus den prächtigen Zeiten ein von Balkonen umgebener zentraler Lichthof mit Art-nouveau-Kuppel übrig geblieben.

Beim Printemps sind es vor allem die Außenfronten mit frisch vergoldeten Dachverzierungen, die den Glanz der Belle Epoque bewahren. Innen ist das Dekor zeitgenössisch nüchtern geworden. Ein prachtvoller Rest findet sich allerdings in der sechsten Etage des Gebäudes »Printemps de la Mode«. Dort ist die Brasserie Printemps von einer prächtigen gläsernen Haube überwölbt. Im daneben befindlichen »Printemps maison« sollte man sich den Besuch auf der Dachterrasse in der neunten Etage nicht entgehen lassen. Sie bietet einen schönen Blick auf den Boulevard Haussmann und überhaupt auf Paris.

Wenn wir hiernach weiter den Boulevard in westlicher Richtung entlangschlendern, passieren wir zur Linken den **Square Louis XVI**, eine Grünanlage, die nicht von Alphand stammt, sondern schon 1826 im Auftrag von König Louis XVIII angelegt wurde. Während der Revolutionszeit befand sich hier der Friedhof für all jene, die auf der Place de la Concorde guillotiniert wurden. Zunächst war hier auch der enthauptete König nebst Gattin Marie-Antoinette beigesetzt worden, bevor man beide zu den anderen französischen Monarchen in die Basilika Saint-Denis überführte. Auf dem Square steht eine Sühnekapelle, in der sich an jedem 21. Januar, dem Datum der Exekution, die Royalisten zu einer Gedenkmesse treffen.

Auf der anderen Seite des Square, Hausnummer 102, hat Marcel Proust zwölf Jahre lang gelebt und an seiner *Suche nach der verlorenen Zeit* geschrieben. Er litt unter dem Lärm des Boulevards und als Asthmatiker auch unter den Pollen der Kastanienbäume.

Wandern wir über die nächste große Kreuzung hinaus, von der aus schon die Kirche Saint-Augustin in den Blick kommt, bis zum Abzweig der Rue Laborde. Da steht er persönlich, der herrische Präfekt, in Bronze gegossen, mit schwerem umgehängtem Mantel, den Zylinder in der einen, den Aktenordner in der anderen Hand. Sein Denkmal hat ein Bildhauer namens François Cogné geschaffen, der offenbar eine Vorliebe für Männer mit autoritärer Ausstrahlung hatte. Er schuf unter anderem eine Büste von Mussolini sowie ein Marschall-Pétain-Denkmal und wurde schließlich offizieller Bildhauer des Vichy-Regimes. Dafür kann Haussmann natürlich nichts.

Wir biegen rechts in die Rue Laborde ab und erreichen Saint-Augustin. Baltard, der Baumeister der großen Pariser Markthallen und Spezialist für Metallarchitektur, hat auf Anweisung von Haussmann der Kirche diese disproportional große Kuppel aufgesetzt, weil der einen monumentalen Fluchtpunkt von der Place de la Madeleine aus haben wollte. Haussmanns Fixierung auf solche Perspektiven laufe zwangsläufig auf Kitsch hinaus, hat Walter Benjamin geurteilt. Hier ist das nicht zu verleugnen.

Rechts daneben dann wieder einer der Squares von Jean-Charles Alphand, aus unerfindlichen Gründen nach dem Marseiller Schriftsteller und Filmemacher Marcel Pagnol benannt. Auffallend ist hier die Statue eines Herrn mit dramatisch erhobenem Arm. Sie stellt Paul Déroulède dar, einen ultranationalistischen Dichter und politischen Aktivisten. Vor dem Ersten Weltkrieg trompetete er für die militärische Rückeroberung von Elsass-Lothringen, als Anhänger des revanchistischen Generals Boulanger unterstützte er dessen Staatsstreichversuch gegen die parlamentarische Demokratie. Während der Dreyfus-Affäre gehörte der Antisemit Déroulède dem

Anti-Dreyfus-Lager an. Er war so etwas wie der Jean-Marie Le Pen seiner Epoche. Erstaunlich, dass ihm von offizieller Seite 1927 dieses Denkmal gewidmet wurde. Ein seltsamer Geist scheint über dieser Ecke zu wehen, zumal auch noch vor der Kirche ein Reiterstandbild von Jeanne d'Arc steht, die zur Ikone der französischen Rechtsextremisten geworden ist.

Links an Saint-Augustin vorbei geht es nun den **Boulevard Malesherbes** hinauf. Seine Bebauung und Vermarktung gehörten zu den großen Unternehmungen der Pereire-Brüder. Die sehr Haussmann-typischen Häuserreihen sind von vornehmer Diskretion, um nicht zu sagen Langeweile. »Bonjour tristesse«: Françoise Sagan hat am Boulevard Malesherbes gewohnt und ihren erfolgreichen Erstling hier geschrieben.

Zur Linken zweigt hinter einem vergoldeten Torgitter die kurze, aber vornehme Avenue Velasquez ab. Sie war entstanden, als während des Zweiten Kaiserreichs Teile des Parc Monceau zwecks Parzellierung an Promoter wie die Brüder Pereire verkauft wurden. Das scheint widersinnig, wo es dem Empereur doch um die Schaffung neuer Grünflächen ging. Aber es gab finanzielle Engpässe wegen der teuren Straßendurchbrüche. An die Randzonen des Parks wurden Stadtpalais für die gehobene Gesellschaft des Empire und der Nachfolgezeit gebaut. Das vergoldete Eingangstor zur Avenue Velasquez stammt übrigens wieder von Gabriel Davioud, diesem Alleskönner.

Wir erreichen schließlich die **Place du Général Catroux.** Sie liegt auf dem 1860 annektierten Gebiet. Ein großer Teil des 17. Arrondissements westlich der Bahnstrecke, die zur Gare Saint-Lazare führt, auch Plaine Monceau genannt, wurde ebenfalls unter Mitwirkung der Brüder Pereire erschlossen. Hier wohnt Großbürgertum hinter uniformen Fassaden. Kein Café, keine Bäckerei, keinen Metzger oder Gemüsehändler gibt es an diesem Platz, dafür einige Denkmäler, darunter drei für Angehörige der Familie Dumas: Das von Thomas Alexandre Dumas, der es, als Sklave auf Haiti geboren, bis zum französischen General gebracht hatte, wurde während der deutschen Besatzung eingeschmolzen. An seiner Stelle erinnert jetzt eine monumentale zerbrochene Eisenkette an das Schicksal des schwarzen Offiziers. Seinem Sohn, dem Romanschriftsteller Alexandre Dumas dem Älteren, ist ein weiteres Monument gewidmet, ein drittes schließlich repräsentiert Alexandre Dumas den Jüngeren, der hier in dieser neuen Wohlstandsgegend residierte. Ganz in der Nähe wohnte auch die Tragödin Sarah Bernhardt, und auch sie ist auf diesem denkmalgesättigten Carré vertreten. Ihr »Hôtel particulier« ist jetzt im Besitz des kulturvollen früheren Premierministers Dominique de Villepin. Von der Metrostation **Malesherbes** aus lassen sich nun wieder volkstümlichere Viertel erreichen.

DIE NEUEN RÄNDER VON PARIS

Nach dem Ende des Zweiten Kaiserreichs 1870 war das Territorium der neuen Arrondissements bei weitem nicht vollständig urbanisiert. Es gab auf dem Gebiet der neu geschaffenen Stadtbezirke noch allerlei ländliche Reste, Gärten, Felder, Dorfkerne. Lange dauerte es allerdings nicht, bis die leeren Flächen aufgefüllt waren. In den neuen Quartiers des Westens wurden die bereits geplanten Haussmann-Boulevards von Immobiliengesellschaften weitergebaut. Der Baron selbst konnte zwar nur gut die Hälfte seiner Pläne realisieren, hatte aber die künftigen Straßenführungen vorgegeben.

Deutlich wurde durch die haussmannschen Transformationen die soziale Zweiteilung der Stadt akzentuiert. Auch wenn sich der Gegensatz von reichem Westen und armem Osten schon vorher abgezeichnet hatte, waren doch die Segregation des Wohnorts bisher eher vertikal als horizontal, die Herrschaften wohnten in der Beletage, die Ärmeren in den oberen Stockwerken. So bestand in vielen Quartiers eine gewisse Durchmischung. Die geografische Trennung der Klassen, wie sie die großen Umbauten verfestigt hatten, sollte die Pariser Verhältnisse für die nächsten hundert Jahre bestimmen.

Ein Gemälde von Gustave Caillebotte, der selbst eine Wohnung auf dem Boulevard Haussmann bewohnte, fängt die neue Situation ein: Ein Herr mit Zylinder schaut vom Balkon aus auf die gleichförmige Fassadenreihe seiner Avenue, eine Hand am Geländer, die andere in die Hüfte gestützt. Was er da erblickt, ist noch ganz neu und ungewohnt. Aber er scheint von stolzer Genugtuung erfüllt, als wollte er sagen: Sieh da! Unsere neue Welt!

Haussmann hatte im umgestalteten Zentrum und im noblen Westen die bourgeoise Stadt realisiert und ihr ein Gesicht gegeben. Rasch hatten sich die Reichen diese neuen Quartiers rund um Oper, Etoile und Parc Monceau angeeignet. In ihrem Teil der Stadt, in den »Beaux quartiers«, vor allem im 7., 8. und 16. Arrondissement, konzentrierten sich die Stätten der politischen und ökonomischen Herrschaft. An den Boulevards im Westen, diesem Freilufttheater der bourgeoisen Vergnügungen, lagen die neuen Kaufhäuser und andere Tempel des gehobenen Konsums, vornehme Hotels, Restaurants, Clubs und Cafés. Hier siedelten sich in der Nähe ihrer Klientel die teuren Couturiers und Juweliere an. Hoch geschätzt wurden von den besseren Kreisen aber auch die eingemeindeten Dörfer Passy und Auteuil mit ihren bukolischen Villen als Orte des gepflegten Unter-sich-Seins. Und auch der Vorort Neuilly gehörte zu ihrer Welt, er bildete gewissermaßen das 21. Arrondissement. Als Angehörige der Unterschicht blieben in den »Beaux quartiers« nur die Hausangestellten, die in den Chambres de bonne, den Dienstmädchenzimmern unterm Dach wohnten.

Radikal war der Kontrast zum östlichen Paris: Auf den jüngst annektierten Gebieten hatten sich die aus der Innenstadt abgeschobenen Handwerksbetriebe und Fabriken angesiedelt. Dörfer wie La Villette, Belleville oder Charonne waren zu Industrie- und Arbeiterquartiers geworden. Bis in die unfeine Hinterstube der Stadt waren die haussmannschen Verschönerungsaktionen nicht vorgedrungen. Hier qualmten die Fabrikschornsteine und verbreiteten üble Gerüche, man hörte das Pfeifen der Lokomotiven und das Tiergeschrei vom Schlachthof. Zwischen Fabrik und Gasometer wohnte das Proletariat, Wohnungen, Werkstätten und Fabriken lagen dicht beieinander. Die »garnis«, billige Hotels, die spärlich möblierte Zimmer vermieteten, hatten sich in kurzer Zeit vervielfacht. Ende des 19. Jahrhunderts gab es davon über 17 000, und es lebten darin 280 000 Menschen. Manche teilten sich die Betten im Schichtwechsel. Kläglich war der Zustand der Mietshäuser, primitiv waren die Einrichtungen, skrupellos viele Besitzer. »In einem feuchten Hof auf unbefestigtem Erdboden hat ein Hauseigentümer zehn enge, niedrige, dunkle Kammern installiert, Luft und Licht kommen bloß durch die Eingangstür, einen Kamin gibt es nicht, und es leben dort ganze Familien«, so entsetzte sich kurz nach der Jahrhundertwende der in Belleville praktizierende Doktor Philippe Dally.

Bisweilen manifestierte sich in bürgerlichen Kreisen humanitäres Mitgefühl angesichts solcher Misere. Was aber meistens vorherrschte, war die Furcht vor den »gefährlichen Klassen« – ein Begriff, den der Historiker Louis

Chevalier mit seinem Klassiker *Classes laborieuses, classes dangereuses* geprägt hat. Die Bourgeoisie hatte, so kurz nach der Niederschlagung der Commune, eine tief sitzende Angst vor diesen Leuten. 1880 war eine Amnestie erlassen worden, Louise Michel, das schreckliche Flintenweib, war aus der neukaledonischen Verbannung zurückgekehrt. Um 1900 protestierten gutbürgerliche Pariser gegen die Eröffnung einer Straßenbahnlinie, die als »Tram der Barbaren« verteufelt wurde, da sie gefährliche, aufrührerische Elemente aus dem Ostteil der Stadt in die friedlichen Bürgerzonen bringen und somit eine unsichtbare Grenze hätte verletzen können.

AUF DEN BEFESTIGUNGSWÄLLEN

Der Begriff der Banlieue, der das Gebiet rund um die Hauptstadt bezeichnet, war zunächst positiv besetzt. Im umliegenden Département de la Seine gab es noch echte Landschaft, aristokratische Lustschlösser, von Feldern und Gärten umgebene Dörfer, den berühmten Spargel von Argenteuil, die Pfirsichgärten von Montreuil (von denen es selbst heute noch kleine Restbestände gibt).

L'Homme au Balcon von Gustave Caillebotte.

Die Banlieue war das Paradies fürs Wochenende. An Seine und Marne tummelten sich Tagesausflügler, frequentierten die »guinguettes«, populäre Speise- und Tanzlokale, von denen noch einige wenige als nostalgische Reminiszenzen existieren, wie Chez Gégène in Joinville-le-Pont. Die impressionistischen Maler trafen sich auf der Ile de Jatte oder fuhren mit der ersten Eisenbahn vom Bahnhof Saint-Lazare nach Chatou hinaus, zum Malen, zum Rudern oder auch zur Pflege ihrer Liebschaften. Viele berühmte Bildmotive von Monet, Seurat, Sisley, Pissarro oder Renoir bezeugen dieses entspannte Glück der Banlieue. Doch man sieht auf manchen Gemälden im Hintergrund schon den Qualm von Lokomotiven oder den einen oder anderen Fabrikschornstein. Das Schicksal rückt näher. Bald wird die grüne Banlieue dramatisch schrumpfen.

Ein noch näher liegendes Erholungsgebiet waren die Wälle der Befestigungsanlagen, der »fortifications« oder kurz »les fortifs«, wie sie von den immer schon abkürzungsfreudigen Parisern genannt wurden. In einem Ring von 35 Kilometern markierten sie die Grenze zwischen Stadt und Umland, zwischen »intra« und »extra muros«. An Sonntagen waren die grasbewachsenen Wallanlagen beliebte Picknickplätze des einfachen Volks. Die Brüder Goncourt erzählen, wie Germinie, die Titelheldin ihres Romans *Germinie Lacerteux*, mit ihrem Geliebten einen Ausflug auf die Festungswerke unternimmt: »Sie lief darauf zu und setzte sich mit Jupillon auf die Böschung. Neben ihr lagerten ganze Familien, Arbeiter lagen platt auf dem Bauch, kleine Rentner betrachteten die Aussicht durch ein Fernglas, Elendsphilosophen saßen da, die Hände auf die Knie gestützt, in vor Alter speckigen Röcken und mit schwarzen Hüten, die so rotbraun schimmerten wie ihre Bärte. Die Luft war von Leierkastenklängen erfüllt [...]. Vor Germinies Augen breitete sich ein buntfarbiges Bild aus: weiße Blusen, blaue Schürzen herumspringener Kinder, ein Karussell, das sich drehte, Kaffeehäuser, Weinschänken, Schmalzbäckereien.«

Weinschänken gab es jenseits der Tore, weil sich mit der Ausdehnung von 1860 die Zollgrenze an die neue Stadtgrenze verschoben hatte. Vorher lockten – etwa in Montmarte oder Belleville – Lokale außerhalb der vorigen Zollmauer die Städter mit unverzolltem Alkohol an, jetzt waren billige Trinkstätten außerhalb der neuen Mauern entstanden, sicherlich mit ein Grund für die Beliebtheit solcher sonntäglicher Aufenthalte auf dem grünen Buckel der »fortifs«. Auch Emile Zola beschreibt dieses Wochenendglück der kleinen Leute: »Sie setzen sich familienweise auf den verbrannten Rasen der Böschung, in die pralle Sonne, manchmal auch in den schmalen Schatten eines mickrigen, von Raupen angefressenen Baums. Hinter ihnen brummt Paris, erdrückt unter der Julihitze. Die Männer entledigen sich ihrer Jacken, die Frauen legen sich auf ihre ausgebreiteten Taschentücher; alle bleiben dort bis zum Abend und atmen den Wind ein, der von den Wäldern her weht. Und wenn sie dann zurückkehren in den Glutofen der Straßen, sagen sie allen Ernstes: ›Wir kommen vom Lande zurück.‹«

DER SCHWARZE GÜRTEL

Besucher hatten von den »fortifs« aus Sicht auf ein seltsames, »la Zone« genanntes Terrain gleich zu ihren Füßen. Seine offizielle Bezeichnung war »zone non aedificandi«, ein den Befestigungswerken vorgelagerter 250 Meter breiter, dem Militär als Sichtfeld dienender Streifen, der nicht bebaut werden durfte. Wenn dort auch keine festen Häuser errichtet werden konnten, so entstand doch rings um die Stadt ein Ring aus windschiefen Hütten, Baracken und Wohnwagen, favelaartige Behausungen aus Brettern, Blech, Teerpappe und anderen zusammengestoppelten Materialien, mit improvisierten Kneipen, Gemüsegärten und Hühnerställen. In *Germinie Lacerteux* ist die Rede von den elenden Behausungen der Lumpensammler, »die, aus gestohlenem Abbruchmaterial gebaut, die Scheußlichkeiten ahnen ließen, die sie bargen; diese Hütten, die Brutkästen und Tierbauten glichen, erschreckten Germinie irgendwie: sie fühlte, dass dort alle dunklen Verbrechen lauerten«.

Auch wenn die Leute der »Zone« wie ein spezieller, halbwilder Volksstamm betrachtet wurden, sind sie nicht alle über einen Kamm zu scheren. Viele waren durch die Mutationen der Hauptstadt aus dem Zentrum in dieses trostlose Abseits vertrieben worden, dennoch gingen sie regelmäßiger Arbeit nach. Aber dann waren da auch die Lumpensammler, Vagabunden, Marginale aller Art. La Zone war ein Refugium für Habenichtse und jene, die ein Interesse daran hatten, sich unsichtbar zu machen.

Als »ceinture noire«, schwarzer Gürtel, wurde dieser enorme Bretterbuden-Slum bezeichnete, denn nachts herrschte dort totale Finsternis. Es gab keine Gaslaternen, ebenso wenig wie Müllabfuhr oder Wasserleitungen. Die hygienischen Verhältnisse waren katastrophal. Ende des 19. Jahrhunderts macht sich vor dem Hintergrund der bevorstehenden Weltausstellung ein Journalist Sorgen um den schlechten Eindruck, der vom Schwarzen Gürtel ausging: »Dieses prächtige Juwel der kommenden Weltausstellung darf nicht eingefasst sein von einem solchen Etui aus Schmutz und Schlamm. Lutetia, geschmückt im Inneren, muss es auch von außen sein, damit die Harmonie der Aufmachung vollständig ist.« Aber der Elendsring würde noch lange bestehen bleiben. Zu Beginn des 20. Jahrhunderts leben in dieser schmuddeligen Grauzone rund 30 000 Menschen.

Die Welt von »Zone« und »fortifs« war auch die der kleinen Ganoven, Hehler, Prostituierten und Zuhälter. Auf diesem quasi exterritorialen Gelände lieferten sich die »apaches«, kriminelle Jugendbanden, ihre Schlachten. Ausgiebig ist dieses Milieu beschrieben, besungen und mystifiziert worden, in Büchern und Heften der Populärliteratur mit Titeln wie *Paris étrange* oder *Promenade sur les fortifs*, Romanen von Françis Carco, Chansons von Aristide Bruant und Fréhel.

Die »Zone« hatte ihre eigene Prominenz. Zu ihr gehörte die ehemalige Can-Can-Tänzerin Louise Weber. In ihren jungen Jahren war sie unter dem Künstlernamen La Goulue bekannt und gehörte zu den Lieblingsmodellen von Toulouse-Lautrec. Ihre Tage beendete sie als heruntergekommene Alkoholikerin in einem tristen Wohnwagen. Eine andere Berühmtheit ging den entgegengesetzten Weg: Django Reinhardt wuchs in einem Wohnwagen zwischen Paris und Kremlin-Bicêtre auf und erlangte Weltruhm als Musiker. Einen Eindruck von den trostlosen Lebensbedingungen dieser Zwischenwelt vermitteln die Fotografien von Eugène Atget aus dem Jahr 1913 und der im Internet abrufbare Dokumentarfilm über das Leben der Pariser Lumpensammler, *Au pays des chiffonniers*, von Georges Lacombe aus dem Jahr 1928.

Die »Zone« ist inzwischen verschwunden. Dort, wo sie sich befunden hatte, umrundet nun der Boulevard Périphérique die Stadt, aber als Begriff lebt sie in der französischen Vorstellungswelt fort. »La zone« war eine Metapher für schäbige, vielleicht auch gefährliche Randbereiche der Gesellschaft, und wurde oft im pejorativen Sinn für die Banlieue benutzt.

MISSACHTETE BANLIEUE

Auch wenn einige Orte wie Saint-Cloud, Meudon oder Clamart im Westen, Vincennes, Saint-Mandé, Nogent-sur-Marne oder Le Perreux im Osten, Epinay-sur-Seine, Enghien oder Montmorency im Norden durchgrünte bürgerliche Wohlstandsenklaven blieben, war es in weiten Teilen des Umlandes mit dem ländlichen Charakter bald vorbei. Große Teile der Banlieue wurden durch die massive Ansiedlung von Industriebetrieben und das Anwachsen der Bevölkerung radikal und rapide transformiert. Arbeiterbehausungen entstanden in engster Nachbarschaft zu gefährlichen Dreckschleudern, die giftige Dämpfe absonderten, den Boden mit Schwermetallen belasteten und ihre Ausflüsse direkt in den nächsten Graben leiteten. »Es riecht nach Aubervilliers!«, sagten die Pariser, wenn der Wind von Norden kam. In fünfzig Jahren hatte sich die Bevölkerung der Pariser Banlieue verfünffacht: 1861 hatte sie 260 000 Bewohner, 1911 waren es schon mehr als 1,2 Millionen.

Die Beziehung zwischen »intra« und »extra muros« war problematisch. Aus der Sicht der Banlieue erschien die Stadt Paris als eine imperialistische

Macht, die sich arrogant und gleichgültig gegenüber ihrer geografischen Umgebung verhielt, die sie benutzte, um dorthin all das abzuschieben, wofür sie keinen Platz hatte oder was sie auf dem eigenen Gebiet nicht haben wollte, so etwa Mülldeponien wie die berüchtigte »Voirie de Bondy« am Canal de l'Ourq. Dorthin wurden seit 1849 Inhalte der Pariser Kloaken per Lastkahn transportiert, was mit unerträglichem Gestank bis in die weitere Umgebung verbunden war. Die neue haussmannsche Kanalisation war zu dieser Zeit noch nicht überallhin vorgedrungen. 1881 bildete sich in Bondy ein Widerstandskomitee, ab 1900 wurde dann der Dreck nach Gennevilliers und Achères verfrachtet, wo die Fäkalien der Lichterstadt auf 5300 Hektar Feldern ausgebracht wurden. Auch dort waren die Anlieger erbost, Proteste und Petitionen folgten aufeinander, aber es dauerte bis 1938 mit dem Bau einer modernen Kläranlage. »Paris beschert uns Einrichtungen, die unsere Region verzweifeln lassen. Allein in Clichy haben wir auf unserem Territorium die Pumpstation des zentralen Abwasserkanals und den Friedhof von Batignolles«, klagte 1909 der Bürgermeister von Clichy.

Denn nicht nur Müll und Abwässer, auch die Toten wurden in die Umgebung exportiert. Die sogenannten Pariser Friedhöfe (Bagneux, Pantin, Thiais, Saint-Ouen, Ivry, Saint-

Forderungen der Banlieue – Plakat von 1886.

Auf den Wällen der »fortifications«.

Denis, Batignolles) bedeckten eine Fläche von insgesamt 320 Hektar. In Ivry wurden bis 1972 die Guillotinierten verscharrt.

Für die Pariser Bettler, Vagabunden und Obdachlosen entstand 1897 das Asyl von Nanterre, was die dortigen Bewohner als Affront und Stigmatisierung empfanden. Tatsächlich wurde »Nanterre« für lange Zeit zum Schreckensbegriff für diese Verwahranstalt, so wie »Bicêtre« zum Synonym für Irrenhaus wurde.

All diese Zugriffe und Zumutungen wurden einfach verfügt, Proteste nützten nichts. Dem Groll, der sich festsetzte, entsprach auf der anderen Seite die Banlieue-Verachtung der Hauptstadt-Eliten.

Es wurde Beschwerde geführt über die unzureichende Ausstattung mit Schulen und öffentlichen Diensten wie Post und Polizei. Die Volksvertreter forderten bessere Wasser- und Elektrizitätsversorgung, Verlängerungen der Metrolinien über die Stadtgrenzen hinaus und generell eine deutlichere Solidarität zwischen Paris und der Banlieue, nicht zuletzt über einen Ausgleich bei Steuereinnahmen, die den Herausforderungen durch die stetig wachsende Bevölkerung angemessen waren.

VORBILD BERLIN

Angesichts der immer dichteren Besiedlung der umliegenden Gemeinden könnte man es als naheliegend ansehen, das über die zwanzig Arrondissements hinaus urbanisierte Gebiet in die Stadt einzubeziehen. Dies wäre der Logik der bisherigen Entwicklung von Paris gefolgt: Auf eine Grenzerweiterung folgte jeweils die nächste. Warum nicht auch jetzt wieder? Der Gedanke drängte sich auf. Gegen 1910 war zum ersten Mal von einem »Grand Paris« die Rede, das es zu schaffen gelte, um der Bevölkerung des Großraums zu mehr Gerechtigkeit und einer besseren Integration zu verhelfen. Seine geografische und politische Bezugsgröße war das Département de la Seine, das es heute genau so wenig mehr gibt wie das Département Seine et Oise, in das es eingebettet war.

Eine Spur ist mit der Nummer 75 geblieben, die als Pariser Postleitzahl und Autokennzeichen dient. Die während der Französischen Revolution geschaffenen Départements waren alphabetisch geordnet und durchnummeriert. 75 stand in dieser Abfolge für »Seine«. Dazu gehörten die Stadt Paris und rund achtzig weitere Gemeinden, mit dem Präfekten als mächtigem Staatsvertreter, dem die letzten Entscheidungen oblagen, und dem gewählten Generalrat, der im Pariser Rathaus tagte.

Das Seine-Département mit seinen 47 389 Hektar, schien ein plausibler Rahmen für die Idee einer erweiterten Metropole zu sein. Voraussetzung für eine Ausweitung der Stadt, daran bestand kein Zweifel, war die Schleifung der Befestigungsanlagen, an deren militärischen Nutzen kaum jemand mehr glaubte. Anderswo waren die Städte längst »entfestigt«: Die Stadtplaner schauten nach Frankfurt, Köln oder Wien; dort waren anstelle der Stadtmauern Promenadenwege und Boulevards entstanden, und man hatte die Außenviertel in die Stadt eingegliedert. Bereits 1882 legte der republikanische Abgeordnete Martin Nadaud im Parlament einen Antrag vor, der die Demolierung des Befestigungsringes verlangte, denn »die große Stadt erstickt in ihrer Zwangsjacke«, und den Abriss der Bastionen verzögern hieße, die Interessen der Hauptstadt und ihrer wackeren und arbeitsamen Bevölkerung zu missachten.

Für einen solchen Schritt wäre es höchste Zeit, meinte auch der Schriftsteller Jules Romains, denn Paris sei nun bis an seine Grenze gewachsen und der Gürtel zu einem beengenden Korsett geworden: »Nachdem er als vorgeschobener Verteidigungsschutz gedient hatte, ist der Befestigungsring zur

Lumpensammler am Stadtrand.

Form der Stadt selbst geworden. Und jetzt ist er eine Last für Paris, hindert es, sich natürlich zu entwickeln. [...] Der Festungswall schwächt den Elan neuer Quartiere, setzt den Avenuen ein Ende, verhindert ihre Verlängerungen, belässt viele Straßen an den äußeren Rändern im Zustand von Sackgassen oder verrufenen Winkeln und führt dazu, dass sich dort Gauner und Schmutz konzentrieren.«

Nach den Kommunalwahlen von 1912 schrieb Louis Dubreuilh, Generalsekretär der sozialistischen Partei SFIO in der Zeitung *L'Humanité*: »Wenn wir wollen, dass Paris und das Département Seine in den Genuss einer Verwaltung kommt, die den Interessen der Arbeiterklasse entspricht, dann ist es mehr denn je an der Zeit, die Abschaffung der Befestigungsanlagen und die Bildung einer großen Pariser Gemeinde zu fordern, die sich bis an die Grenzen des Département erstreckt.«

Für eine Schleifung der Befestigungen machte sich ebenfalls das kurz vor der Jahrhundertwende gegründete »Musée social« stark, ein Diskussionsforum, das Sozialreformer, Juristen, Professoren, Ärzte sowie Unternehmer

Bewohner der »Zone«.

unterschiedlicher politischer Orientierung in Arbeitsgruppen zusammenbrachte. Aus diesen Kreisen ging auch die erste Vereinigung von Architekten und Urbanisten hervor. Die weitere Ausdehnung der Stadt schien ihnen unvermeidlich. Daraus würden sich Notwendigkeit wie Chance zur rationalen und humanen Gestaltung des urbanen Raumes ergeben. Der junge Architekt Eugène Hénard schlug in der deutschen Zeitschrift *Der Städtebau* vor, die durch die Befestigungen etablierte Grenze vollständig zu beseitigen, einen begrünten Ringboulevard anzulegen und die vorgelagerten Forts in öffentliche Parks umzuwandeln. So würden sich die Vorstädte wie die früheren Faubourgs mit der Stadt quasi nahtlos vereinen.

1911 wurde durch die Präfektur eine offizielle Kommission zur Ausdehnung von Paris (Commission d'extension de Paris) gegründet, die über die Grenze von Paris »intra muros« hinausschauen sollte. Ihre Mitglieder sahen sich im Ausland um und orientierten sich besonders an Deutschland, das ihnen in Sachen Stadtplanung zum Vorbild wurde. Berlin galt als Referenz: Viel Beachtung fanden die Grünanlagen, der Tiergarten, der Treptower Park.

1913 erschien der Bericht der Kommission, dessen Autoren, der Architekt Louis Bonnier und der Historiker Marcel Poëte, auf den kürzlich geschaffenen »Verband Groß-Berlin« hinweisen: »Das größere Paris, sein Netz aus Straßen, Eisen- und Straßenbahnen, Kanälen für Abwässer und Wasserversorgung, seine Gebäude, seine Plätze, seine öffentlichen Gartenanlagen sollten nicht dem Zufall überlassen werden, ohne allgemeine Planung, ohne Koordination und vor allem ohne Verbindung zwischen den beiden Teilen des Großraums, die heute noch durch die Befestigungsanlagen voneinander getrennt sind. [...] Ein preußisches Gesetz von 1911 hat gerade soeben das ›große Berlin‹ geschaffen, eine Art von Bündnis, das jene Ortschaften mit der deutschen Hauptstadt vereint, die sich in ihrem Umkreis gebildet haben: Charlottenburg, Schöneberg, Neukölln, Lichtenberg und Spandau. Es existiert aber auch ein ›großes Paris‹, mit vorgegebenen Konturen, ausgestattet mit einer kompletten administrativen Organisation: das Département de la Seine.«

Die Arbeit der Erweiterungs-Kommission wurde durch den Ausbruch des Ersten Weltkriegs unterbrochen. Der internationale Wettbewerb zur »Ausweitung von Paris und zur Gestaltung der Pariser Region«, für den der Bericht von Bonnier und Poëte als Ausgangspunkt dienen sollte, konnte erst 1919 stattfinden. Gewonnen hat ihn Léon Jaussely, der zu jenen gehörte, die vor dem Krieg Berlin bereist hatten, mit einem »URBS« genannten Plan, der sich am Berliner Beispiel orientierte. Er präsentierte eine Entwicklung in konzentrischen Ringen, ein ausgebautes Eisenbahnnetz, sah den Transfer größerer universitärer Einrichtungen in die äußeren Zonen vor und betrachtete Paris und die Banlieue als einen »ökonomisch einheitlichen Organismus«.

Das preisgekrönte Projekt wurde allerdings nicht realisiert. Es verschwand, wie so vieles, im Dunkel der Archive.

EXKURSION 2: DAS EHEMALS INDUSTRIELLE 19. ARRONDISSEMENT

Route: Place de la Bataille de Stalingrad – Bassin de la Villette – Canal de l'Ourq – Parc de la Villette

Distanz: 4,5 km
Gehzeit: 1 h 30
Ausgangspunkt: Métro Jaurès oder Stalingrad
Endpunkt: Métro Corentin Cariou

Startpunkt für eine Tour durch das einstmals industrielle 19. Arrondissement ist der **Stalingrad-Platz** (Métro Stalingrad oder Jaurès). Vor einiger Zeit hat man ihn umbenannt in Place de la Bataille de Stalingrad, damit keine Missverständnisse aufkommen, aber das ist viel zu kompliziert. Die ganze Gegend rund um die Metrostation heißt Stalingrad, basta. Der große Platz wird beherrscht von der Rotonde, einem klassizistischen Rundbau, errichtet gegen Ende des Ancien Régime nach dem Plan des Architekten Nicolas-Charles Ledoux als Zolleinnahmestelle. Hier befand sich bis 1860 die Stadtgrenze, gebildet von der »Mauer der Generalpächter« (mur des fermiers généraux). 47 solcher Barrieren hatte Ledoux gestaltet, vier sind übrig geblieben, darunter diese hier. Die Zollmauer war eine sehr unpopuläre Einrichtung, hier mussten die nach Paris hereinkommenden Waren verzollt werden. »Ah! Monsieur Ledoux, Sie sind ein fürchterlicher Architekt!«, schimpfte deshalb der Paris-Chronist Louis-Sébastien Mercier.

Bis in die 1970er-Jahre befand sich auf dem Stalingrad-Platz ein Fernbus-Bahnhof, dann siedelte sich hier die Drogenszene an. Um Crack-Dealer und -Konsumenten zu vertreiben, wurden in den 1990er-Jahren Karussells aufgestellt, und man installierte ein Bistrot unter den Arkaden. Die Dealer – o heiliger Sankt Florian! – sind, zumindest tagsüber, in ein benachbartes Viertel ausgewichen, kommen aber bisweilen nachts auf den Platz zurück.

Seit 2009 ist die bis dahin still vor sich hin dämmernde Rotonde selbst ein Szenelokal, mit Restaurant, Bar und Terrasse. Der Stalingrad-Platz, die größte freie Fläche im Norden von Paris, wird regelmäßig für Veranstaltungen genutzt – das geht von Rockkonzerten über Sportdarbietungen bis zu politischen Versammlungen –, aber auch für Unvorhergesehenes: 2016 kampierten auf den Rasenstücken, den Böschungen und dem Mittelstreifen der Avenue de Flandres monatelang mehrere Tausend sudanesische und somalische Flüchtlinge.

Das östlich dem Platz benachbarte Gebiet war lange Zeit verrufen. In der Nähe der heutigen Place du Colonel Fabien stand das Galgengerüst, »le gibet de Montfaucon«, an dem die Erhängten in mehreren Etagen zur Abschreckung im Wind baumelten. Später wurde diese Einrichtung an die Stelle der jetzigen Markthalle der Avenue Secrétan verlagert, nunmehr allerdings bloß als warnendes Symbol und Beerdigungsstätte für Hingerichtete. Gleich daneben befand sich die »voirie de Montfaucon«, eine Deponie mit Senkgruben für die Pariser Fäkalien nebst Abdeckereien für die kranken und alten Pferde der Stadt. Die Höhlen der nahegelegenen Gipsbrüche dienten Clochards und kleinen Gaunern als Unterschlupf. Kurz, es war eine unfeine Gegend.

Die Hauptattraktion des Quartiers ist heute das **Bassin de la Villette,** eine ausgedehnte rechteckige Wasserfläche, die von einem Fluss namens Ourq gespeist wird. Napoléon I hatte sie 1802 als Trinkwasserreservoir anlegen lassen. Auf alten Stichen sieht man am Ufer unter Bäumen spazierende Paare und heitere Schlittschuhläufer im Winter. Mit den charmanten Promenaden war es aber vorbei, nachdem 1821 mit dem Bau des Canal Saint-Martin eine Verbindung zur Seine geschaffen wurde, wodurch sich auf dem Bassin ein intensiver Schiffsverkehr entwickelte. Entsprechend verschlechterte sich die Qualität des Wassers. Seit Haussmann mit seinen Aquädukten für sauberes Trinkwasser gesorgt hatte, fließt das Ourq-Wasser von La Villette in ein paralleles System. Es wird zur Straßenreinigung benutzt und speist die Pariser Springbrunnen.

Aus dem Bassin wurde ein aktiver Frachthafen für Kohle, Zement und Getreide. Die Wasserfläche war von zahllosen Lastkähnen bedeckt. Hier schufteten Hunderte von Schauerleuten.

»Am Quai de la Loire haben die großen Kohle-, Gips-, Zementfirmen ihre Lagerhäuser. Den Rücken gekrümmt unter dem Sack mit 50 Kilo, an den sich die Hände festklammern, gehen die Ladearbeiter langsam über das Brett zwischen Kaimauer und Lastkahn; in ihrem von Kohle schwarzen, von Zement grauen, von Gips weißen Gesicht leuchten ihre Augen; [...] Männer laden die Säcke auf Rollbänder. Gipsschnee, Staubregen fallen hartnäckig und durchdringend.« So beschreibt der Pariser Autor Eugène Dabit, der in dieser Gegend aufwuchs, diese hart arbeitenden Männer. Jetzt sitzen hier an den Ufern des Bassins an sonnigen Tagen oft Hunderte von jungen Leuten beim Picknick mit Rosé-Flaschen und Sixpacks oder spielen Boule auf den Sandflächen beidseits des großen Beckens. Auf dem Wasser: Paddler, Ruderer, Freizeitschiffer sowie Enten und Möwen, hin und wieder auch ein Kormoran.

Der Hafenbetrieb kam in den 1960er-Jahren zum Erliegen. Von zwölf Lagerschuppen sind zwei stehen geblieben, der eine am Quai de la Seine, der andere gegenüber am Quai de la Loire. Sie wurden in jüngster Zeit zu Kinos umgebaut. Zwischen beiden pendelt eine kleine Fähre hin und her, die gratis benutzbar ist. Sie heißt Zéro de Conduite, Anspielung auf einen Film von Jean Vigo, der einen anderen seiner Filme, *L'Atalante*, auf einem Lastkahn im Bassin und auf dem Canal de l'Ourq gedreht hat.

Nichts mehr ist zu ahnen von den einstigen Industriebetrieben, mit denen die Gegend dicht bestückt war: Produktionsstätten für Streichhölzer und Seife, Zuckerraffinierien, Gaswerke, Fabriken für Eisenrohre, Klaviere, Teer, Papier, Senf, Essig oder Nudeln. Verschwunden ist der von Fabrikschornsteinen, dampfgetriebenen Kränen und Schleppern abgesonderte Ruß, der die Gebäude einschwärzte.

Wandert man von den Kinos in nordwestlicher Richtung am einen oder anderen Ufer entlang, liegen da immer noch sehr dekorativ ein paar Lastkähne. Sie dienen als Kneipenschiffe und werden für Musikveranstaltungen genutzt. Sogar eine schwimmende Oper, die Opéra péniche, ist am Quai de la Loire vertäut.

Das Bassin verengt sich dann zu einem schmalen Durchlass zwischen zwei Lagerhäusern aus dem 19. Jahrhundert. Die Kommunarden hatten sie angezündet bei ihren Rückzugskämpfen während der »blutigen Woche« im Mai 1871. Das linke Gebäude brannte dann 1990 noch einmal ab und wurde – quasi als Zitat – in denselben Dimensionen mit eigenwilliger Fassadenverzierung als Holiday Inn wieder aufgebaut. In dem rechtsseitigen befinden sich ein Studentenwohnheim sowie eine extrem lukrative Mikrobrauerei mit schwimmender Ponton-Terrasse.

Dahinter überquert die **Rue de Crimée** das Gewässer über eine 1885 gebaute stählerne Brücke mit ungewöhnlicher Hebevorrichtung, die immer noch gut funktioniert, inzwischen nicht mehr für Frachtkähne, sondern für die Ausflugsschiffe der Kanaltouristen.

An dieser Stelle sind zwei Abstecher denkbar:

1. Geht man nach links über die Avenue de Flandre und dann weiter die Rue Mathis bis zur Rue Curial, erreicht man das aktuelle Kultur-Highlight »Le Centquatre«, dessen frühere Funktion recht gut zum Charakter des Viertels als Ort für alles Unerfreuliche passte: Es war das Depot des zentralen Pariser Beerdigungsdienstes. 1874 entstand im Auftrag des Erzbistums Paris, gebaut im Stil der damaligen Industriearchitektur aus Backstein, Eisen und Glas, ein großer Leichenwagen-Bahnhof für 80 Kutschen und mit Ställen für 300 Pferde. Bis zu 1400 Menschen arbeiteten hier. 1905, bei der Trennung von Staat und Kirche, gingen die »pompes funèbres« in den Besitz der Stadt über. Die Privatisierung dieser Dienstleistung führte 1997 zur Schließung der Einrichtung. 2008 wurde das »Centquatre« – benannt nach der Hausnummer 104 – in seiner neuen Gestalt eröffnet, als Ort für künstlerische Aktivitäten so ziemlich jeder Art, von Hip-Hop über avantgardistische Installationen bis zu Theateraufführungen und klassischen Konzerten. Die großen bahnhofshallenartigen Räume werden

auch ganz einfach von Amateuren benutzt, um Jonglieren oder akrobatische Tanzfiguren zu üben, kaum freilich von den Bewohnern der umliegenden Sozialwohnungsblocks. Zum kommerziellen Angebot gehören eine gut sortierte Buchhandlung und das loftartige Restaurant Grand Central, das auf der Speisekarte selbstironisch einen »Salade bobo« anbietet.

2. Der andere Abstecher führt zur »Hügelkirche«, zur Kirche **Saint-Serge**. Man geht über die Rue de Crimée nach rechts und überquert die **Avenue Jean Jaurès**, die einmal Route d'Allemagne hieß. Auch die Metrostation Jaurès hieß bis 1914 Allemagne. Die Ausfallstraße führte nicht nur Richtung Deutschland, es hatten sich dort auch Mitte des 19. Jahrhunderts viele Deutsche angesiedelt. Die Männer waren Maurer, Straßenkehrer oder arbeiteten in den nahen Fabriken. Das krasse Elend dieser deutschen Kolonie rief den sozial engagierten protestantischen Pastor Friedrich von Bodelschwingh auf den Plan. Diese Deutschen seien, so schrieb er, »zum weitaus größten Teil ganz arme Leute, für welche das deutsche Vaterland keinen Raum mehr hatte und die doch nicht die Mittel besaßen, über das Meer nach Amerika hinüberzuziehen«.

Bodelschwingh ließ ein solides, protestantisch-nüchternes Gotteshaus, die »Hügelkirche«, bauen, außerdem eine Schule, Nähstuben und eine Suppenküche. Die Kirche heißt jetzt Saint-Serge und gehört der russisch-orthodoxen Gemeinde. Man sieht sie nicht von der Straße aus, muss bei der Hausnummer 93 durch ein Tor, links vom Pförtnerhaus ein paar Schritte den Hügel hinauf und kommt in eine versteckte Enklave von unerwartetem Charme. Die Russen waren nach der Oktoberrevolution zahlreich in die Pariser Region geflohen. Die deutsche Backsteinkirche stand leer, die Deutschen hatten bei Beginn des Ersten Weltkriegs die Stadt verlassen müssen. Nach der Übernahme durch die Popen wurde das nüchtern-karge protestantische Innere mittels Ausmalungen und Ikonostas in ein orthodoxes Gotteshaus verwandelt, später kam ein Priesterseminar hinzu. Im öffentlich nicht zugänglichen Erdgeschoss unter dem Kirchenraum hängt als Hommage für den Erbauer immer noch ein Porträt des Pastors Bodelschwingh.

Wieder zurück zur Kanalbrücke. Die Tour geht nun weiter auf dem linken Ufer den **Canal de l'Ourq** entlang, vorbei an der Feuerwache und der Place de Joinville, wo jeden Donnerstag- und Sonntagvormittag einer der billigsten Märkte von Paris stattfindet, eine laute Orgie, mit dichtem kosmopolitischem Gedränge und bislang ohne Touristen. Beide Ufer sind sehr beliebte Fahrradstrecken, bis weit in die Banlieue kann man den Kanal entlangfahren. Vorsicht ist für Fußgänger geboten, denn Pariser Radler lieben die wilde Freiheit der Regellosigkeit.

Es geht nun zunächst unter der Straßenbrücke der **Rue de l'Ourq** hindurch, dann kommen wir zu einer stählernen Eisenbahnbrücke, die schräg den Kanal überquert. Sie gehört zur Ringbahnstrecke der »Petite Ceinture«. Gebaut während des Zweiten Kaiserreichs, erst als Verbindung zwischen den großen Bahnhöfen und zur Versorgung der Befestigungsanlagen, wurde sie ein populäres öffentliches Verkehrsmittel, mit 29 Stationen. Der Personenverkehr wurde 1934 eingestellt. Die Bahnhöfe, soweit erhalten geblieben, wurden umgenutzt, etwa zu Rock- und Jazz-Kneipen, einer im 16. Arrondissement beherbergt heute gar ein Luxusrestaurant. Die aufgegebene Strecke ist ansonsten ein Abenteuerterrain für Freizeitexplorer und Naturfreunde. Die überwachsenen Gleise und Böschungen weisen in manchen Abschnitten eine erstaunliche Biodiversität auf.

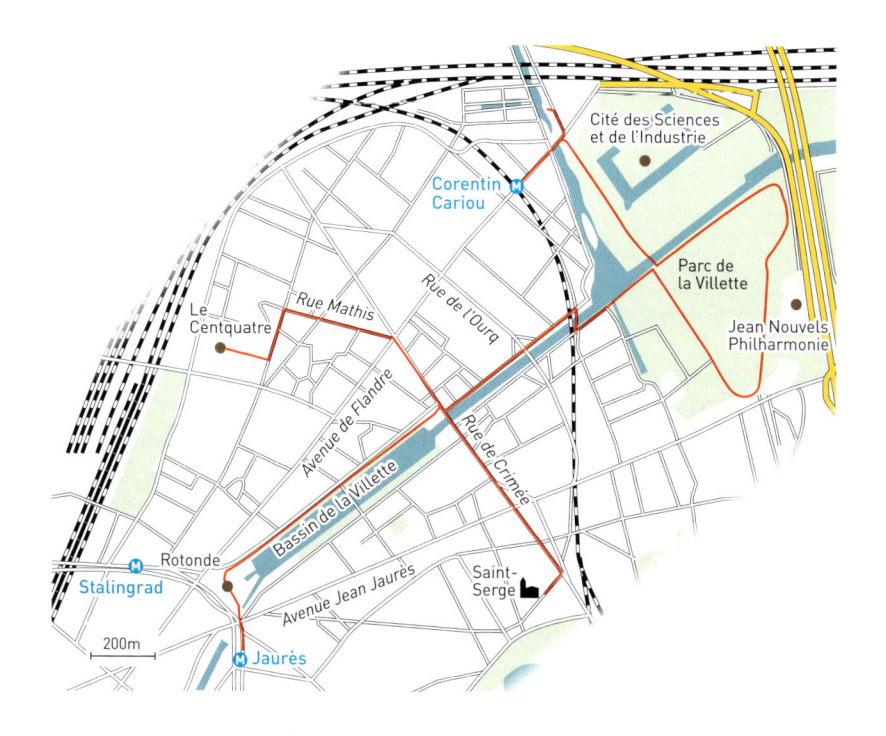

Die Eisenbahnbrücke über den Kanal hat einen Fußgängersteg, gehen wir also hinüber auf die andere Seite und betreten nach ein paar Schritten am Ufer den **Parc de la Villette,** das Gelände der ehemaligen großen Schlachthöfe. Wenn wir uns nach rechts wenden, kommen wir auf den weiten Vorplatz der »Grande Halle«, der großen Halle aus Metall und Glas, in der die Rinder in Erwartung ihrer Schlachtung geparkt wurden. Die Tiere wurden meist in langen Güterzügen herbeigeschafft und kamen auf dem Bahnhof Paris Bestiaux am nördlichen Rand des Geländes an.

Das tägliche Schlachtgeschäft der Abattoirs de la Villette belief sich zur ak-

Rotonde und Bassin de la Villette.

Vom Industriehafen zur Freizeitzone. »Le Centquatre«: ehemaliges Leichenwagendepot.

Arbeit im Schlachthof. Vor der Rinderhalle.

Hochburg der Musikkultur. Business-Park in alten Lagerhäusern.

tivsten Zeit auf 4000 Rinder, 22 000 Schafe, 4000 Kälber, 7000 Schweine, und es arbeiteten hier 3000 Menschen.

An der Avenue Jean Jaurès, vormals Route d'Allemagne, vor den Toren dieser immensen Anlage, gab es eine Reihe von Fleischrestaurants, die von den reichen Viehhändlern frequentiert wurden. Als einziges ist Au Bœuf couronné übrig geblieben. Immer noch eine beliebte Adresse der fleischfressenden Klassen. Oft kommen auch zu später Stunde Pianisten, Geigerinnen, Klarinettisten, Tenöre und Sopranistinnen in das Haus Zum gekrönten Rind, um sich über Entrecôte, Faux-Filet, Onglet oder Bavette herzumachen. Denn im östlichen Teil der Abattoirs de la Villette ist anstelle der Viehmarkt-Einrichtungen und des Schlachthof-Bahnhofs eine Musikhochburg entstanden, mit dem nationalen Konservatorium zur Linken und der Cité de la Musique zur Rechten – einem Komplex aus Konzertsaal, Dokumentationszentrum und Museum.

Dahinter erhebt sich ein wenig unwirklich **Jean Nouvels Philharmonie** mit ihrem gewöhnungsbedürftigen Äußeren: Die Fassadenverkleidung besteht aus stilisierten grau-silbernen Vögeln, wobei auf halber Höhe etwas herauszuquellen scheint, das an eine glänzende Schlangenhaut denken lässt. Das graue Monstrum verfügt erfreulicherweise über eine Aussichtsetage im neunten Stock, die mit einem Lift erreichbar ist.

Von der Philharmonie aus führt uns links die Allée du Belvedere an einigen roten kubischen Gebilden vorbei, den sogenannten »Folies«, mit denen der Architekt Bernard Tschumi das gesamte Parkgelände strukturiert hat, und bringt uns zur Kanalbrücke. Beim Hinübergehen fällt rechts der Blick auf die hoch aufragenden alten Mühlen von Pantin. Die Großbank BNP mit ihrem unendlichen Bedarf an Büroraum hat sich dieses Industriemonument angeeignet, ansprechend hergerichtet und lässt es nachts farbig leuchten. Bis 2001 versorgten die Mühlen Pariser Bäcker mit Mehl von den Weizenfeldern der Brie und der Beauce.

Auf der anderen Kanalseite befanden sich die eigentlichen Schlachthofgebäude. Einen (schaurigen) Eindruck vom alltäglichen Betrieb vermittelt der auf Youtube abrufbare Dokumentarfilm *Le Sang des Bêtes* von Georges Franju aus dem Jahr 1949.

Nichts davon ist mehr zu ahnen im Angesicht der **Cité des Sciences et de l'Industrie** mit der dekorativ vorgelagerten Silberkugel des Kinos Géode. Und es ist auch weitgehend vergessen, dass der Name La Villette einmal gleichbedeutend war mit einem der größten Finanzskandale der Fünften Republik. Hier hatte man in den 1960er-Jahren mit dem Bau eines neuen, modernen Schlachthofkomplexes begonnen, der völlig am Bedarf vorbeigeplant war. Die Großmarkthallen waren aus Paris ausgezogen, die Schlachtungen fanden längst anderswo statt, dennoch wurde an diesem Projekt festgehalten, die Entscheidungsträger mochten auf Einwände nicht hören. Irgendwann wurden die Arbeiten dann aber doch abgebrochen, und das unfertige Objekt stand jahrelang herum wie ein anklagendes Gerippe. Um das peinliche Mahnmal verschwinden zu lassen, wurde das Betonskelett vom Architekten Adrien Fainsilber genial in den Neubau des 1986 eröffneten Technikmuseums integriert.

Vorbei am achteckigen Veterinärs-Pavillon – heute Schauplatz für künstlerische Events – verlassen wir das Schlachthofgelände, überqueren die Avenue Corentin Cariou und besuchen ein letztes Zeugnis aus frühindustrieller Zeit: die Magasins généraux, Lagerhäuser für Zucker, Mehl und Alkohol aus der Zeit des Zweiten Kaiserreichs. Sie wurden kürzlich zum Business-Park »Pont de Flandre« umgestaltet. Unter anderem ist hier die Verwaltung des – inwischen in chinesischer Hand befindlichen – Club Med eingezogen.

Wo früher schwere Säcke geschleppt wurden, profitieren über 4000 Angestellte (bis zur nächsten Entlassungswelle) von recht attraktiven Arbeitsbedingungen. Der Eingang zu diesem sehenswerten »parc tertiaire« befindet sich in der Rue de Cambrai.

Auf dem Weg zur Metrostation **Corentin Cariou,** die sich zur Ab- oder Weiterreise anbietet, könnte man schließlich noch einen diskreten Blick in die beeindruckende koschere Schlachterei Emsalem (18, avenue Corentin Cariou) werfen: ein Überrest aus der Zeit der Schlachthöfe.

EXKURSION 3: AUF DEN SPUREN DER IMPRESSIONISTEN IM SEINETAL

Route: Chatou – Croissy – Bougival – Chatou

Distanz: 9 km
Gehzeit: 3 h
Ausgangspunkt: Gare RER Chatou-Croissy
Endpunkt: Gare RER Nanterre-Prefecture oder Chatou-Croissy

Der Bahnhof Saint-Lazare übte auf impressionistische Maler eine große Faszination aus. Claude Monet hat ihn ein Dutzend Mal festgehalten. Aber die Impressionisten haben ihn nicht nur gemalt, sie haben von Saint-Lazare aus auch die Bahn genommen. Von hier führte die erste französische Eisenbahnstrecke nach Saint-Germain-en-Laye. Der Zug brachte die Pariser Ausflügler des 19. Jahrhunderts jeden Sonntag in Scharen ins Tal der Seine. Es waren kleine Fluchten aus der städtischen Zivilisation, man kam heraus zum Schwimmen, Rudern, Tanzen, Sichgehenlassen – ein plötzlicher Einbruch in die Stille dieser grünen Flusslandschaft. Auch viele Künstler hatten eine Vorliebe für die nun so schnell erreichbare stadtnahe Natur, und man darf sagen, dass diese Bahnlinie eine entscheidende Rolle bei der Entstehung der impressionistischen Landschaftsmalerei gespielt hat.

Heute ist die historische Strecke integriert ins Netz des regionalen Schnellbahnsystems RER. Der Zug der Linie A in Richtung Saint-German-en-Laye bringt uns durch das verbaute Nanterre und durch Reuil-Malmaison, wo das Personal internationaler Großfirmen in verglasten Bürokästen sitzt, über die Seinebrücke nach **Chatou**.

Vom Bahnhof aus geht es über die Rue Paul Flament und die Avenue Larcher hinunter zum **Quai Maxime Lab œuf**, dann nach rechts den Uferweg entlang Richtung Croissy.

Vor ein paar Jahren haben mehrere an der Seine gelegene Gemeinden beschlossen, von der einstigen Präsenz der berühmten Maler zu profitieren. Sie haben Wanderwege eingerichtet, an entsprechenden Stellen Reproduktionen der dort entstandenen Werke von Renoir, Monet, Sisley oder Pissarro aufgestellt und sich das Label »Pays des Impressionistes« zugelegt. Die fünfzehn Kilometer von Paris entfernte Seineschleife war eine fruchtbare Zone für die Kunstgeschichte. Es ist eine relativ eng umschriebene Gegend, deren Szenerie die

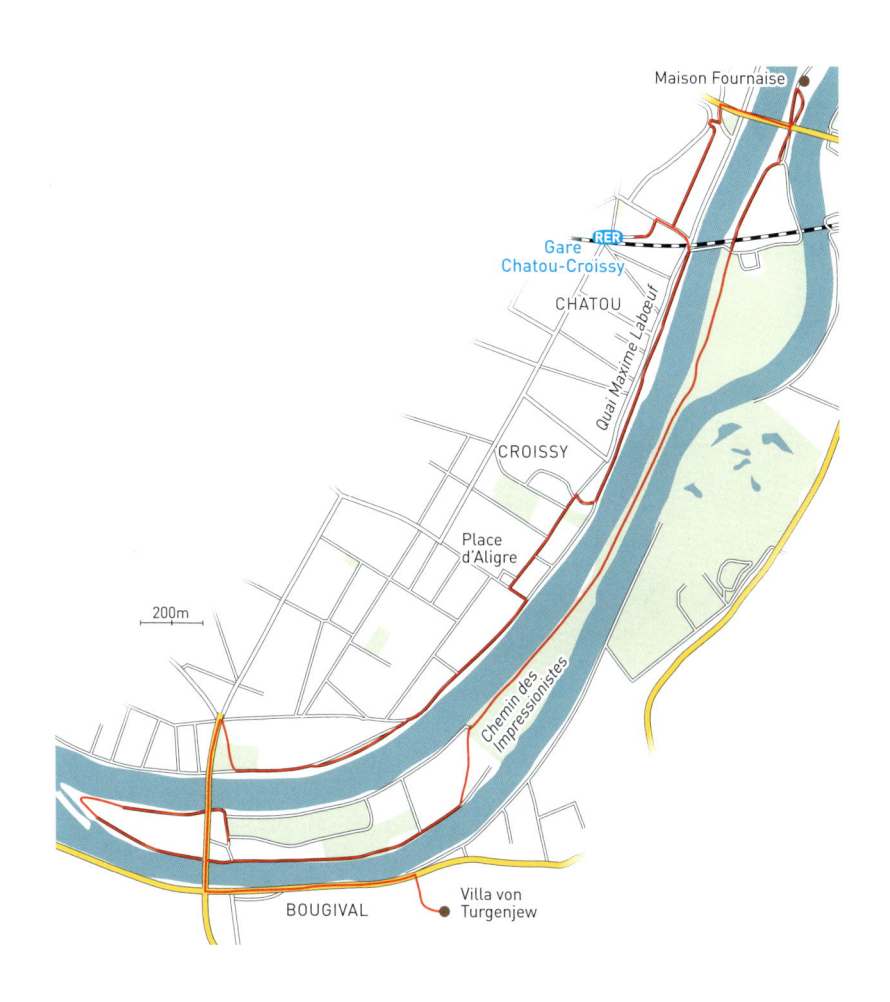

Motive für eine erstaunliche Zahl von Gemälden geliefert hat, die heute in den führenden Museen der Welt hängen.

Den Uferweg Richtung Croissy führt zwischen der Seine zur Linken und Villen mit Gärten zur Rechten. Hin und wieder tuckert ein Frachtkahn vorbei, sonst ist alles ruhig und friedlich. Autos dürfen hier nicht fahren, allerdings begegnet man bei gutem Wetter Joggern und Radfahrern in größerer Zahl. Die Söhne und Töchter der Happy Few halten sich fit.

Wir erreichen **Croissy** und biegen auf der Rue de l'Abreuvoir in den alten Dorfkern ein. Auf der Grande Rue, gleich hinter der alten Kapelle, steht das »Maison Joséphine«, ein Haus, in das sich Marie-Josèphe Rose von Beauharnais im Jahre der »Schreckensherrschaft« 1793 zurück-

Villen am Uferweg.

Schleusenwärterhaus und Seine bei Bougival.

Claude Monets *Bain à la Grenouillère*.

La Maison Fournaise: Schauplatz von Renoirs *Le déjeuner des canotiers*.

gezogen hatte. Ihr damaliger Gatte, der General de Beauharnais, wurde unterdessen guillotiniert. Nachdem sie Napoléon Bonaparte geheiratet hatte, nannte sie sich Joséphine und erwarb gegenüber auf der anderen Seine-Seite das Schloss von Malmaison. Sie war übrigens auch die Großmutter von Napoléon III.

Ein Stück weiter an derselben Straße steht das Schloss von Croissy. Man hat ihm alle Patina weggesäubert, es sieht nun aus wie neu, obwohl es aus dem 18. Jahrhundert stammt. Das Château beherbergt die örtliche Bibliothek sowie diverse kulturelle Aktivitäten. Dahinter liegt ein Park mit Picknickbänken und kleinen Lehrgärten für die Schulkinder. Alles ist sehr gepflegt und passt ins Bild einer satten reichen Bürgergemeinde.

Im Gesindehaus des Schlosses erinnert das kleine Musée de la Grenouillère an eine legendäre »guinguette«, ein Ausflugslokal des 19. Jahrhunderts drüben auf der Seineinsel. Renoir und Monet haben sich dort zu mehreren Gemälden inspirieren lassen. Das Museum ist mittwochs und sonntags geöffnet.

Die Grande Rue, die in ihrem weiteren Verlauf noch etwas Dörfliches hat, endet an der **Place d'Aligre,** wo sich in der alten Charité die Senioren dieses bürgerlich-residentiellen Ortes zum Bridge treffen.

Hier geht es wieder nach links auf den Uferweg. Dort steht eine der ewähnten Reproduktionen: Monets *Bain à la Grenouillère.* Das Original hängt in der National Gallery in London.

Entlang dieses Wegs, der hier **Les Berges de Croissy** heißt, stehen einige prachtvolle Anwesen, manche umgeben von Parks mit alten Bäumen – Eichen, Sequoia oder Zedern.

Vor der Brücke von Bougival geht es durch den Fitnesspark nach rechts, dann links auf die Brücke hinauf. Nach den friedlichen Uferwegen stellt der starke Verkehr einen unerfreulichen Kontrast dar.

Von der Brücke aus fällt der Blick nach rechts auf die bewaldeten Hänge von Louveciennes, wo aus den Bäumen Madame Dubarrys eleganter Musikpavillon hervorlugt. Die Mätresse von Louis XV besaß dort eine hübsche Domäne mit eigenem Schloss. Den Pavillon hatte sie sich von Nicolas Ledoux bauen lassen, von dem auch die Zolleinnahmestellen an der damaligen Pariser Stadtgrenze stammen.

Wir erreichen **Bougival.** All die Gemälde von Renoir, Monet, Morisot, Pissarro, Sisley oder Vlaminck, die in ihrem Titel den Ort erwähnen – *La danse à Bougival* (Renoir), *Glaçons sur la Seine à Bougival* (Monet), *Le quai à Bougival* (Morisot), *La Seine à Bougival* (Pissarro), *L'automne: Bords de la Seine près de Bougival* (Sisely), *Les régates à Bougival* (Vlaminck) und so weiter – haben den Namen dieses Nests weltweit bekannt gemacht.

Aber das einst sicher sehr charmante Bougival wirkt heute arg mitgenommen durch den massiven Autoverkehr auf der Uferstraße D 113. Die Zersiedelung durch Appartment-Residenzen tut ein Übriges. Es erfordert schon einige Fantasie, sich vorzustellen, was für ein Bild das Dorf den Künstlern und Ausflüglern damals geboten hatte.

Berthe Morisot, die einzige Frau im Männerclub der Impressionisten, verbrachte hier mehrere Jahre lang die Sommermonate. Sie mietete sich ein Landhaus mit großem Garten, wo sie mit ihrem Gatten Eugène Manet, dem Bruder des Malers Edouard Manet, und ihrer Tochter Julie wohnte. Das Ambiente hat sie zu rund vierzig Bildern inspiriert, darunter sind viele sonnige Gartenmotive. Das Haus steht noch, aber der Garten fiel einer Durchgangsstraße zum Opfer.

Die meisten impressionistischen Maler lebten anfangs in einer gewissen Prekarität und hatten wenig zu beißen. Dass sie vom offiziellen »Salon« abgelehnt wurden, hatte materielle Konsequenzen. Kaum jemand kaufte ihnen etwas ab. »Seit acht Tagen kein Brot, kein Wein, kein Feuer für die Küche, kein Licht. Es ist entsetzlich«, schreibt Monet im August 1869 an einen Freund. Er konnte nicht einmal mehr arbeiten, weil er nicht genügend Geld für den Kauf von Farben hatte. Und dann kamen obendrein die Preußen und richteten in Bougival und Umgebung allerlei Verheerungen an.

Berthe Morisot wenigstens war relativ wohlhabend, kam aus einer kunstbeflissenen Bürgerfamilie. Mit ihren Malerkollegen gründete sie die Gruppe »Artistes Anonymes Associés«, finanzierte auch zum Teil die erste Impressionistenausstellung in Paris 1874. Doch bei Teilen des Publikums und der Kritik stießen die Impressionisten noch eine ganze Weile auf Unverständnis und Ablehnung. So erregte sich ein Kunstkritiker des *Figaro* über die Präsentation impressionistischer Gemälde in einer Pariser Galerie: »Fünf oder sechs Verrückte, darunter eine Frau, eine Gruppe von Unglücklichen, von Größenwahn befallen, haben sich hier zusammengefunden um ihr Werk auszustellen. Es gibt Leute, die angesichts dieses Zeugs in Gelächter ausbrechen. Mir verkrampft sich eher das Herz.«

Wenn auch der Ort Bougival heute nicht sehr aufregend erscheint, lohnt es sich doch, einen Abstecher zur Datscha von Iwan Turgenjew zu machen. Der Weg dorthin biegt rechts hinter dem Holiday Inn von der brausenden Hauptverkehrsstraße D 113 ab und führt einen Hügel hinauf. Das spitzgiebelige Haus, das auf halber Höhe am Hang steht, wirkt halb russisch, halb wie ein Schweizer Chalet. Man kann es von April bis Ende Oktober am Wochenende besichtigen, aber schon der Park, in dem es sich befindet, ist reizvoll.

Turgenjew hat hier seine letzten zehn Jahre verbracht und ist auch hier gestorben. In der klassizistischen Villa gleich nebenan auf demselben Gelände wohnte die von ihm lebenslang angebetete Sängerin Pauline Viardot mit ihrer Familie. Zuvor hatte sie in Baden-Baden residiert und dort die Crème der Kulturwelt empfangen. Auch in Bougival unterhielt sie wieder einen Salon, in dem auftauchte, wer geistreich und bedeutend war. Zu ihren Gästen gehörten Héctor Berlioz, Johannes Brahms, Gustave Flaubert, Prosper Mérimée, Camille Saint-Saëns, Gabriel Fauré, die Goncourt-Brüder, Georges Sand, Alphonse

Daudet, Emile Zola, Henry James, Guy de Maupassant... Wer war eigentlich nicht da?

Umso erstaunlicher ist es, dass sich die Villa bis vor kurzem in einem völlig vernachlässigten Zustand befand. Jetzt soll sie renoviert werden und demnächst ein europäisches Musikzentrum beherbergen.

Auf Plakaten der Belle Epoque priesen sich die Orte an der Seine als »villegiature parisienne« an, als Pariser Sommerfrische für eine bürgerliche Kundschaft. Außerdem aber übte die Gegend schon seit langem eine starke Anziehungskraft auf Kulturschaffende aus, nicht nur Maler, auch Musiker und Schriftsteller siedelten sich hier an. Im Nachbarort Louveciennes lebten zeitweilig Camille Saint-Saëns und Gabriel Fauré. Später dann Anaïs Nin und Henry Miller und von 1933 bis 1935 auch Kurt Weill nach seiner Emigration aus Nazideutschland. Hier schrieb er die Musik zum Theaterstück *Marie Galante,* darunter das sehnsuchtsvoll-melancholische Chanson »Youkali«. Georges Bizet lebte während der letzten beiden Jahre seines Lebens in Bougival und komponierte in seiner Villa am Fluss die Oper *Carmen.* Und auch die Music-Hall-Sängerin Jeanne Bourgeois, bekannt unter dem Künstlernamen Mistinguett, bewohnte ein stattliches Haus am Seineufer.

Wer jetzt genug gewandert ist, kann von der Uferstraße in Bougival aus den Bus 259 Richtung Nanterre nehmen. Die Rückfahrt reißt einen garantiert aus allen impressionistischen Träumereien. Man bekommt die Banlieue in ihrem ganzen zusammengestoppelten Nicht-Charme geboten. Es geht durch das bauliche Durcheinander von Reuil-Malmaison – ein paar übrig gebliebene alte Villen, eingekreist von Wohn- und Büroblocks. Das ist nicht arm, aber unschön.

Schließlich erreicht der Bus die Station **Nanterre-Préfecture.** Die monumentale Allee, von der aus man in die RER hinuntersteigt, ist die aktuelle Fortsetzung der großen Pariser Achse, ihr bislang letzter Teil von der Grande Arche in La Défense, die man zur Rechten aufragen sieht, bis zum Seineufer in Nanterre.

Es wäre aber auch möglich, von Bougival aus auf der langen im Strom liegenden Insel zurück nach Chatou zu wandern. Machen wir zunächst einen kurzen Schlenker von der Brücke herunter nach rechts in Richtung Schleuse, am Uferweg mit den Hausbooten entlang. Er endet vor dem Schleusengelände, aber rechts geht ein Pfad durchs Gebüsch, von dem aus das Schleusenwärterhaus mit seinem Gemüsegarten zu sehen ist. Es findet sich auf diversen Gemälden von Alfred Sisley und hat sich seither nicht verändert.

Auf der anderen Seite der Insel geht es unter der Brücke hindurch, nach rechts am Sportpark vorbei, bis zum anderen Seinearm.

Hier fand von 1862 bis 1939 jeden Sonntagabend der »Bal des Canotiers« statt, der stark frequentierte Ball der Ruderer, gerne auch von Auguste Renoir besucht, der ihn mit dem Gemälde *La danse à Bougival* verewigt hat. Es hängt heute im Museum of Fine Arts in Boston.

Unser Weg führt nun nach links über den alten Treidelpfad, der neuerdings **Chemin des Impressionistes** heißt und nach einer Weile übergeht in die Promenade de la Grenouillère. Die führt dann um einen Golfplatz herum und erreicht die Stelle, wo sich am rechten Ufer der Insel das schwimmende Lokal La Grenouillère befand, eine Art Szenetreff jener Zeit, verewigt von Monet und Renoir. Dorthin kamen amüsierwillige Hauptstädter in Massen, die Insel geriet stark in Mode.

»Sie haben diese wunderbare Insel von Bougival entdeckt, die so ruhig, so entspannt, so frisch war mit ihrer Urwaldvegetation… Verloren für immer, seit die Eisenbahn hier jeden Sonntag ein Volk ausspuckt, das sich an frittiertem Fisch und billigem Wein berauscht.« So klagte die Zeitschrift *L'Artiste*. Voll war es hier, laut und sehr pariserisch. Der Ort war so berühmt, dass er es 1875 bis zu einer Reportage in *The Illustrated London News* brachte.

Ein häufiger Gast war Guy de Maupassant. Er kam zum Schwimmen und Rudern, aber auch zum Beobachten der Gepflogenheiten des sozial ziemlich durchmischten Publikums. Es ging dort manchmal recht vulgär zu, es wurde viel getrunken, getanzt, gesungen, man tobte sich aus hier draußen, weit weg von der sittlichen Kontrolle des bürgerlichen Pariser Milieus. In mehreren Novellen, so in *Pauls Frau*, hat er das ausgelassene bis wüste Treiben rund um die Grenouillère beschrieben: »Auf dem schwimmenden Etablissement trieb sich eine wild johlende Menge hin und her. Die hölzernen Tische waren klebrig von umgeschütteten Gläsern, die halb geleert herumstanden, während betrunkene Leute vor ihnen saßen. Diese ganze Menge schrie, sang, brüllte. Die Männer saßen da: den Hut im Genick, mit rotem Kopf und vom Alkohol glänzenden Augen, fuhren hin und her und schrien in jenem Bedürfnis, das die gewöhnlichen Leute haben, Lärm zu machen. Die Weiber suchten einen Fang für den Abend und ließen sich mittlerweile freihalten. Zwischen den Tischen trieb sich das Stammpublikum dieses Ortes umher, eine große Menge lärmender Ruderer mit ihren Liebschaften in kurzen Flanellröckchen!«

Wie weggefegt ist der Ort der Sünde, alles verschwunden, verweht, kaum mehr vorstellbar, was hier einmal los gewesen sein soll. Es ist einfach nur still und grün. Die Insel wird nun immer schmaler. Bald ist der Pfad nur noch ein kleiner Dammweg zwischen den beiden Flussarmen. Dann verbreitert sie sich wieder und wird zu einem Park. Er heißt natürlich Parc des Impressionistes. Es geht unter der Eisenbahnbrücke hindurch, und da steht zur Rechten die Reproduktion eines wohl dort entstandenen Renoir-Gemäldes: *Pont du chemin de fer á Chatou* von 1881. Die Brücke ist also in die Kunstgeschichte eingegangen wie so vieles hier. Der nächste Teil der Insel ist ein Terrain für Ausstellungen und Events. Im März und Oktober findet hier die »Trödel- und Schinkenmesse« (Foire à la brocante et aux jambon) von Chatou statt, im September ein Elektronik-Musikfestival, zwischendurch gastiert ein Zirkus.

Jenseits der Straßenbrücke kommen wir schließlich zum »Maison Fournaise«, dem letzten Überlebenden der alten Seine-Ausflugslokale und Entstehungsort eines der berühmtesten Renoir-Bilder: *Le déjeuner des canotiers*. Glaubt man Maupassant, ging es hier etwas gesitteter zu als in der Grenouillère, auch wenn heftig getrunken und gesungen wurde:

»Das Stammlokal der Ruderer leerte sich langsam. Vor der Tür klang Rufen und Schreien, und kräftige Kerls in weißen Tricots, die Ruder über der Schulter, rannten hin und her. Die Frauen in hellen Frühjahrskleidern stiegen vorsichtig in die Boote, setzten sich ans Steuer, zogen ihre Röcke zurecht, während der Besitzer des Restaurants, ein großer Mann mit rötlichem Bart, berühmt wegen seiner Körperkraft, den Schönen beim Einsteigen die Hand reichte, um die schmalen Boote im Gleichgewicht zu erhalten. Nun nahmen die Ruderer Platz und zeigten sich mit nackten Armen und stark vortretendem Brustkasten vor den Zuschauern. Das Publikum bestand aus Bürgern im Sonntagsstaat, Arbeitern und Soldaten, die am Geländer der Brücke lehnten und aufmerksam dem Schauspiel zusahen.«

Die einstige Abgeschiedenheit muss man sich mühevoll vorstellen. Von Rueil-Malmaison her dräut die städtische Zivilisation heran. In dem Restaurant des denkmalgeschützten alten Hauses verzehren nicht mehr die Ruderer, sondern die Herrschaften aus den Büros gegenüber ihr Mittagessen. Dennoch bleibt ein Rest von Attraktivität, und ein kleines, recht sehenswertes Museum im Nebengebäude bringt einem die einstigen Zustände näher.

Über die Brücke geht es zum **Bahnhof Chatou** und zur RER A zurück.

PIONIERE DES SOZIALEN WOHNUNGSBAUS

Wenigstens wurde 1919 der Beschluss zur Schleifung der Befestigungsanlagen gefasst. Deren militärischer Wert war schon vor dem Ersten Weltkrieg infrage gestellt worden. Aber jetzt hatten sich die »fortifications« eindeutig als unnütz erwiesen. Die aus 120 Kilometer Entfernung abgeschossenen Granaten der Dicken Bertha schlugen ungehindert im Pariser Stadtzentrum ein, Zeppeline und deutsche Bombenflugzeuge trugen das ihre bei, die Illusionen über die Schutzfunktion dieser Befestigungen zu zerstören. So wurde schließlich das Militärterrain vom Staat an die Stadt zwecks Rückbau abgetreten. Es stellte sich nun die Frage, wie die Nahtstelle zwischen Stadt und Banlieue zu gestalten sei. Die Überlegungen gingen in unterschiedliche Richtungen. Ein begrünter Boulevard wie vor dem Krieg von Hénard und Bonnier geplant? Sportanlagen? Englische Parks? Oder Arbeitergärten, wie die Liga für Menschenrechte vorschlug?

Aber der Gedanke an großzügige Parkanlagen als verbindende Elemente zwischen »intra« und »extra muros« wurde dann rasch aufgegeben.

Verschärfte Wohnungsnot veranlasste die Stadt Paris, einen größeren Teil des Geländes der »fortifs« zur Bebauung vorzusehen. Wie sollte das aussehen? Ideen gab es reichlich. Einige stachen heraus, wie die des Beton-Avantgardisten Auguste Perret. Er entwarf Turmhäuser mit sechzig Etagen, jedes würde rund 3000 Menschen beherbergen. Hundert von ihnen könnte man rund um Paris aufstellen.

Mit Interesse nahm Le Corbusier die Idee zur Kenntnis, hatte aber etwas daran auszusetzen: »Man hat vorgeschlagen, anstelle der Pariser Befestigungsanlagen einen Gürtel aus Wolkenkratzern zu bauen, eine ›Krone‹ rund um die Stadt. Eine poetische Idee. Aber die Geschäfte finden nicht an der Peripherie der Städte statt, und vor allem nicht an einem übermäßig ausgedehnten Boulevard; diese Wolkenkratzer sollten dem Familienleben zugutekommen, und es ist klar, dass das Familienleben hier nicht auf seine Kosten kommt. Der Wolkenkratzer, von dem eine entlastende Wirkung ausgeht, muss das Zentrum der Städte entlasten, nicht deren Peripherie, denn die ist nicht verstopft.«

Le Corbusiers Vorstellung, wie der innerstädtischen Verstopfung zu begegnen sei, konkretisierte er dann im berühmten »Plan Voisin«, den er 1925 auf dem »Salon des Arts décoratifs« präsentierte: Ein Großteil des Pariser Stadtzentrums mit Ausnahme einiger Kirchen sollte abgerissen und durch achtzehn kreuzförmige Wolkenkratzer gleichmäßig bepflanzt werden. Dafür fand er damals keine öffentliche Unterstützung. Aber auch Perrets »poetische« Idee setzte sich nicht durch.

Der 1924 abgesegnete Bebauungsplan sah für die neu gewonnenen Terrains an den Rändern der Stadt öffentlich geförderte Wohnanlagen in normaler Höhe vor.

Noch vor dem Ersten Weltkrieg hatte ein Gesetz den Gemeinden und Départements die Möglichkeit eröffnet, Ämter für Bau und Verwaltung von Sozialwohnungen einzurichten – Offices HBM (Habitation à bon marché). Damit wurde mit dem liberalen Prinzip gebrochen, dass sich öffentliche Stellen aus dem Immobilienmarkt herauszuhalten hatten. Sozialer Wohnungsbau war bis dahin Privatinitiative, allenfalls waren Subventionen von staatlicher oder kommunaler Seite gestattet. Als Modell für die HBM dienten denn auch die Sozialwohnungen philanthropischen Ursprungs – wie sie die Stiftung der reichen Madame Lebaudy oder die Fondation Rothschild in proletarischen Pariser Vierteln errichtet hatten: stattliche Gebäudekomplexe mit erstaunlichem Komfort, verbunden mit dem paternalistischen Bestreben, die niederen Klassen zu bürgerlich-moralischem Lebenswandel zu erziehen. Nun wurden die HBM-Ämter der Gebietskörperschaften selbst zu aktiven Planern und Bauherren. Nach dem Krieg errichteten sie zumal im Osten von Paris mächtige Wohnburgen nach dem architektonischen Vorbild der privaten Stiftungen. Eine der größten ist Louis Bonniers Cité aus gelben und roten Ziegeln in

Auguste Perrets Vision von sechzigstöckigen Turmhäusern.

Ménilmontant mit ihren 584 Wohnungen, einem zentralen Platz und begrünten Innenhöfen.

Vor allem entstand als großes, zusammenhängendes Projekt der HBM-Ring auf dem Gelände der demolierten Befestigungen, mit Wohnungen für 120 000 Menschen. Ein Teil davon gehörte der etwas höheren Kategorie ILM (Immeuble à loyer modéré) an. Im noblen Westen südlich der Porte de la Muette ersparte man den bourgeoisen Anwohnern die Nachbarschaft von Angehörigen der unteren Schichten. Dort, gegenüber dem Bois de Boulogne, wurden die Parzellen an private Bauträger verkauft, die luxuriöse Anwesen mit Dachgärten auf das Terrain der »fortifications« stellten. Zwei Sonderbereiche am südlichen Stadtrand bilden das Ausstellungsgelände an der Porte de Versailles und die Cité Universitaire, eine Studentenstadt für 3000 Bewohner.

Es wurden bei diesen HBM-Blocks jeweils größere Einheiten von einzelnen Architekten betreut, von denen viele als Angestellte für das Sozialwohnungsamt arbeiteten. Dadurch entstanden bei aller Ähnlichkeit gewisse Unterschiede zwischen den Häusergruppen. Die Höhe der Gebäude ist ungefähr überall die gleiche und der Baustil bis auf Nuancen ebenfalls. Es gibt farbliche Abweichungen, mal ist der Backstein rötlich, mal ockerfarben. Auch unterscheiden sich die Anordnungen von Fenstern, Balkons und Fassadenornamenten. Allen gemeinsam aber ist ein schmuckes, klassisch-solides Äußeres, der Verzicht auf formale Experimente.

Von den Vertretern der architektonischen Avantgarde wurden die Realisierungen heftig kritisiert und geschmäht, so von Le Corbusier, der wie andere Vertreter der Moderne bei diesem immensen Bauprojekt nicht zum Zuge gekommen war. Er wetterte über das Ergebnis, ein Desaster sei das, »eine Wüste für Herz und Geist; ein immenser, ein gigantischer Misserfolg, eine abgrundtiefe Enttäuschung«.

Aber sind sie wirklich so ablehnenswert, diese Häuser, die seit den 1920er-Jahren den Sozialwohnungskranz um Paris bilden? Von heute aus könnte man sie eher recht akzeptabel finden, verglichen mit den späteren Großtaten der Funktionalisten. Und was wäre, wenn Le Corbusier seinen »Plan Voisin« hätte ausführen können? Nicht auszudenken...

Nun hatte man zwar den Befestigungsring aufgehoben und umgenutzt, aber das war es dann auch. »Wie weit sind wir mit der Organisation des ›Grand Paris‹«?, fragte das Generalratsmitglied François Latour. Die Antwort war enttäuschend. Es gab keinerlei Stadtplanung mit Einbeziehung der Banlieue. 1924 geißelte er in seiner »Anmerkung über den aktuellen Stand des Programms zur Erweiterung von Paris« das Fehlen jeder Koordination zwischen Paris und den Banlieue-Gemeinden, »eine chaotische Entwicklung der Pariser Agglomeration ohne klares Ziel, ohne jeden Gesamtplan, ohne jede vernünftige Politik der Ausdehnung«.

ALPTRAUM EIGENHEIM

»Licht und Himmel sind in Rancy so wie in Detroit. Eine rauchige Sauce verdüstert die ganze Gegend bis Levallois. Schäbige Gebäude kleben im schwarzen Morast des Bodens. Die langen und kurzen Schornsteine sehen von weitem aus wie die Pfähle, die man an der See in den Schlamm gerammt hat. Und in dem sitzen wir fest.« Louis-Ferdinand Céline findet in seinem Roman *Reise ans Ende der Nacht* drastische Bilder für die Banlieue. Aber er musste nichts erfinden.

Ebenso wie die innerstädtischen Arbeiterviertel waren die proletarischen Vororte ein Eldorado für skrupellose Wohungsvermieter. Billigst hochgezogene Mietshäuser bedeuteten eine sichere Profitquelle. Vorgeschriebene Normen und Auflagen gab es zunächst keine, viele Gebäude waren Slums schon bei der Fertigstellung, Brutstätten von Typhus, Cholera und anderen Krankheiten.

Bereits gegen Ende des 19. Jahrhunderts erhoben sich kritische Stimmen angesichts solcher himmelschreiender Zustände. Dabei war es nicht nur Nächstenliebe oder die Angst vor Epidemien, was die Reformgeister motivierte: Die Arbeiterquartiers wurden auch als politische Krankheitsherde angesehen. Als geeignete Therapie gegen Cholera und politische Anfechtungen wurden Eigenheime draußen im Grünen angesehen. Der Besitz von Häuschen und Gärtchen würde die Arbeiterklasse moralisch aufbessern, Familiensinn und den Respekt vor dem Eigentum stärken.

Was ist besser geeignet, das Interesse von Besitzenden zu wahren, als die potenziellen Störer zu Eigentümern zu machen?, fragte Frédéric Le Play, Vordenker eines sozialen und konservativen Katholizismus. »Der kleine Besitzer rebelliert niemals«, hatte er erkannt. Damit irrte er zwar, aber die Versuche zur Verkleinbürgerlichung des Proletariers hatten weitreichende Auswirkungen auf die Geografie.

1908 war eine staatliche Kreditregelung geschaffen worden, die ganz im Sinne jener Ideologie den Bau von Arbeitereigenheimen erleichtern sollte – ein Gesetz, das niedrig verzinste Kredite für den Erwerb von Grundstücken ermöglichte.

Der Traum vom eigenen Haus mit Garten, der besonders in den Jahren nach dem Ersten Weltkrieg verbreitet war, wurde allerdings für viele erst einmal zum Alptraum. Denn die Realisierung der Operation blieb Sache des privaten Sektors. Dort herrschte liberaler Wildwuchs, und die Ergebnisse waren verheerend: Bis in entlegene Bereiche der Ile-de-France hinein wurden Äcker, Viehweiden und sumpfige Wiesen von Spekulanten erworben. Sie teilten das Land in Parzellen auf, die sie weiterverkauften, ohne auch nur einen Sou in die Erschließung des Geländes investiert zu haben. Die von der Wohnungsnot getriebenen Arbeiter hatten kaum eine andere Wahl. Sie mussten ihr kleines Grundstück per Kredit abstottern und saßen zu Tausenden auf ihrem eigenen, nackten Land, weit draußen im Matsch, ohne Straßen, ohne Anschluss an Kanalisation, Wasser-, Strom- oder Gasleitung, ohne Zugang zu elementaren städtischen Einrichtungen. Es blieb ihnen nichts anderes übrig, als selbsttätig ihre bescheidenen Pavillons hochzumauern. Das dauerte oft lange, und es wuchs der Zorn. Der Skandal der »mal-lotis«, der Wohnungsgeschädigten, begann, in den 1920er-Jahren weite Kreise zu ziehen.

Viel Zeit verstrich, bis die völlig überlasteten Gemeinden in der Lage waren, dem Schlimmsten abzuhelfen. Inzwischen aber schlossen sich die betrogenen »Besitzer« zu Notgemeinschaften zusammen, radikalisierten sich und wurden in vielen Fällen zu Parteigängern der Kommunisten. Die Eigenheimwelle, den Machenschaften privater Spekulanten überlassen, hatte somit das genaue Gegenteil des angestrebten Effekts bewirkt.

Ein beträchtlicher Teil der Banlieue wurde von solchen Ansiedlungen modelliert, ein Meer aus kleinen Häuschen, Marke Eigenbau, breitete sich aus. 450 000 neue Banlieusards, ob aus Paris vertrieben oder aus der Provinz übersiedelt, wurden durch die Wohnungskrise dazu gebracht, sich in solchen parzellierten Erschließungsgebieten zu installieren, die bald eine Fläche von 16 000 Hektar bedeckten. Noch kurz nach dem Zweiten Weltkrieg beschrieb Blaise Cendrars den Zustand der Pavillon-Landschaft in düsteren Farben: »Grundstücksparzellen so weit das Auge reicht, sie gehören zu den erbärmlichsten der Pariser Banlieue, gebaut auf wasserdurchtränktem Boden, in trostloser Landschaft gebildet aus toten oder rauchenden Schornsteinen, aufgegeben oder in voller Aktivität, die um sich herum schädliche Ausdünstungen verbreiten, dazu der Gestank der Destillerien, die Kanäle, die von Mineralöl und anderen chemischen Flüssigkeiten schillern, welche man dort hineinkippt, die matschigen Straßen, zerfurcht vom intensiven Verkehr schwerer Lastwagen, Schlamm, Regen, Staub, Teerplacken, verkümmerte Bäume, umgestürzte oder farbverschmierte Reklameschilder, ungepflasterte Wege, geschwärzte Pfade, Häuschen aus Schlacke, Sinter, Mauerstein, Wellblech, auf dem Gelände Haufen von Schutt, Holzgerüste, Baustellen, die sich mit einsickerndem Wasser füllen, und Kilometer um Kilometer von Stacheldraht und Zäunen zwischen den ›terrains vagues‹ unter niedrigem rauchverhangenem Himmel, zerrissen vom schrillen Pfeifen der Lokomotiven.«

Von heute aus gesehen sind allerdings manche der Pavillon-Zonen nicht ohne Charme. Die Häuser haben sich fortentwickelt und verbessert, wurden gefällig verputzt und mit Ornamenten verziert. Manche haben sich in winzige Traumvillen verwandelt. Es gibt auch einige Eigenbausiedlungen mit speziellem Charakter, so die Häuschen der in den 1920er-Jahren eingewanderten Armenier, Überlebende des osmanischen Völkermords, in Alfortville oder Issy-les-Moulineaux.

Die Eigenheim-Stadtlandschaft in der Arbeiter-Banlieue war entstanden, weil die politische Kaste die liberalen Prinzipien nicht infrage stellen und sich nicht auf urbanistische Planungen einlassen wollte. Erst die Gefährdung des sozialen Friedens bewirkte – wie zögerlich auch immer – eine Einschränkung der Freiheit des Marktes im Immobiliensektor.

GARTENSTADT MIT KINO

Aufs Engste verbunden ist der Durchbruch des sozialen Wohnungsbaus in der Banlieue mit dem Namen Henri Sellier. Mit 26 Jahren wurde der Sozialist 1910 in den Generalrat des Seine-Département gewählt, ab 1919 amtierte er als Bürgermeister von Suresnes. Sellier, der Jean Jaurès nahegestanden hatte, ließ anfangs keinen Zweifel an seiner revolutionären Grundhaltung: »Es hieße, die Arbeiter schwer zu täuschen, wenn man sie glauben ließe, dass die Eroberung von Rathäusern gleichbedeutend sei mit der sozialen Revolution. Aber es bereitet ihr den Weg und prägt teilweise ihre Ergebnisse vor.«

Konfrontiert mit den beklemmenden Lebensbedingungen der Arbeiterbevölkerung entwickelte sich Sellier zunehmend zum pragmatischen Sozialreformer. Auch wenn der Präfekt als Vertreter des Staates im Département das letzte Wort hatte, verfügte doch der gewählte Conseil général über einige Kompetenzen, was Gesundheitspolitik, Schulen, Verkehr und Wohnungsbau betraf. Die Arbeit des Generalrats wurde von den Ratsmitgliedern in verschiedenen Kommissionen geleistet, und in der Regel stimmte der Präfekt dann den Vorhaben zu.

Nachdem 1913 per Gesetz der Bau von Sozialwohnungen durch öffentliche Instanzen ermöglicht worden war, betrieb Sellier die Gründung eines HBM-Amts für das gesamte Seine-Département, und er wurde dann auch gleich erster Präsident dieser neuen Einrichtung. Sein besonderes Interesse galt dem Modell der »Cité-jardin«, der Gartenstadt nach dem Konzept des Engländers Ebenezer Howard. Der hatte die sozialistisch inspirierte Idee eines kompletten Gemeinwesens in engem Kontakt zur Natur entwickelt, einer autonomen Stadt mit wirtschaftlichen Aktivitäten auf kooperativer Basis, Schulen, Kinderkrippen, Krankenhäusern, Konzertsälen. Realisiert wurde sie zum ersten Mal mit der 1903 gegründeten Letchworth-Garden-City nördlich von London.

Sellier orientierte sich an Howards Prinzipien, ohne sie komplett umzusetzen. Seine Cités-jardins waren nicht als autonome Städte konzipiert, sondern wurden an bestehende Gemeinden angelagert. Sie verfügten auch nicht über eigene Produktionsstätten, die Fabriken existierten bereits in der Nähe. Aber die dort beschäftigten Arbeiter, die sonst skrupellosen Parzellenverkäufern oder Slum-Lords zum Opfer gefallen wären, sollten menschenwürdig untergebracht werden, an Komfort, Bildung und Kultur teilhaben und von städtischen Dienstleistungen profitieren können. Als Versuchslabor diente ihm seine Gemeinde Suresnes, wo er eine solche Gartenstadt auf einem Terrain von 42 Hektar errichten ließ – ein aufgelockertes, durchgrüntes Ensemble aus Einfamilienhäusern und kollektiven Wohngebäuden, davon einige mit Zentralheizung und Duschen, außerdem ein Gesundheitszentrum, Badehäuser, ein Schwimmbad, ein Altersheim, eine Freiluftschule für Kinder mit Tuberkulose oder Asthma, ein Theater sowie ein kommunales Kino, das erste in der Banlieue. Sellier legte auch Wert auf formale Aspekte, kümmerte sich um die Wahl der Materialien, ob Ziegelsteine oder Keramik, die Farben für den Verputz, die innere und äußere Dekoration der Wohngebäude.

In den 1920er- und 1930er-Jahren wurden auf seine Initiative fünfzehn solcher Cités-jardin im Seine-Département gebaut. Die von Sellier handverlesenen Architekten arbeiteten als Angestellte des HBM-Amtes. Es gab keine einheitliche Stilrichtung. Manche von ihnen waren beeinflusst von der britischen Arts-and-Crafts-Bewegung und bevorzugten pittoreske, cottageartige Gebäude, bei anderen tauchten moderne Elemente auf, die an Bauhaus-Vorbilder erinnerten, Wohnblocks mit Flachdächern wie in der Siedlung »La Butte rouge« in Chatenay-Malabry.

Es war nur eine kurze Phase, in der die relativ aufwendigen Cités-jardins realisiert werden konnten. Ökonomische Gründe wie die Verteuerung der Bodenpreise führten zu neuen Orientierungen, die pittoreske Note verschwand, man begann, in die Höhe zu bauen. Einen deutlichen Bruch im bisherigen Konzept markierte die »Cité de la Muette« in Drancy. Wie wäre es, meinte Sellier, wenn man die Methoden der Funktionalisten ausprobierte, nicht indem man Innenstädte zerstörte, wie Le Corbusier das im Sinn hatte, sondern ihre Ideen hier, »auf die weiten, noch nackten Terrains der Banlieue« anwendete? La Muette bestand aus mehreren niedrigen Blocks, zwischen denen sich fünf »Wolkenkratzer« von jeweils fünfzehn Etagen erhoben, daneben schloss sich ein Ensemble aus drei Riegeln in eckiger U-Form an. Mit einer Cité-jardin hatte das nicht mehr viel zu tun, abgesehen von ein paar Gärten und den vorgesehenen Serviceeinrichtungen – Schule, Gesundheitsstation, Müllverbrennungsanlage, Sportplatz. Riegel wie Türme wurden nach modernsten Verfah-

»Wolkenkratzer« aus dem Jahr 1931: Cité de la Muette in Drancy.

ren aus vorgefertigten, identischen Komponenten zusammengebaut. Aber während der Krise der 30er-Jahre verknappten sich die Mittel, die Bauten blieben unvollendet. Das U-förmige Gebäude stand nur im Rohbau. Das Avantgardeprojekt war vorerst stecken geblieben. Die Regierung beschloss, die Turmhäuser und die verbindenden Blocks als Kaserne zu benutzen und dort Kompanien der Mobilgarde unterzubringen.

Sellier wurde von konservativer Seite kontinuierlich angefeindet, behindert, unter Druck gesetzt. Regierung und Wirtschaftslenker beobachteten sein Bestreben mit Misstrauen. Den Wohnungssektor aus dem geheiligten liberalen Prinzip von Angebot und Nachfrage auszuklinken, galt vielen immer noch eine Weile als gefährlicher Irrweg. Nur allmählich setzte sich die Einsicht durch, dass ein Teil des Immobilienwesens aus dem freien Markt genommen werden musste, um das Wirtschaftssystem als ganzes nicht infrage zu stellen.

Der Senat ließ Sellier seine Abneigung spüren, indem er wiederholt die Einbeziehung der Cités-jardins ins Netz der öffentlichen Verkehrsmittel verweigerte. Sellier seinerseits war allerdings ein hartnäckiger Bursche, betätigte sich unermüdlich als Störenfried, beschwerte sich über den miesen Zustand von Banlieue-Straßen – unzureichende Kanalisation, mangelnde Straßenbeleuchtung –, schlug Krach, machte sich bemerkbar, setzte sich für kohärente urbanistische Planung auf der Ebene des Département ein. Die Hauptstadt konzentrierte die wesentlichen Quellen des Reichtums, während die Banlieue die Mietwohnungskandidaten aufnahm, die zwar in Paris arbeiteten, sich dort aber keine Wohnung leisten konnten. Es waren die Banlieue-Gemeinden, die die Lasten zu tragen hatten für Hilfs- und Dienstleistungen, Schulen, Straßenbau, Entsorgung. Die Wirtschaftskraft von Industrie und Handel in Paris wurde gesteigert, die direkten und indirekten Steuern kamen der Hauptstadt zugute, Paris konnte sich dadurch viel bessere Versorgungseinrichtungen für seine Bevölkerung leisten, dies wiederum hatte eine weitere Steigerung der Grundzinsen zur Folge, die dann noch mehr Leute in die Banlieue trieb und das dortige urbane Chaos vergrößerte.

Einen Mitstreiter hatte Sellier in André Morizet, dem sozialistischen Bürgermeister von Boulogne-Billancourt, der wie er selbst der politischen Vision eines »Grand Paris« anhing. Es waren aktive Volksvertreter wie Sellier und Morizet oder auch ihr Generalratskollege François Latour, die seit Beginn der 1920er-Jahre auf eine reale Solidarität zwischen Hauptstadt und Banlieue drängten. Sie waren hartnäckige Befürworter einer administrativen Reorganisation der Pariser Region, einer gerechteren Beziehung zwischen dem Zentrum und den Vorstädten, eines Finanzausgleichs zwischen reichen und armen Gemeinden.

Damit verbunden war der Gedanke einer Demokratisierung der Pariser Verhältnisse. Schon 1920 hatte Henri Sellier kühne Vorschläge in dieser Richtung formuliert: »Das gesamte Pariser Ballungsgebiet sollte wie ein Département verwaltet werden, und die Grenzen des Départment de la Seine sollten im Zuge der Evolution des Pariser Großraums fortschreitend in die des ›Grand Paris‹ übergehen; zur selben Zeit würde das allgemein gültige Gemeinderecht auf die Stadt Paris ausgeweitet, und jedes ihrer Arrondissements würde eine eigene städtische Einheit darstellen.«

Das klingt zweifellos nach Fortschritt und Demokratie. Ein politisch mündiges Paris? Die Ausdehnung des Stadtgebiets aufs Département de la Seine? Das kam natürlich überhaupt nicht infrage. Dagegen sprach die politische Orientierung von großen Teilen der Bevölkerung »intra« wie »extra muros«.

EXKURSION 4: SOZIALWOHNUNGEN IN MÉNILMONTANT

Route: Place Gambetta – Place Edith Piaf – Campagne à Paris – Rue Ernest Lefebvre – Rue Henri Poincaré – Rue de la Duée – Rue de Ménilmontant – Bellevilloise – Place Gambetta

Distanz: 3, 5 km
Gehzeit: 1 h
Ausgangspunkt: Métro Gambetta
Endpunkt: Métro Gambetta

Wir beginnen den Ausflug an der **Place Gambetta:** Als hier das Rathaus des 20. Arrondissements eingeweiht wurde, hieß der neu entstandene Platz noch Place Puebla, benannt nach der kurz zuvor von französischen Truppen eroberten Stadt in Mexiko. Napoléon III hatte die geniale Idee, in Mexiko ein Kaiserreich zu installieren und Erzherzog Maximilian von Habsburg als Kaiser einzusetzen. Die Intervention endete in einem Debakel. Nach Puebla benannte Straßen und Plätze wurden dann bald wieder umbenannt. Haussmanns Kanalisationsexperte Eugène Belgrand hingegen wird weiter in Ehren gehalten. Biegen wir also in die Rue Belgrand ein und bewundern zunächst die weiße, mit Art-déco-Ornamenten verzierte Fassade des Kinos MK2 Gambetta, ein 1920 entstandenes Werk des frühmodernen Architekten Henri Sauvage. Das damalige Gambetta Palace hatte einen Saal mit 1500 Plätzen.

Wir biegen dann nach links auf die **Place Edith Piaf,** geschmückt mit einer Statue der hochverehrten Sängerin. Der Platz trägt ihren Namen, weil sie hier, gleich nebenan in der Geburtsabteilung des Hôpital Tenon das Licht der Welt erblickt hatte und nicht, wie es die Legende will, auf den Stufen eines Hauses der Rue de Belleville. An der Ecke zur Rue de la Py steht ein typischer HBM-Komplex aus rotem Backstein, mit baumbestandenem Innenhof und einer kleinen Wandtafel, die an die Deportation einer Résistance-Kämpferin erinnert. Solche Tafeln finden sich auffallend häufig an alten Sozialwohnungsanlagen des Pariser Ostens.

Über die Rue du Capitaine Ferber geht es zur Place Octave Chanute. Ferber, Chanute, Géo Chavez: Mehrere Straßen dieses Quartiers wurden 1915 nach Pionieren der Luftfahrt benannt, damals im Ersten Weltkrieg bekam das Flugzeug neue militärische Bedeutung.

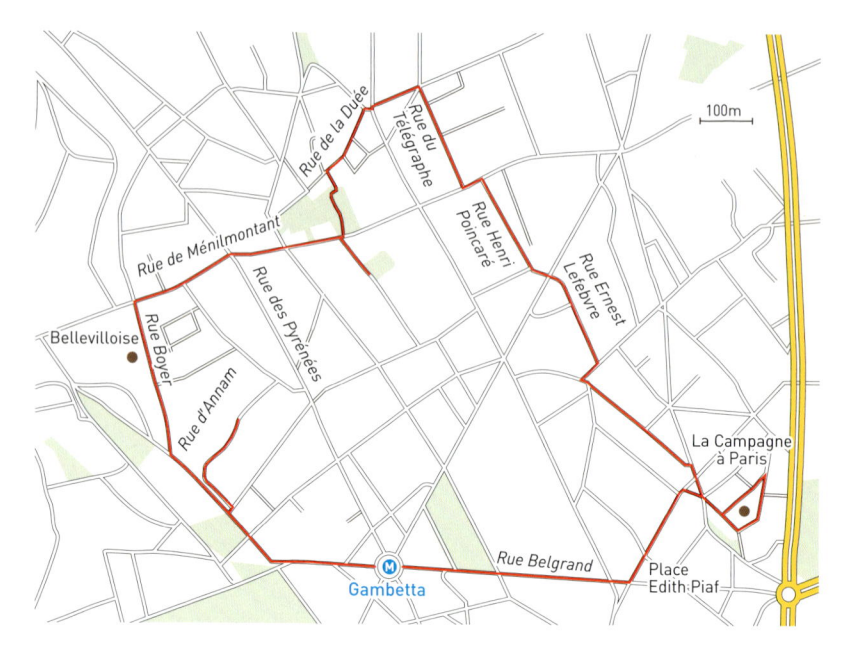

Von dem kleinen Platz aus führt rechts eine Treppe hinauf in die beschauliche Sonderwelt der **Campagne à Paris**. Unter diesem Namen war 1907 eine Kooperative zum Bau günstiger Wohnungen gegründet worden. Kurz zuvor hatte der sozialreformerische Unternehmer und Politiker Jules Siegfried im Rathaus des 20. Arrondissments einen Vortrag über ein neues Gesetz zur Förderung von Sozialwohnungen gehalten. Mitglieder der Kooperative, Arbeiter und Angestellte aus Paris, Les Lilas, Bagnolet und Montreuil warfen daraufhin ihre Ersparnisse zusammen, profitierten von den neuen Krediten und kauften 92 Parzellen auf dem Gelände einstiger Gipsbrüche.

Die drei kopfsteingepflasterten Straßen – Rue Paul Strauss, Rue Irénée Blanc, Rue Jules Siegfried – entfalten friedlichen ländlichen Charme, wie es der Name der Siedlung verspricht. Rosenbüsche und Glyzinen quellen aus den Vorgärten, Vögel zwitschern, die große Stadt scheint wie weggezaubert. Heute ist »La Campagne à Paris« begreiflicherweise eine sehr begehrte Wohnlage. Es sind hier längst keine Proletarierfamilien mehr zu Hause. Nach einem Rundweg durch dieses »Dorf« geht es wieder die Treppe hinunter und in die Rue Capitaine Marchal, wo noch einige alte Werkstätten an die vielen kleinen Betriebe erinnern, die es hier gab. Der Capitaine wie auch der Adjutant Réau, nach dem die nächste Querstraße benannt ist, gehören ebenfalls zu den erwähnten Flugpionieren. Sie waren beide beim Unfall des Luftschiffs République umgekommen. Die Straße führt auf das Café-Restaurant Quinze zu.

Fassadenschmuck Rue d'Annam.

La Campagne à Paris – ländliches Idyll in der Großstadt.

Arbeiterwohnhaus der Fondation Lebaudy.

Arbeiterkooperative Rue Boyer. Louis Bonniers HBM 140, Rue de Ménilmontant.

Kommunaler Wohnbau Rue Borrego. Hauseingang Rue d'Annam.

Wir wenden uns nach recht und dann gleich nach links in die **Rue Ernest Lefebvre**. In der Nummer 5 treffen wir auf eine erste Wohnanlage der Fondation Lebaudy, einer privaten Stiftung, gegründet 1899 von Madame Amicie Lebaudy. Die Außenfassade des 1905 errichteten Gebäudes ist nüchtern-gepflegt und relativ schmucklos, bis auf einen Fries überm Eingangstor: Dargestellt ist die Mäzenin, wie sie einem Arbeiterpaar einen Olivenzweig überreicht. Die Lebaudy-Dynastie war durch Zuckerraffinierien reich geworden, betätigte sich aber auch im Finanzsektor. Madame Lebaudys Gatte hatte sich durch besonders gewissenlose Spekulationen hervorgetan und zum folgenreichen Untergang einer Bank beigetragen. Amicie soll Gewissensbisse gehabt haben. Jedenfalls gab sie nach dem Tod des Gatten ihr Luxusdasein auf, lebte fürderhin in einer bescheidenen Zweizimmerwohnung unweit der Gare Saint-Lazare und beschloss, ihren Reichtum in soziale Werke zu investieren.

Dazu gehörte die Finanzierung der Stiftung »Groupe des Maisons ouvrières«. Gebaut wurden keine Einzelhaussiedlungen, wie sie manche Fabrikherren ihren Arbeitern hinsetzten, sondern große kollektive Wohngebäude mit relativ geräumigen Wohnungen, Gemeinschaftseinrichtungen und Läden im Erdgeschoss. Die Arbeiter sollten es schön haben, aber es ging auch um die Verbesserung ihrer moralischen Standards, wie die Philanthropin unterstrich: »Meine Absicht, warum ich diese Wohnungen bauen ließ, war es nicht nur, Pariser Arbeitern hygienische Wohnungen zu verschaffen, sondern sie auch an Ordnung, Sauberkeit, Disziplin zu gewöhnen, Selbstrespekt zu entwickeln, in einem Wort, sie zu moralisieren durch die Eliminierung schädlicher Elemente; dies ist mein eigentliches Ziel.«

Unverheiratete Männer und ledige Frauen wurden in verschiedenen Teilen des Gebäudekomplexes untergebracht, uneheliche Geburten sollten verhindert werden. Eine andere Sorge galt der Trunksucht und dem schlechten Umgang vieler Männer. Wie konnte man sie fernhalten von den Cafés, diesen Stätten der sittlichen Verderbnis und der roten Agitation? Als Alternative wurde ein Gemeinschaftssaal eingerichtet für die Abendstunden und die Sonntage, mit Büchern und Gesellschaftsspielen. Auch wurde extra ein Raum für die Raucher geschaffen, damit sie bloß nicht der Versuchung erlagen, zum Rauchen in die Kneipe abzuwandern. Man bot ihnen hier stattdessen Tee, Kaffee oder Milch an. Diesen Getränken werden sie pro forma zugesprochen haben, um ihr Wohnrecht durch die paternalistische beziehungsweise maternalistische Verwaltung nicht infrage gestellt zu sehen.

Wir überqueren die Avenue Gambetta und gelangen in die **Rue Henri Poincaré**. Hier steht ein großes Sozialwohnungsensemble des kommunalen HBM-Programms aus der Zwischenkriegszeit.

An einem Eingang in der Rue Jules Damien befindet sich wieder eine der Tafeln, die an Résistance-Aktivitäten erinnert. Weiter die Rue Poincaré an diesem Komplex entlang zur Rue Saint-Fargeau, dann die Rue du Télégraphe hinauf bis zur Rue du Borrégo. An der Ecke steht eines der ersten städtischen HBM, hervorgegangen aus dem Pariser Wettbewerb für Sozialwohnungsbauten von 1913. Mit seiner charakteristischen Bauweise aus gelblichen Ziegelsteinen und roten Zierelementen sowie dem grünbepflanzten Innenhof galt es als richtungsweisend.

Die **Rue de la Duée,** durch die es jetzt weitergeht, ist ein einstiger Feldweg ohne besonderes Interesse, außer dass sich in der Nummer 27 – einem banalen Haus ohne Hinweis – zu Beginn des 20. Jahrhunderts die »Ligue de la Régénération Humaine« befunden hatte, gegründet von Paul Robin, einem engen Freund von Michail Bakunin. Er war ein libertärer Pädagoge, der sich vor allem mit Kindern aus benachteiligten Milieus beschäftigte. Zu seinen heiligen Prinzipien gehörten Atheismus, Internationalismus, und Koedukation. Außerdem propagierte er Geburtenkontrolle. Er sah eine geringe Kinderzahl als förderlich für die Emanzipation der Arbeiterfrauen an. Seine vaterlands- und gottlose Erziehung löste damals heftige Pressekampagnen aus.

Von der Rue de la Duée aus gibt es über die Passage des Saint-Simoniens einen Eingang zum Square des Saint-Simoniens. Die Gartenanlage befindet sich auf dem Grundstück der einstigen Villa von Barthélemy Prosper Enfantin, einem Schüler des Grafen von Saint-Simon. Auf diesem Gelände in Ménilmontant hatte sich 1829 rund um Enfantin ein Zirkel von Anhängern des Saint-Simonismus, dieser frühsozialistischen Lehre, zusammengefunden. Es waren ausschließlich Männer, die hier eine Art von klösterlicher Gemeinschaft lebten. Sie trugen Bärte und Baskenmützen und waren alle in weiß-blaue Gewänder gekleidet. Die Westen hatten die Knöpfe auf dem Rücken, wodurch beim An- und Auskleiden solidarisches Verhalten unerlässlich war. Aber ihre Bedeutung beschränkte sich nicht auf solcherlei kurioses Sektierertum. Die Saint-Simonisten strebten eine brüderliche Gesellschaftsordnung an, eine Welt, in der die Entfaltung des industriellen Fortschritts mit Kriegen und Privilegien Schluss machen und das allgemeine Wohl der Menschheit befördern würde. Unter anderem propagierten sie gewaltige Vorhaben wie den Durchstich des Suezkanals, dessen Erbauer Ferdinand de Lesseps seinerseits von saint-simonistischen Ideen beeinflusst war. Zu den Jüngern von Ménilmontant gehörte auch Michel Chevalier, der später als Berater von Napoléon III Frankreichs Wirtschaftspolitik beeinflussen sollte. Die saint-simonistische Lehre diente manchen dynamischen Industriellen des 19. Jahrhunderts als Inspirationsquelle und Legitimation. 1832 allerdings galt das Treiben in Prosper Enfantins Garten noch als subversiv. Die Kommune wurde ausgehoben, ihre Anführer kamen für eine Weile ins Gefängnis.

Der Square hat einen Ausgang zur **Rue de Ménilmontant** hin. Und gleich gegenüber, Hausnummer 140, befindet sich eine enorme Wohnanlage, die der leitende Pariser Stadtarchitekt Louis

Bonnier zwischen 1922 und 1928 gebaut hat – eine Cité HBM mit über 2000 Bewohnern, konzipiert wie eine abgeschlossene Festung mit runden Tordurchgängen und zahlreichen Innenhöfen, was sich in jüngerer Zeit als ein ideales Terrain für Jugendbanden und Drogendealer erwies. Es entwickelte sich ein unbehagliches Klima, die »140« wurde zu einer problematischen Adresse. Man beschloss diesen Komplex durch den Abriss mehrerer Blocks auszudünnen und zu öffnen. Quer durch die Anlage führt seit 1996 die Rue Hélène Jakubowicz, benannt nach einer jüdischen Widerstandskämpferin, die hier gewohnt hatte und mit siebzehn Jahren nach Auschwitz deportiert wurde.

Die »Cité Bonnier« ist zwar ein sehenswertes Beispiel für die Geschichte des sozialen Wohnungsbaus, wird aber weiterhin als »sensible« eingestuft. Es ist besser, hier nicht zu fotografieren!

Wandern wir nun die Rue de Ménilmontant bergabwärts, überqueren die Rue des Pyrénées und biegen links ab in die Rue Boyer. Dort fällt an der Fassade der Nummer 19 das Hammer-und-Sichel-Symbol ins Auge. Es schmückt den Eingang der **Bellevilloise,** einer 1877 gegründeten Arbeiter-Kooperative, wovon es früher im Pariser Osten viele gab. Diese hier hatte zu ihrer besten Zeit 14 000 Mitglieder und betrieb 40 Verteilungsstellen für Konsumgüter, eine Apotheke und einen sozialistischen Sportclub. Im Gebäude der Rue Boyer dienten mehrere Säle politischen und gewerkschaftlichen Aktivitäten. Es gab kostenlose medizinische Konsultationen, Kindergruppen und Kurse zur Arbeiterbildung, das Blasorchester »Harmonie Bellevilloise« und Avantgarde-Kino im Lenin-Saal. 1924 geriet die Bellevilloise unter die Kontrolle der Kommunistischen Partei und in die Abhängigkeit der Banque ouvrière et paysanne. Die 1929 erlittene Pleite dieser Arbeiter- und Bauernbank wurde dann auch für die Kooperative fatal. Heute finden in der Bellevilloise Konzerte, Ausstellungen, Theateraufführungen und manchmal auch politische Versammlungen statt.

An ihrem unteren Ende stößt die Rue Boyer auf die Rue Bidassoa und den architektonisch beachtenswerten roten Ziegelbau eines für die 1920er-Jahre typischen Schulzentrums. Nach links, führt eine steile Treppe nach oben in die Rue d'Annam, wo sich in der Hausnummer 5-7 ein weiterer Wohnkomplex der philanthropischen Lebaudy-Stiftung befindet. Über dem Eingang als Relief wieder das Motiv der Wohltäterin, die huldvoll ein dankbares Arbeiterehepaar begrüßt. »Groupe des maisons ouvrières« ist in dem mit blauen Fayencen ausgekleideten Torbogen zu lesen. Das stattliche Gebäude aus dem Jahr 1913 präsentiert sich in bester Verfassung. Die Gesamtästhetik wird nur von den später vor die Fassade geklebten Liftschächten beeinträchtigt.

Von der Rue d'Annam sind es dann über die Rue Bidassoa nur noch ein paar Schritte zurück zur **Place Gambetta** mit ihren Metro- und Busstationen.

EXKURSION 5: TRAMFAHRT ÜBER DEN BOULEVARD DES MARÉCHAUX

Route: Porte de Vincennes – Porte Dorée – Cité Universitaire – Parc de l'Exposition

Distanz: 10 km
Ausgangspunkt: Métro Porte de Vincennes
Endpunkt: Métro Porte de Versailles

Nach der 1919 beschlossenen Schleifung der Paris umgebenden militärischen Befestigungen wurden große Teile des gewonnenen Terrains für die Errichtung von Sozialwohnungsanlagen genutzt. Sie liegen alle am früheren Militärring, dem jetzigen Boulevard des Maréchaux, dessen einzelne Abschnitte nach französischen Feldherren benannt sind. Die Gebäude, viele von ihnen HBM (Habitation à bon marché), beschränken sich nicht auf die Straßenfront, sondern bilden zusammengehörende Häusergruppen, die die Gesamtbreite der einstigen Bastionen einnehmen.

Einen guten Eindruck von dieser Bebauung bietet eine Fahrt mit der Straßenbahn T3a Richtung Pont du Garigliano. Deren Strecke beginnt auf dem Cours de Vincennes, erreichbar mit der Metrolinie 1, Station **Porte de Vincennes.** Es ist empfehlenswert, sich auf der linken Seite der Bahn zu platzieren. Die T3 existiert seit 2006. Sie ist die erste Straßenbahnlinie innerhalb von Paris seit 1937 und wird in einigen Jahren die Stadt ganz umrunden.

Das 1924 gestartete HBM-Programm hatte den Pariser Stadtrand für rund zehn Jahre in eine enorme Baustelle verwandelt. Als Vorbilder dienten die zu Beginn des Jahrhunderts errichteten Wohnkomplexe philanthropischer Stiftungen, vor allem der Fondation Rothschild und der Fondation Lebaudy (siehe S. 100). Sie galten infragen von Hygiene und Wohnkomfort als sehr fortgeschritten, ihre Häuser waren mit kollektiven Einrichtungen wie Waschküchen, Kinderkrippen oder Gesundheitsstationen ausgestattet.

Modellfunktion hatten sie auch, was die architektonischen Formen betraf. Das Pariser Amt für Sozialwohnungen arbeitete mit einem festen Stamm angestellter Architekten, von denen viele vorher bei diesen Stiftungen beschäftigt waren.

Während der Fahrt werden die Variationen der einzelnen Gebäudegruppen deutlich, die jeweils von verschiedenen Architektenteams gestaltet wurden.

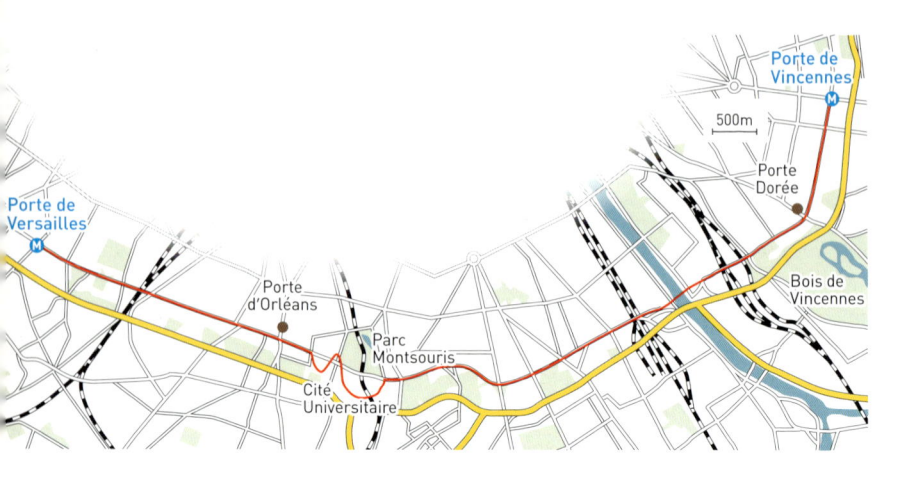

Selbst wenn die Höhe immer ungefähr gleich ist, hat jedes Ensemble seine diskrete Identität, sowohl was die Fassadengestaltung betrifft als auch die interne Straßenführung, die Gestaltung von Innenhöfen oder Grünanlagen.

Parallel zur Haltestelle Alexandra David Neel etwa steht ein wuchtiger langer Bau mit zwei runden Eingangstoren. Mit den dahinterliegenden Flügeln enthält der rote Kasten 666 Wohneinheiten. Der verantwortliche Architekt, André Granet, neigte offenbar zu großen Gesten. Er war am Bau der Salle Pleyel, eines legendären Konzertsaals, beteiligt und außerdem mit der Illumination des Eiffelturms betraut, vielleicht, weil er mit einer Enkelin von Gustave Eiffel verheiratet war.

Gleich danach passiert die Tram die Squares Emile Cohl und Georges Méliès, hinter denen eine Anlage mit deutlich anderem Stil sichtbar wird, eine aufgelockerte Gruppierung einzeln stehender Gebäude, bei denen die weiß verputzten Fassaden mit einzelnen Etagen aus rötlichen Ziegeln kontrastieren.

Ziel der Bauherren des Sozialwohnungsrings war es, kasernenartige Monotonie zu vermeiden und den Gebäuden einen ästhetischen Wert zu geben, auch wenn nur bescheidene Mittel zur Verfügung standen. Das Baumaterial bestand weitgehend aus Ziegelsteinen und Beton.

Mit viel Fantasie haben die Architekten durch den Einsatz verschiedenfarbiger Ziegel pittoreske Effekte erzielt, die Fassaden durch Erkerfenster und Balkone aufgelockert. Deutlich ist der Wille zum Ornament erkennbar, mochten es auch nur Behausungen für Proletarier sein, als sollte darauf bestanden werden, dass Arbeiter ein Recht auf Schönheit haben.

Es wurden allerdings starke Abstriche von den Idealen der Philanthropen und den anfänglichen Prinzipien gemacht. Es waren finanzielle Gründe, die zu einer erhöhten Verdichtung der Baumasse führten. Auch wurden manche Gebäude erheblich höher als ursprünglich geplant.

Die großzügigen Innenhöfe und Gärten schrumpften auf ein Minimum zusammen, auf die kollektiven Ausstattungen – Kinderkrippe, Gesundheitsstation, Zentralheizung – wurde weitgehend verzichtet, und auch das Vorhaben, die Wohnquartiers regelmäßig durch Parks aufzulockern, wurde aufgegeben.

Das HBM-Amt befasste sich mit Bau und Vermietung von Sozialwohnungen und war vor allem der Arbeiterbevölkerung verpflichtet. Es gab aber noch andere Bauträger: Die Stadt Paris unterhielt eine eigene Struktur, die Teile der »Ceinture« für die Mittelschicht reservierte und dort die etwas komfortableren ILM (Immeubles à loyer modéré, Gebäude mit moderaten Mieten) errichtete. Andere Parzellen wurden außerdem privaten Partnern der Stadt verkauft.

Man kann die verschiedenen Komfortklassen von außen leicht verwechseln, sie weisen grundsätzliche Ähnlichkeiten bei der Fassadengestaltung auf. Die Unterschiede zeigen sich oft nur im Inneren bei den Wohnungseinrichtungen.

An der Haltestelle **Porte Dorée** könnte man vielleicht mal aussteigen. Was zuerst ins Auge fällt, ist die vergoldete Statue, die eine Brunnenanlage überragt und von Palmen umgeben ist. Es handelt sich um die kriegerische Göttin Athena. Sie steht für »Frankreich, das den Kolonien Frieden und Wohlstand bringt«. Der Platz ist in seiner Gestaltung ein Überbleibsel der großen Kolonialausstellung von 1931, deren Attraktionen sich über den Bois de Vincennes verteilten. Bei dieser Gelegenheit ist auch das Kolonialmuseum eröffnet worden, mit der Widmung »Dem kolonisierenden und zivilisierenden Frankreich«. Auf den Wandfriesen hinter den Säulen sieht man fleißige Eingeborene ackern und ernten.

Heute befindet sich darin das nationale Museum der Immigration, das den Beitrag der verschiedenen Einwandererströme zur französischen Geschichte würdigt. Es war zur Zeit des Präsidenten Sarkozy ohne offizielle Einweihung eröffnet worden, weil es nicht zur Propagandaoffensive um die »nationale Identität« passte, die das Staatsoberhaupt damals betrieb mit dem Ziel, den Rechtsextremen Stimmen abzujagen.

Was die Gebäude beiderseits des Platzes betrifft, so erscheint es offensichtlich, dass sie mit ihren Pergolas im Dachbereich einer höheren Kategorie angehören. Gebaut hat sie 1934 ein Louis-Clovis Heckly, der bei der Pariser Architektenzunft äußerst unbeliebt war. Er hatte im 20. Jahrhundert in Paris die meisten Wohnungen von allen gebaut, Zehntausende an der Zahl, und er ließ in seiner Immobilienbaugesellschaft keine anderen Architekten zum Zuge kommen.

Die Tram fährt weiter den Boulevard Poniatowski entlang und durchkreuzt ein Niemandsland aus den Gleisanlagen der Gare de Lyon. Dann geht es über die

Sozialwohnungen am Boulevard des Maréchaux.

An der Porte Dorée.

Cité Universitaire: Le Corbusiers Schweizer Haus und die Fondation Deutsch de la Meurthe.

Am Denkmal für die französischen Mütter. Porte d'Orléans: Haus mit Atelierwohnungen.

Seine aufs linke Ufer. Unweit der Haltestelle Avenue de France wird der unumgängliche Stararchitekt Jean Nouvel bis 2020 seine »Tours Duo« hochziehen, zwei verkantete Türme von 180 und 122 Metern, an der Nahtlinie zwischen dem 13. Arrondissement und Ivry.

Auf dem Boulevard Masséna kann man hinter der Haltestelle Porte d'Ivry die Unterbringungstürme zur Rechten mit den alten HBM zur Linken vergleichen. Was ist von heute aus gesehen akzeptabler?

Le Corbusier hatte die emporwachsenden Komplexe des Boulevardrings als städtebauliches Desaster bezeichnet. Er sah in ihnen einen neuerlichen Beweis für die Ignoranz der Entscheider. Wieder war eine Korridorstraße entstanden, und von den Wohnungen waren viele nach Norden hin orientiert! Man hatte es unterlassen, ihn als Spezialisten hinzuzuziehen.

Nun sah er allerdings doch noch eine Chance, an der Pariser Randbebauung teilzunehmen. Das Terrain an der »Bastion Kellermann« hinter der Porte d'Italie war noch nicht bebaut. Das Gelände senkt sich dort ab wie ein Tal. Das wollte Le Corbusier durch eine einzige, 580 Meter lange Einheit mit zwanzig Etagen überbrücken. Man wollte ihm dann aber nur einen Teil des Terrains überlassen. Und so konzipierte er ein Gebäude mit angewinkelten Seitenflügeln, das er als »kartesianischen Wolkenkratzer« bezeichnete. Aber es gab dafür keinen Finanzierungsplan. Für ein drittes Projekt im Rahmen der Weltausstellung von 1937, ein »Museum des Wissens«, wurde ihm ein Hektar zugestanden. Aber auch dafür konnte er kein Geld auftreiben. Stattdessen baute man auf das vorgesehene Gelände am Boulevard Kellermann eine Jugendherberge. Und es entstand überdies 1937 der Parc Kellermann, eine von den wenigen Parkanlagen, die tatsächlich den HBM-Ring auflockern. Ursprünglich waren davon viel mehr geplant.

Hinter der Jugendherberge kommt die Straßenbahn an einem seltsamen Garten mit mehreren Skulpturengruppen vorbei. Es ist das »Monument aux mères françaises«, das Denkmal für die französischen Mütter. Es entstand 1938, um die Frauen zu ehren, deren Männer im Krieg gefallen waren und die ihre Kinder allein aufziehen mussten, außerdem sollte das Monument den Natalismus fördern. Während der Vichy-Zeit paradierte hier die rechtsextreme Miliz. Nach dem Zweiten Weltkrieg galt das Denkmal als zu »petainistisch«. Der Garten war dann lange geschlossen und wurde nur zum Muttertag geöffnet.

Die Tram passiert das Sportstadion Charléty und erreicht die **Cité Universitaire** (Cité U). Dieser Teil der ehemaligen Befestigungsanlagen war auf Betreiben des Erziehungsministers und des Rektors der Pariser Universitäten für eine internationale Studentenstadt reserviert worden. Zu den Gründern gehörte außerdem der lothringische Geschäftsmann und Mäzen Emile Deutsch de la Meurthe, der mit einem Häuserensemble im englischen Cottagestil den Anfang machte.

Es lohnt sich, die Straßenbahnfahrt

zu unterbrechen und einen Rundgang durch das Gelände zu machen.

Die Cité U wird von 5500 Studierenden aus 120 Ländern bewohnt. 40 Gebäude sind über den Park verteilt. Manche sind im Stil des jeweiligen Landes gehalten, andere der internationalen Moderne verpflichtet. Das Ganze hat etwas von einem Architekturmuseum.

Finanziert wurden die Bauten von Industriellen und ausländischen Regierungen. Das zentrale »Maison Internationale« ist mit dem Geld von John Rockefeller jr. errichtet worden. Zu den Attraktionen gehört der »Pavillon suisse«, den Le Corbusier 1932 errichtet hat. Verglichen mit seinen monumentalen Projekten ist das Schweizer Studentenhaus relativ klein und elegant. Alle wesentlichen Merkmale sind vorhanden: die Betonsäulen, die Glasfensterfassade, das Terrassendach.

Ein anderes Beispiel der Moderne findet sich in dem durch die Avenue David Weill abgetrennten westlichen Teil der Cité. Dort steht der von Architekturhistorikern viel gepriesene niederländische Pavillon von Wilhelm Marinus Dudok aus dem Jahr 1928.

Durch den Bau des Boulevard Périphérique, des Autobahnrings, ist die Studentenstadt arg in Mitleidenschaft gezogen worden. Ein sechzig Meter breiter Streifen wurde amputiert, einige Häuser liegen nun auf der anderen Seite der Schnellstraße.

Die Reise geht weiter: Am Boulevard Jourdan gleich westlich der Cité Universitaire fällt eine Art-déco-Fassade auf. Sie stammt von dem russischen Architekten Marc Solotareff. Er hat im Auftrag der Immobilienagentur der Stadt Paris diesen Komplex gebaut, der für Lehrkräfte des höheren Bildungssektors vorgesehen war.

Was man von außen nicht sieht: Das in Carré-Form angelegte Gebäude umschließt einen großzügigen Garten.

Auch die wuchtigen Gebäude beiderseits der Porte d'Orléans gehören zu den ILM, den hochwertigeren Wohnhäusern für die Mittelschicht, was schon erkennbar ist an den Atelierwohnungen mit den großen Fenstern im Dachbereich. Die Porte d'Orléans ist eines der wesentlichen Eingangstore zur Stadt, entsprechend war man hier um eine monumentale Gestaltung bemüht.

Die nächste Gebäudegruppe mit 732 Wohnungen gibt sich etwas eigenwilliger, bei den Fassaden aus Backstein und weißem Zement mit Erkerfenstern und Balkons wird auf Symmetrie verzichtet, das wirkt wie ein Kompromiss aus Tradition und Modernität.

Einen Hinweis verdient auch das stattliche HBM in der Nummer 62 des Boulevard Brune mit seinem großen eckigen Tordurchgang in die verborgenen Grünanlagen des inneren Teils. Aber es gibt auf der »Ceinture« auch Quartiers mit wenig Licht, und in der Anfangszeit waren manche Wohnungen nachlässig zusammengebaut und ausgestattet. So beschreibt 1935 Georges Sadoul die Wohnanlagen rund um die Porte de Vanves, an der die Tram nun vorbeifährt: »Man sieht dort nur kompakte Gebäudeblocks von aggressiver Hässlichkeit. Zwischen den sechs Etagen aus

Backstein sind die Höfe eng wie Brunnenschächte. Die neuen Fassaden sind schon fleckig, scheußliche Embryonen kleiner Straßen winden sich wie zerschnittene Würmer. Im Inneren dieser neuen Slums haben die engen Zimmer Wände aus Pappmaché, aus den schief eingesetzten Spülsteinen läuft schmutziges Wasser übers Parkett, die neuen Zimmerdecken bröckeln herunter, die Wände haben Risse [...].«

Auf den Boulevard Brune folgt der Boulevard Lefebvre, und die Tram erreicht über die Haltestellen Brancion und Georges Brassens die Station Porte de Versailles, an der diese Straßenbahnreise beendet werden könnte. Hier befindet sich der 1926 eröffnete **Parc de l'Exposition,** das Pariser Ausstellungs- und Messegelände, das sich wie die Cité Universitaire auf dem Terrain der ehemaligen Befestigungsanlagen ausbreitet. Die Eingangstürme stammen vom Art-déco-Architekten Louis-Hippolyte Boileau, die Sportpalastkuppel von Richard Buckminster Fuller. Aber das ist alles noch nichts. Bald wird sich auf diesem Gelände der 180 Meter hohe pyramidenförmige Triangle-Turm der Architekten Herzog und de Meuron erheben (siehe Umschlagfoto) und als dreieckiger Leuchtturm die Pariser Nacht erhellen.

EXKURSION 6: DIE CITÉ-JARDIN VON STAINS

Route: Porte de la Villette – La Courneuve – Mairie de
Stains – Cité-jardin – Porte de la Chapelle

Distanz: 20 km
Gehzeit ab Haltestelle Mairie de Stains: 1 h
Ausgangspunkt: Porte de la Villette
Endpunkt: Porte de la Villette / Porte de Clignancourt /
Porte de la Chapelle

Die Reise beginnt an der Metrostation **Porte de la Villette** (Linie 7). Von dort geht die Fahrt mit dem Bus 150 über Aubervilliers und La Courneuve nach Stains. Auf die Avenue Jean Jaurès in Aubervilliers mit ihren Discountsupermärkten, Döner-Lokalen und Halal-Metzgereien folgen die endlose Avenue de la République und der banale Boulevard Pasteur. Hinter dem Verkehrskreisel Place de l'Armistice (Platz des Waffenstillstands) in La Courneuve stehen beiderseits der Straße die Reste der »Cité des 4000«, einer Hochhaussiedlung die emblematisch ist für das Schicksal der »Grands ensembles«: Hierher hatte die Stadt Paris in den 1970er-Jahren über ihr Sozialwohnungsamt Familien abgeschoben, die sie »intra muros« nicht haben wollte. Die Cité entwickelte sich zu einem Konzentrat von Sozialproblemen. Inzwischen wurden sechs Wohnriegel gesprengt, darunter die Prachtstücke »Débussy«, »Renoir« und »Balzac« (siehe auch S. 215).

Kurz darauf fährt der Bus am großen Park von **La Courneuve** vorbei, einem immensen, 415 Hektar großen Gelände mit Hügeln und Seen, Sportmöglichkeiten und Gratiskursen für Kinder – ein großer Reichtum in dieser armen Gegend. Jedes Jahr im September findet hier die Fête de l'Humanité statt, das stark besuchte Fest der kommunistischen Parteizeitung. Die Bühne wird dabei nicht nur von Gesinnungsgenossen bevölkert sondern auch von französischen und internationalen Musikstars. Zu denen, die dort aufgetreten sind, gehören Léo Ferré, Jacques Dutronc, Stevie Wonder, The Who, Chuck Berry oder Leonard Cohen.

Visionäre Architekten wie Roland Castro wollen nun den Park von La Courneuve im Rahmen der Grand-Paris-Projekte in eine Art Central Park nach New Yorker Muster verwandeln und ihn mit Hochhäusern umstellen. Dafür würden 70 Hektar seiner Fläche an private Promoter abgegeben. Gegen diesen Plan ha-

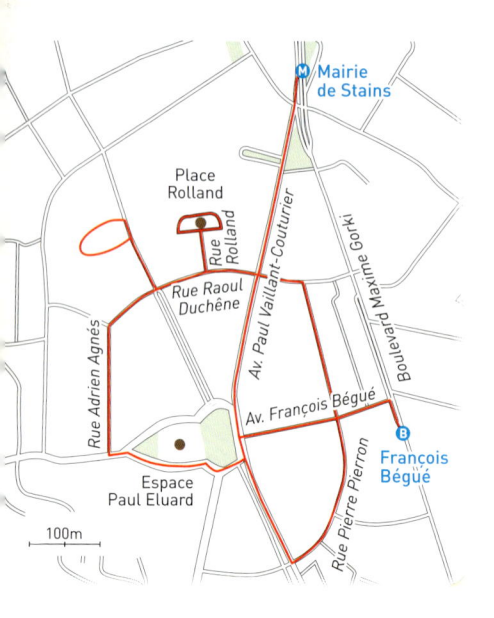

Map labels:
- Mairie de Stains
- Place Rolland
- Rue Rolland
- Rue Raoul Duchêne
- Av. Paul Vaillant-Couturier
- Boulevard Maxime Gorki
- Rue Adrien Agnés
- Av. François Bégué
- Rue Pierre Pierron
- Espace Paul Eluard
- François Bégué
- 100 m

ben Initiativen aus den umliegenden Gemeinden sowie einige lokale Volksvertreter ihre Stimmen erhoben. Noch ist nicht sicher, was daraus wird.

An der Haltestelle **Mairie de Stains** verlassen wir den Bus. Vor der Industrialisierung war Stains eine bäuerliche Gemeinde mit einem Schloss und dem zugehörigen Park. Das Schloss wurde von den preußischen Bombardements im Krieg 1870/71 weitgehend zerstört und schließlich ganz abgerissen. Übriggeblieben ist das Gebäude der Pferdeställe, worin sich jetzt das schmucke Rathaus befindet. Dort residiert einer der wenigen verbliebenen kommunistischen Bürgermeister der Banlieue. Seltener noch: Azzedine Taïbi ist algerischer Herkunft.

An der Rathausfassade hängt seit 2009 eine Banderole, die zur Freilassung des palästinensischen Widerstandskämpfers Marwan Barghouti, des »Mandela Palästinas«, aufruft. Der Bürgermeister bekam 2016 deswegen Ärger. Auf Betreiben einer proisraelischen Vereinigung und auf Anweisung der Präfektur musste die Banderole abgehängt werden. Ein Gerichtsbeschluss wies die Anordnung des Präfekten dann aber zurück, und sogleich wurde der Appell wieder aufgehängt. Barghouti ist Ehrenbürger von Stains, das mit dem palästinensischen Flüchtlingslager Al Amari bei Ramallah verschwistert ist, übrigens auch mit Saalfeld in Thüringen.

Vom Rathaus erreichen wir über die Avenue Paul Vaillant-Couturier nach ein paar Schritten die **Cité-jardin,** die sich gleich ans Zentrum des alten Dorfes anschließt. Ab 1921 wurde sie auf Veranlassung von Henri Sellier, dem umtriebigen Leiter des Sozialwohnungsamtes im Département, auf dem Gelände des früheren Schlossparks errichtet. Sie sollte Familien von Arbeitern aufnehmen, die in den Fabriken der näheren Umgebung – in Le Bourget, La Courneuve oder Saint-Denis – ihr Brot verdienten.

Einige der Gartenstädte des alten Seine-Département haben sich bis zur Unkenntlichkeit verändert und eingeschmolzen in die übrige Banlieue-Umgebung, manche wurden teilweise oder ganz abgerissen. Die Cité-jardin von Stains hingegen ist noch intakt und sehr komplett.

Sie gilt als Beispiel der sogenannten pittoresken Architektur, wie sie die erste Phase von Selliers Gartenstädten geprägt hatte. Sie strahlt eine gewisse alt-

Stilvolles Wohnen fürs Proletariat.

Gartenstadt-Idylle. Kollektivgebäude und Pavillon.

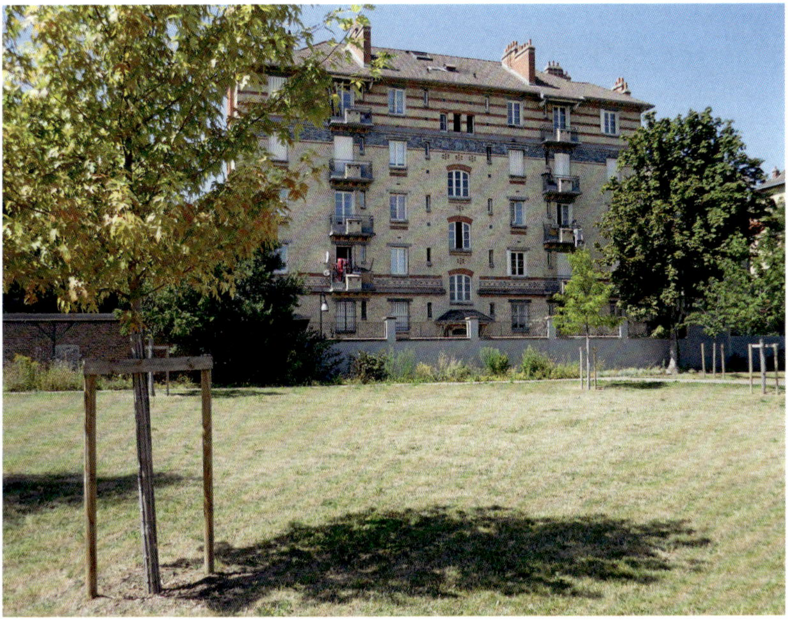

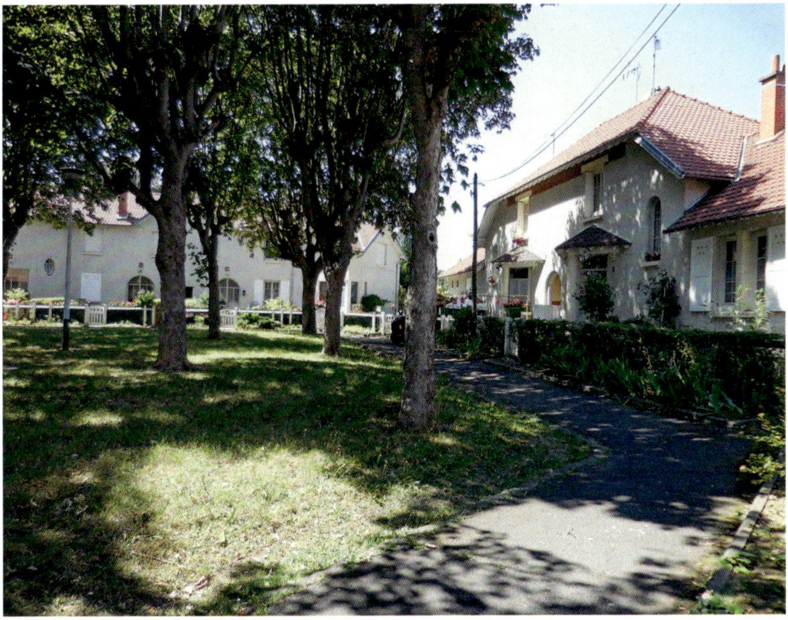

Espace Paul Eluard.

Liebe zum Ornament.

modisch-rustikale Behaglichkeit aus, während nachfolgende Cités-jardins wie Chatenay-Malabry oder Plessis-Robinson nüchterner und moderner wirken.

Die von Henri Sellier für Stains beauftragten Architekten hießen Georges Albenque und Eugène Gonnot, und man erkennt nach einer Weile deutlich ihre Handschrift. Die Aufgabe, die sich ihnen gestellt hatte, bestand darin, Monotonie zu vermeiden, größtmögliche Vielfalt zu erzeugen auf der Basis relativ weniger Grundelemente.

Es gab eine begrenzte Anzahl von Dach-, Tür- und Fenstermodellen, Hauseingängen und Farbnuancen für den Verputz, die aber auf kreative Weise kombiniert wurden. So entstanden dreizehn Varianten von Einzelhäusern und sechs unterschiedliche Typen von Kollektivgebäuden. Alles zusammen macht einen kohärenten und durchkomponierten Eindruck.

Die Gesamtanlage der Siedlung erinnert vage an ein grobmaschiges Spinnennetz. Die von Platanen gesäumte Straße, die einst den Schlosspark durchquerte, wurde zur Avenue Paul Vaillant-Couturier, der zentralen Achse der Gartenstadt. Nach Paul Vaillant-Couturier, dem PC-Gründungsmitglied und langjährigen Chefredakteur der Parteizeitung *L'Humanité*, ist in allen kommunistisch regierten Gemeinden eine Straße benannt.

Beiderseits stehen größere Wohnhäuser mit vier Etagen und Läden im Erdgeschoss, dies ist der Einkaufsbereich der Gartenstadt.

Was gleich auffällt, sind die in einheitlicher Mosaikschrift gehaltenen Benennungen der Geschäfte: »Charcuterie«, »Triperie Volailles«, »Patisserie Boulangerie« – Ausdruck eines durchgängigen Gestaltungswillens. Etwas weiter steht in der gleichen kunstvollen Schreibweise »Docteur« und »Rayons X« über einem Eingang.

Es ist erstaunlich, mit welcher handwerklichen Sorgfalt hier gearbeitet worden ist, welche Mühe auf ästhetische Fassadengestaltung, farbige Friese, Erker, Türumrahmungen verwandt wurde, auf wiederkehrende Formelemente die den Häusern ein Gesicht geben. Man beachte die fantasievolle Eckgestaltung der Kollektivgebäude und die Balkons, von denen in manchen Fällen sogar die Unterseiten mit Mosaiksteinen verziert sind.

Das Sozialwohnungshaus hat hier einen repräsentativen Aspekt, es ist das Gegenteil der elenden Slums, die zur Zeit der Errichtung dieser Siedlung gang und gäbe waren. Dass hier so viel Wert auf Formen und Dekor gelegt wurde, sollte der Arbeiterbevölkerung zu einer Würde verhelfen, die man ihnen sonst verweigerte. Henri Sellier wollte beweisen, dass es möglich war, »der arbeitenden Bevölkerung Wohnverhältnisse zu verschaffen, die ein Maximum an materiellem Komfort und hygienischen Bedingungen bieten, welche die Nachteile der großen Städte eliminieren, und dies mit einer ästhetischen Gestaltung, die einen deutlichen Kontrast darstellt zur Hässlichkeit dessen, was ihr vorher üblicherweise geboten wurde«.

Auffallend ist, dass es in der Gartenstadt von Stains weder Café noch Bistrot gibt. Das hat vielleicht mit der vorwiegend muslimischen Bevölkerung zu tun, aber man ahnt dahinter auch noch den wohlmeinend-paternalistischen Versuch, das Arbeitervolk zu erziehen und von den Stätten des Suffs fernzuhalten. Was dazu passt, ist ein Lokal namens La Soif d'en sortir, eine Außenstelle des »Mouvement national des buveurs guéris« – der nationalen Bewegung der geheilten Trinker, eine Einrichtung, die Sellier, dieser unermüdliche Vorkämpfer der Sozialhygiene, sicher begrüßt hätte.

Die Avenue Paul Vaillant-Couturier führt zur weitläufigen zentralen Place Marcel Pointet. Dort steht ungefähr an der Stelle des einstigen Schlosses das Gemeinschaftshaus, heute heißt es »Espace Paul Eluard«. Es ist flankiert von größeren Wohngebäuden, die reich mit architektonischen Zierelementen – dekoratives Gesims, abgerundete Fassade – versehen sind.

Auf der gegenüberliegenden Seite des Platzes befindet sich das Restaurant Alcazar, das sich seiner ambitionierten Küche rühmt. Aber auch dort wird kein Alkohol ausgeschenkt, man befolgt strikt die Halal-Vorschriften.

Im großen Saal des »Espace Paul Eluard«, in der üblichen coolen Manier als EPE abgekürzt, sind einst die Großen des französischen Chansons aufgetreten – darunter Barbara, Georges Brassens und natürlich Jean Ferrat. Auch heute hat das EPE ein reichhaltiges Programm, mit Theater, Chansons und der Teilnahme am alljährlichen großen Jazzfestival »Banlieues Bleues«, alles zu bemerkenswert »volkstümlichen« Preisen. Es gibt sogar ein Sinfonieorchester, geleitet von Zahia Ziouani, die gelegentlich auch das algerische Nationalorchester dirigiert.

Gehen wir links am Theater vorbei, die Rue Albert Moreau entlang, dann nach rechts auf die Ringstraße, die hier Rue Adrien Agnès heißt. Hier stehen meist gelb verputzte Ein- oder Zweifamilienhäuser, alle mit privatem Garten, versteckte Wege durch grüne Hecken führen zu den Gemeinschaftsgärten, wo die Bewohner der kollektiven Wohngebäude Tomaten, Zucchini, Auberginen, Karotten, Kartoffeln und Topinambur anbauen können.

Die Wohnungen hatten hier von Anfang an fließendes Wasser, einige verfügten auch über Duschen, und alle hatten Innentoiletten, was damals absolut nicht selbstverständlich war. In manchen Häusern gab es gleich zu Beginn Zentralheizung. Die übrigen heizten noch eine Weile mit Kohleöfen.

Für einen kompletten Eindruck empfiehlt es sich, einmal die Runde zu machen über die Rues Adrien Agnès, Raoul Duchêne und Pierre Pierron, mit Abstechern in die Rue Léon Gonot mit der lauschigen, baumbestandenen Place Léon Gonot, in die Rue Rolland mit der Place Rolland und in die Avenue Paty. Fast alle Straßen bekamen nach dem Zweiten Weltkrieg Namen von Résistance-Mitgliedern aus Stains.

Man könnte die Cité angesichts der vielen Gärten, Blumen und Bäume für eine begehrte Wohnlage der Mittelschicht halten. Aber es sind alles Sozialwohnungen. Viele Bewohner haben einen – wie das so heißt – Migrationshintergrund, wie ja auch ihr Bürgermeister und die Orchesterdirigentin. Sie dürften froh sein, hier zu wohnen und nicht in den neueren HLM-Hochhäusern, die man in der Nachbarschaft emporragen sieht. Die »Cité du Clos Saint-Lazare« gleich nebenan, als »sensible« eingestuft, ist berüchtigt für ihr gewaltfreudiges Klima. Die Cité-jardin liegt nicht abgeschottet auf einer Insel der Seligen.

Von 2006 bis 2011 wurde die Gartenstadt gründlich und aufwendig renoviert. Sie war jahrzehntelang vernachlässigt worden, die Fassaden waren verdreckt, die Grünflächen verwildert, die Bürgersteige ramponiert. Man hatte ihr, wie es scheint, lange Zeit nicht viel Wert beigemessen.

Erst seit einigen Jahren zeigt sich wieder ein größeres Interesse an solchen Beispielen des frühen sozialen Wohnungsbaus. So wurden mit Unterstützung des 2003 gegründeten staatlichen Amts für urbane Erneuerung (Agence nationale pour la rénovation urbaine, ANRU) die Fassaden gereinigt, abgestorbene Bäume durch neue ersetzt – Platanen, Ahorn, Eichen – und sämtliche 1676 Wohnungen auf den Stand zeitgemäßen Komforts gebracht. Manche Installationen stammten noch aus der Gründungszeit, es gab Küchenspülen von 1928. Auch die elektrischen Leitungen waren oft vorsintflutlich. Bei der Renovierung bemühte man sich, den ursprünglichen Zustand zu respektieren und stilistische Anachronismen zu vermeiden. Abgesehen von den Autoparkplätzen präsentiert sich die Gartenstadt von Stains heute so, wie sie im Jahr ihrer Fertigstellung 1933 ausgesehen hat.

In einer Gemeinde, die ihre »Problemviertel« besitzt und sonst in letzter Zeit eher Negativschlagzeilen gemacht hat, ist man stolz auf das wiederentdeckte urbanistische Erbe. In der alten Quincaillerie, 28, Avenue Paul Vaillant-Couturier, ist der Ausstellungssaal »Mémoires de Cité-jardin« eröffnet worden, wo man sich über die Geschichte der Gartenstädte informieren kann.

Um den Bus nach Paris zurück zu nehmen, geht man am besten vom Hauptplatz über die platanenbestandene Avenue François Bégué bis zum Boulevard Maxime Gorki, rechter Hand ist dann gleich die Haltestelle. Von dort fährt der Bus 150 zurück zur Porte de la Villette, die Nummer 255 bringt einen über Saint-Denis zur Porte de Clignancourt, und die schnellste Verbindung nach Paris ist der Bus 252, der über die Autobahn zur **Porte de la Chapelle** fährt.

VOM PROLETARIAT UMZINGELT

Die Pariser Region ist das bedeutendste Industriegebiet Frankreichs. Auch wenn es noch für längere Zeit innerhalb der Stadtgrenzen zahlreiche Betriebe gibt, hat sich das Gros der Industrie inzwischen in der Banlieue angesiedelt – ob Kugellager, Gaszähler, Glühbirnen, Streichhölzer, Backwaren, Fleischkonserven, kaum ein Produktionsbereich, der nicht vertreten ist. Seit der Jahrhundertwende entwickelt sich die Automobilindustrie. Das erste Serien-Auto verlässt 1900 die Fabrik von Dion-Bouton in Puteaux. Es sind zunächst noch viele kleine Fabrikanten mit mehr oder weniger handwerklicher Produktion – Voisin in Issy, Delage und Hispano-Suiza in Levallois, Hotchkiss in Saint-Denis. Seriöse Dimensionen gewinnt der Sektor mit der Firma Renault in Boulogne-Billancourt, sie wird zur größten Fabrik von allen.

Entscheidenden Schub gibt der Erste Weltkrieg: In vier Jahren erhöht sich bei Renault die Zahl der Arbeiter von 4400 auf 22 000. Und nach dem Krieg setzt sich die Expansion fort, 1936 sind es 32 600. Ein großer Teil von Billancourt wird Renault-Territorium. In Levallois bei Santos-Dumont und in Issy bei Nieuport kurbelt der Krieg den Flugzeugbau an. Generell verwandeln die Kriegsjahre die Paris umgebenden Gebiete von Gemüsefeldern in einen enormen Industriepark.

Schon Ende des 19. Jahrhunderts bildeten sich in der industrialisierten Banlieue linke Arbeiterhochburgen. Die Sozialisten vom POF (Parti ouvrier français), ab 1905 dann die der SFIO (Section française de l'Internationale ouvrière) wurden in Rathäuser und Parlamente gewählt. Allenthalben wurde die Erinnerung an die Pariser Commune hochgehalten, am 22. Januar 1905 folgten in Levallois über 100 000 Menschen dem Sarg von Louise Michel, der legendären Aktivistin der Commune.

Als sich auf dem SFIO-Parteitag von Tours 1920 die Kommunistische Partei abspaltete, wechselten viele Sozialisten dorthin. Und die neue Partei machte in den Gemeinden des Seine-Département rasche Fortschritte. Paul Vaillant-Couturier, einer ihrer Mitbegründer, triumphierte im Mai 1924 in der Parteizeitung *L'Humanité* nach den ersten großen Wahlerfolgen der Kommunisten in der Pariser Banlieue: »Paris umzingelt vom revolutionären Proletariat! Vom strategischen Gesichtspunkt aus ist der revolutionäre Sieg unbestreitbar. Paris, die Hauptstadt des Kapitalismus, ist eingekreist von einem Proletariat, das sich seiner Kraft bewusst wird. Paris hat seine Vorstädte wiedergefunden! Der Erfolg des 11. Mai beinhaltet potenziell die Kontrolle der reaktionären Viertel des Zentrums, seiner Banken, seiner Staatsmonumente, seiner Versorgung, seiner Verbindungswege, seiner Kasernen, durch das revolutionäre Proletatiat.«

In den Kreisen der Bourgeoisie nahm man die Revolutionsdrohung durchaus ernst. Sie sollte entscheidende Bedeutung haben für das weitere Verhältnis zwischen »intra« und »extra muros«. Ein besorgter Autor namens Edouard Blanc schrieb in einer Untersuchung über die rote Einkreisung der Hauptstadt: »In dem Moment, da, durch einen seltsamen Zufall, die bürgerliche Gesellschaft die alten Befestigungsanlagen von Paris abriss, wollte der Kommunismus entlang dieser aufgegebenen Barriere eine Serie von Gemeinde-Festungen errichten, die nach seiner Vorstellung keine defensiven Einrichtungen sein sollten, sondern Angriffspositionen.«

ROTE GEGENGESELLSCHAFT

Dergleichen dämpfte ganz entschieden die Bereitschaft konservativer Politiker, über eine Ausdehnung von Paris nachzudenken. Die Regierung zog es vor, diese Thematik nicht zu vertiefen. Gegründet wurde stattdessen 1928 ein »Komitee zur allgemeinen Organisation der Pariser Region«, ohne Budget und Kompetenzen, das unverbindliche Vorschläge erarbeiten sollte. Draußen vor den Toren konsolidierten sich von Wahl zu Wahl die kommunistischen Hochburgen. Neue Straßennamen markierten ihr Territorium: Es kamen dabei radikale Vertreter der Französischen Revolution wie Robespierre, Saint-Just oder Marat zu Ehren, die in der Stadt Paris vermieden wurden. Beliebt waren auch Mitglieder der Commune – Louise Michel, Eugène Varlin, Edouard Vail-

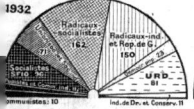

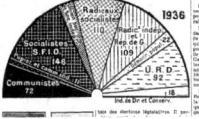

Pressetitel zum Sieg der Front populaire.

VOM PROLETARIAT UMZINGELT

lant, Jean-Baptiste Clément – und zum festen Stamm gehörten Henri Barbusse, Paul Lafargue, Karl Marx, Rosa Luxemburg, Karl Liebknecht und Maxime Gorki. Nach der Hinrichtung der beiden Anarchisten Sacco und Vanzetti am 23. August 1927 in den USA beschloss der im örtlichen Lenin-Saal versammelte Gemeinderat von Clichy, den heimischen Festplatz diesen beiden Märtyrern zu widmen. Eine Monsterdemonstration fand statt, in der *Humanité* wurde das kommunistische Clichy als erste Stadt der Welt gefeiert, die einen Sacco-und-Vanzetti-Platz einweihte. »Den Opfern der weltweiten Unterdrückung, das dankbare Proletariat von Clichy«, so war auf einer Banderole an der Rathausfassade zu lesen.

Es entwickelte sich in der Folge eine in sich geschlossene Gegengesellschaft, ein beispielloser Gemeindekommunismus, der sich unter anderem durch ein reiches Spektrum an Vereinen und eine Vielzahl kollektiver Einrichtungen wie Schulen, Bibliotheken, Schwimmbäder, Kinderkrippen oder Gewerkschaftshäuser auszeichnete. Für die Ferienkolonien der Arbeiterkinder kauften die roten Rathäuser Grundstücke am Meer oder in den Bergen – manche Gemeinden wie Bobigny, Romaninville, Bagnolet oder Gennevilliers leisteten sich sogar Schlösser. Die Gemeinde Malakoff definierte 1933 ihre Ferienkolonie als »eine Kolonie, wo die Kinder der Arbeiterklasse eine proletarische Erziehung erhalten, die in nichts zu vergleichen ist mit den Ferienkolonien, wie sie die Bourgeoisie organisiert«.

In der konservativen Presse waren die Kolonien der »bolschewistischen Gemeinden« permanenter Grund zur Erregung. Man las dort, das Verhalten der proletarischen Blagen habe ausländische Feriengäste schockiert, es seien sogar Nonnen angepöbelt worden von der roten Brut.

Am Vorortkommunismus entzündeten sich antikommunistische Stereotypen, er stand für den Bolschewismus nebenan, das Reich der »Partei des Auslands«. Die Gegner sahen in diesen Gemeinden »sowjetisierte« französische Städte, die lokale Finanzen für politische Zwecke umlenkten, Kinder indoktrinierten und zu Parteigängern machten.

Viele der Genossen, die sich vordem möglicherweise als subversive Aktivisten betätigt hatten, entwickelten sich zu fürsorglichen Bürgermeistern. Ihr Erfolg gelang allerdings nur um den Preis eines permanenten Kompromisses mit den Instanzen der Präfektur. Die Teilnahme am institutionellen Spiel verschaffte den kommunistischen Rathäusern eine gewisse Eigenständigkeit gegenüber der Parteiführung, was diese mit Misstrauen quittierte. Über dem

Euphorie des Jahres 1936.

lokalen Volksvertreter schwebte der Verdacht des »munizipalen Kretinismus«. Jacques Duclos, Politbüromitglied und Hüter der Orthodoxie, erinnerte in einer an die Gemeindeverwaltungen adressierten Schrift daran, dass »die Arbeiter- und Bauern-Regierung« und »Frankreichs Sowjets« den politischen Horizont seiner Partei darstellten.

Mit extremen Positionen hätten freilich die Bürgermeister ihren Bürgern eher geschadet. So setzte sich in der Gemeindepolitik ein gewisser pragmatischer Reformismus durch. Man engagierte sich im Wohnungsbau, bei Sport-, Jugend- und Kulturaktivitäten, und das Engagement trug Früchte, es begünstigte die lokale Verwurzelung der Partei und ihre weiteren Erfolge bei Kommunal-, Regional- und Parlamentswahlen. Wie keine andere französische Region hatte der rote Gürtel im Laufe des 20. Jahrhunderts der Kommunistischen Partei Kontingente von Bürgermeistern, Abgeordneten, Senatoren und Generalratsmitgliedern gegeben. Die meisten Generalsekretäre der Parteigeschichte kamen aus der Pariser Banlieue, so Maurice Thorez, seit 1932 Abgeordneter von Ivry.

Als Reaktion auf einen rechtsgerichteten Aufstandsversuch am 6. Februar 1934 kam es im Juli desselben Jahres zum Beschluss der französischen Kommunisten und Sozialisten, ihre gegenseitigen Animositäten zu überwinden, ihre Kräfte im Kampf gegen den Faschismus zu vereinen und demnächst gemeinsam gegen die konservative Regierung anzutreten. Die Kommunalwahlen vom Mai 1935 brachten spektakuläre Erfolge des PC: Statt wie bis dahin 11 wurden von den 80 Gemeinden der Pariser Banlieue nunmehr 26 von den Kommunisten regiert. Kurz darauf wurde im Département Seine der Generalrat gewählt. Die Kommunisten stellten danach die Hälfte der Mitglieder. Im Sommer 1935 trat die linksbürgerliche Radikale Partei dem Volksfrontbündnis bei, das dann im Frühjahr 1936 bei den Parlamentswahlen einen deutlichen Sieg davontrug. Aus dem Seine-Département zogen 32 kommunistische Abgeordnete in die Nationalversammlung ein. Es gab keinen Zweifel darüber, wo sich die »rote Gefahr« geografisch konzentrierte.

DIE STREIKS VON 1936

Das Programm der Volksfrontregierung war erst einmal recht moderat: Reduzierung der Wochenarbeitszeit, soziale Absicherungen für Arbeitslose und Rentner, erweiterte Gewerkschaftspräsenz in den Betrieben. Aber die eigentliche Bedeutung der Volksfrontära lag eher in der nicht eingeplanten außerordentlichen Mobilisierung der Basis. Der Wahlsieg war der Funke, der einen allgemeinen Flächenbrand auslöst. Der großen Streikwelle unmittelbar vorausgegangen war die traditionelle Versammlung auf dem Friedhof Père Lachaise zum Gedenken an die dort massakrierten Kommunarden am 24. Mai. In Erwartung dieses Ereignisses grüßte Paul Vaillant-Couturier in seinem *Humanité*-Leitartikel »die gewaltige Masse, die zur Mauer des Père Lachaise marschieren wird, mit der Perspektive, das Programm der Volksfront zu verwirklichen und darüber hinaus mit der großartigen Hoffnung auf die totale Revanche der Commune, auf die französische Republik der Volksräte, der Sowjets überall!«.

Wahrlich, Vaillant-Couturier beherrschte die Kunst, der anderen Seite das kalte Grausen einzujagen. Es kamen dann tatsächlich 600 000 Menschen zu dieser Gedenkveranstaltung, schwenkten rote Fahnen und sangen revolutionäre Lieder. Und am nächsten Tag begannen massiv die Streiks im Pariser Großraum: In Kremlin-Bicêtre streikten 900 Arbeiter der Fleischfabrik Geo, besetzten ihren Betrieb 35 Tage lang, für zwölf Prozent Lohnerhöhung und eine Kühlhaus-Prämie. In Puteaux legten rund 6000 Arbeiter in dreißig Unternehmen die Arbeit nieder. In Levallois forderten die Arbeiter der Kanonenfabrik Hotchkiss die Wiedereinstellung von entlassenen Kollegen und einen garantierten Mindestlohn für alle. Als die Direktion sich taub stellte, blieben sie im Werk, und als die Chefs schließlich nachgaben und sogar die Streiktage bezahlten, schallte ihnen als Dank die Internationale um die Ohren. Allgemeine Lohnerhöhungen wurden auch bei Citroën durchgeboxt, dazu die Verlängerung der Frühstückspause und die Abschaffung der Stechuhr.

Es streikten die Betriebe in sämtlichen Gemeinden des roten Gürtels: Bei l'Oréal in Clichy, bei Lavalette, Lockheed und Alsthom in Saint-Ouen, beim Flugzeugbauer Nieuport und der Farbenfabrik Ripolin in Issy und natürlich bei Renault in Billancourt. Die Schornsteine hörten auf zu rauchen. Es war still in den Straßen. In manchen Fällen dauerte der Streik nur einen Tag, bei anderen einige Wochen. Die Arbeiter entwickelten neue Aktionsformen, Betriebe wurden besetzt, gelegentlich auch Direktoren und Ingenieure eingesperrt. Es entwickelten sich festartige Begleiterscheinungen, Musikgruppen traten auf, es wurde getanzt, es gab Fußballspiele und Boxkämpfe auf dem Fabrikgelände.

VERPASSTE CHANCE

Der Unternehmerverband bekam weiche Knie, akzeptierte nolens volens, in grundsätzliche Verhandlungen zu treten, was bisher nicht so seine Art war. Das Ergebnis waren die Vereinbarungen von Matignon am 8. Juni: Lohnerhöhungen, Beschränkung der wöchentlichen Arbeitszeit auf vierzig Stunden, bezahlter Urlaub, generelle Gültigkeit von allgemeinen Tarifverträgen. Soziale Forderungen, die zuvor von Experten, Politikern und Unternehmern als »utopisch«, »unrealistisch«, ja »selbstmörderisch« bezeichnet worden waren, wurden durchgesetzt, weil es über die autonome Streikbewegung gelungen war, neue Kräfteverhältnisse aufzubauen.

Der Bourgeoisie war flau geworden. Ein großer Teil der Streiks hatte sich im roten Gürtel abgespielt, so nah war der bolschewistische Schrecken!

Léon Blums Regierung reorganisierte das »Komitee zur allgemeinen Organisation der Pariser Region« und machte André Morizet, den Bürgermeister von Boulogne, zu dessen Vorsitzendem. Nun sah es endlich so aus, als würde die Verwirklichung des Projekts »Grand Paris« näher rücken. Die Gelegenheit schien günstig nach den roten Wahlerfolgen. Erstmals war im Seine-

Volksfront-Regierungschef Léon Blum.

Département ein Kommunist, der Bürgermeister von Ivry, Georges Marrane, Präsident des Generalrats geworden. In seiner Einstandsrede feierte er seine Wahl als Erfolg der »arbeitenden Bevölkerung des großen Paris«. Henri Sellier hatte das Amt des Gesundheitsministers inne. Gemeinsam mit Morizet verfasste er für die Regierung einen Bericht über die künftige administrative Reform des »Grand Paris«. Darin dominierte die Idee, der Hauptstadt die kommunale Autonomie zurückzugeben und einen Rat für den gesamten Großraum zu schaffen, der das alte Paris und die Banlieue zu einer neuen Einheit zusammenfasste. Wann, wenn nicht jetzt?

Aber Regierungschef Blum zögerte, hatte Bedenken, wollte die präfektorale Administration nicht verärgern, sich nicht den Unwillen bisheriger Amtsinhaber zuziehen, die ihre Posten verlieren würden, hatte selbst wohl auch andere Prioritäten, und so wurde die Chance verpasst. Schon im Juli 1937 kam die Regierung Blum zu Fall. Damit war die linke, die solidarische Grand-Paris-Reform vom Tisch. Dafür sollte dann mit dem Zweiten Weltkrieg bald ein ganz anderes »Groß-Paris« kommen.

Noch vor Kriegsbeginn wurde die Kommunistische Partei verboten, Folge der Unterzeichnung des deutsch-sowjetischen Pakts im September 1939. Alle der Partei angegliederten Organisationen wurden aufgelöst, die gewählten Stadträte und Bürgermeister des Amtes enthoben, die Gemeinderatsmitglieder abgesetzt und durch Sonderdelegationen ersetzt. Der rote Gürtel war zeitweilig suspendiert. Die nunmehr illegale Partei wurde heimlich aus einem Einfamilienhaus der Pariser Banlieue geleitet.

Die missliebigen Straßennamen wurden durch neutrale ersetzt, Louise Michel, Gorki, Liebknecht und Marx verschwanden zugunsten von Poincaré, Jules Ferry oder Jean Mcrmoz. In Clichy wurde der Sacco-und-Vanzetti-Platz wieder in Place des Fêtes umgetauft.

GROSS-PARIS

Am 14. Juni 1940 kamen Hitlers Truppen. Zwei Wochen darauf reiste Hitler selbst an und ließ sich in Begleitung von Albert Speer und Arno Breker am frühen Morgen durch die menschenleere Stadt kutschieren. Mit »berührender Verzückung«, so berichtet Speer, betrachtete er die Oper, nannte sie »das schönste Theater der Welt«. Begeisterte sich für den Arc de Triomphe, ließ sich vor dem Eiffelturm fotografieren. Und war nach drei Stunden wieder weg. Die anderen blieben für vier Jahre. »Groß-Paris« hieß ihr Wehrbereichskommando, bestehend aus den Départements Seine, Seine-et-Oise und Seine-et-Marne. Aufs Genaueste hatten sie ihre Einquartierung vorbereitet, bezogen ohne Zögern die komfortablen Hotels und Villen der Haussmann-Ära.

Der Kommandant von »Groß-Paris« residierte im Hôtel Le Meurice an der Rue de Rivoli, das Kommando für den östlichen »Groß-Paris«-Sektor saß im Hôtel Ambassador am Boulevard Haussmann, für den südlichen war es das Hôtel d'Orsay in der Rue de Lille. Für die Verwaltung von Groß-Paris war das Palais Bourbon, Sitz der Nationalversammlung, gerade gut genug. Die Luftwaffe bezog das Hôtel Ritz, die Abwehr das Hôtel Lutetia. Sehr beliebt bei hohen Dienstgraden war auch die Avenue Foch, im Volksmund »Avenue Boche« genannt.

Man nahm sich, was man wollte. Im Auftrag der Besatzer wurden fast hundert Statuen aus Metall von öffentlichen Plätzen demontiert und eingeschmolzen. Mehrere Metrobahnhöfe wurden als Schutzräume für die deutschen Truppen requiriert. In der tief gelegenen Station Buttes Chaumont brachte man zum Beispiel das Wehrmachtskommando für den Pariser Norden unter, Place des Fêtes und Botzaris dienten als Flugzeugersatzteil-Fabriken. Später wurde die gesamte Linie 11 – Châtelet–Porte des Lilas – beschlagnahmt, um in den Stationen Reparaturwerkstätten und Operationssäle zu installieren.

Sie unterwarfen sich den Raum, aber auch die Zeit: Die Normaluhren wurden um eine Stunde vorgestellt. Es galt in »Groß-Paris« die deutsche Zeit.

Ein vorrangiges Interesse der Besatzungsmacht war es, die Bevölkerung ruhigzustellen und über die neue Situation einen Schein von Normalität zu breiten. Hierzu gehörte es, den gewohnten Kulturbetrieb rasch wieder anzukurbeln; Theater, Kinos und Kabaretts sollten das Zerstreuungsangebot in der entmachteten Hauptstadt sicherstellen. Fernandel, Edith Piaf, Charles Trenet und Maurice Chevalier sangen, tanzten und scherzten wie eh und je. Nach Paris kam die erste Garde der nach 1933 in Deutschland verbliebenen Kulturschaffenden: Das Berliner Schillertheater gastierte mit *Kabbale und Liebe* in der Comédie Française, der junge Herbert von Karajan dirigierte vor vollen Sälen, Zarah Leander trat im Programm von Radio Paris auf, dem Propagandafunk der Besatzer. Bildhauer Arno Breker spielte die Rolle des Sympathiewerbers, organisierte für Pariser Künstler Deutschlandbesuche. Auf Empfängen der deutschen Botschaft und im deutschen Kulturinstitut wurde die Pariser Kunstwelt hofiert. 1942 fand in der Orangerie eine große Arno-Breker-Ausstellung statt.

Ruhig und möglichst spannungsfrei sollte es auch deshalb zugehen, weil der Stadt eine wichtige Funktion als Ort der Erholung und Entspannung für die deutschen Fronturlauber zugedacht war. Für sie wurden Soldatenkinos, Speisestätten und Bordelle reserviert, die Kommandantur gab das Magazin *Wohin in Paris?* mit heißen Tips, Konzert- und Theaterrezensionen heraus. Bei den Landsern war Paris besonders auch als Einkaufsparadies beliebt, der Wechselkurs war traumhaft günstig, man konnte Pakete mit erlesenen Produkten nach Hause schicken.

Für die Einheimischen hingegen sah es trübe aus, was die Versorgungslage betraf. Rationierungen, Schlangestehen und Schwarzmarkt bestimmten den Alltag, Steckrüben den Speiseplan. Das deutsche Wort »Ersatz« wurde in den französischen Sprachschatz übernommen. Es fehlte an Kohle zum Heizen und an Sprit für die Autos. Paris wurde zu einer Radfahrerstadt.

Den Banlieue-Bewohnern ging es im Hinblick auf die Ernährung etwas besser als den »Intra-muros-Groß-Parisern«. Sie konnten in ihren kleinen Gärten Gemüse ziehen und Kaninchen mästen.

Auch die Deutschen hatten in der Banlieue zu tun. Dort befanden sich viele ihrer Service- und Logistikeinrichtungen. Schilder im Pariser Zentrum, etwa an der Oper wiesen die Richtung zum Heeres-Kraftfahrpark in Courbevoie, zum OKW-Reifenlager in Levallois-Perret, zu Autowerkstätten in Suresnes, dem Feldzeuglager in Issy, Lazaretten in Clamart, Vanves oder Clichy.

Die ökonomischen Aktivitäten, die nach dem Einmarsch zusammengebrochen waren, wurden vor allem in Bereichen wiederbelebt, die dem Interesse der Besatzungsmacht entsprachen. Zu einer Hochburg der wirtschaftlichen Kollaboration wurde die Renault-Fabrik in Billancourt. Die französische Direktion unter Louis Renault funktionierte weiter, aber der Betrieb stand nun unter der Oberaufsicht des Daimler-Konzerns und wurde vollständig in die deutsche Kriegsmaschinerie eingespannt, er baute für die Wehrmacht Lastwagen und Flugzeugmotoren oder reparierte deutsche Panzer.

In den rings um Paris gelegenen Forts installierten sich Armee und Feldgendarmerie. Einige dienten als Lazarette, andere als Gefängnisse für Mitglieder von Résistance-Gruppen, deren Aktionen, zumal nach dem deutschen Überfall auf die Sowjetunion, für Unruhe in »Groß-Paris« sorgten. Mehrere Tausend wurden zeitweilig im Fort Romainville interniert, bevor man sie in deutsche Konzentrationslager deportierte. Als Hinrichtungsstätte diente das Fort auf dem Mont Valérien. Mehr als Tausend Widerstandskämpfer und Geiseln wurden dort exekutiert.

Im Frühjahr 1942 begannen die massiven Verhaftungen von Juden. Parallel dazu wurden in Paris drei Arbeitslager eingerichtet, wo die geplünderte Habe aus jüdischem Besitz zusammengetragen wurde. Das ging von Kunstwerken über Möbel und Kleidung bis hin zu banalen Alltagsgegenständen. Eins davon war das »Lager Ost« in einem arisierten Kaufhaus der Rue du Faubourg Saint-Martin, wo rund 400 Jüdinnen Dinge wie Bettwäsche, Vorhänge, Küchengeräte, Geschirr und sogar Glühbirnen sortieren und für die Verschickung ins »Reich« verpacken mussten.

Die meisten der festgenommenen Juden wurden allerdings ins Lager Drancy verbracht. Es war in der Cité de la Muette eingerichtet worden, jener wegen ihrer Modernität gepriesenen aber unvollendet gebliebenen Siedlung, die Henri Sellier bei den Architekten Beaudoin und Lods in Auftrag gegeben hatte. Der Lagerkomplex bestand aus dem großen hufeisenförmigen Gebäude mit 22 Treppenhäusern und einem großen Innenhof. Auf den Etagen fehlten die Zwischenwände, bis zu fünfzig Personen waren in den Räumen zusammengedrängt und vegetierten unter schäbigsten Verhältnissen. Drancy diente als Transitlager für die in ganz Frankreich verhafteten Juden. Am 22. Juni 1942 fand der erste Transport nach Auschwitz statt, dann fuhren die Güterzüge dreimal pro Woche. Bis Anfang August 1944 wurden 67 000 jüdische Erwachsene und Kinder von Drancy aus in die Vernichtungslager deportiert.

Nach dem Krieg wurde das ehemalige Lager dann tatsächlich als Wohnanlage benutzt. Erst seit 1988 erinnert ein als Mahnmal aufgestellter Eisenbahnwaggon an die Umstände, unter denen Zigtausende in diesem frühmodernen Monument des sozialen Wohnungsbaus zu leiden hatten.

Am 23. August 1944, als sich die alliierten Truppen der Hauptstadt bedenklich näherten, erreichte den letzten Kommandanten von »Groß-Paris«, Dietrich von Choltitz, ein Befehl aus dem Führerhauptquartier: »Paris darf nicht oder nur als Trümmerfeld in die Hand des Feindes fallen.« Unter allen Seinebrücken waren bereits Sprengladungen angebracht worden, ebenso im Louvre, in der Sorbonne, am Palais Royal und am Eiffelturm. Hitler war von Paris geradezu besessen. »Ich habe mir früher oft überlegt, ob man Paris nicht zerstören müsse«, hatte er nach seinem Besuch von 1940 zu Albert Speer gesagt. »Aber wenn wir in Berlin fertig sind, wird Paris nur noch ein Schatten sein. Warum sollen wir es zerstören?« Diese Stadt provozierte ihn, sie war das Vorbild, das er übertreffen musste. Er wollte auch so etwas Monumentales bauen wie die triumphale Pariser Achse, aber mit einem viel größeren Triumphbogen und zwanzig Meter breiter als die Champs-Elysées.

Im August 1944 zeichnete sich ab, dass daraus wohl nichts mehr werden würde. Wenn man es schon nicht in den Schatten stellen konnte, dann sollte doch wenigstens dieses Paris in Trümmern versinken. Choltitz unterließ es, dem Führerbefehl nachzukommen. Die Beziehungen hätten sich sonst später wohl nicht im selben Maße in Richtung deutsch-französischer Freundschaft entwickelt.

NACHKRIEGSPROBLEME

Am 1. Februar 1954 sendete Radio Luxembourg einen Appell des Armenpriesters Abbé Pierre: »Meine Freunde, zu Hilfe! Soeben ist eine Frau um drei Uhr morgens auf dem Trottoir des Boulevard de Sébastopol erfroren, in der Hand das Schreiben, mit dem man sie vorgestern aus ihrer Wohnung ausgewiesen hatte. Jede Nacht sind es mehr als 2000, die sich zusammenkrümmen unter dem Frost, ohne Brot, manche fast nackt. Angesichts solchen Horrors sind Notunterkünfte mehr als dringend.«

Die Wohnungsnot hatte nach dem Krieg verheerende Ausmaße angenommen. Durch Versäumnisse während der Dritten Republik und die Stagnation in der Besatzungszeit hatte sich eine fatale Verspätung akkumuliert. Der Pariser Immobilienbestand war praktisch seit 1920 nicht erneuert worden. Im gesamten Großraum verfügte weniger als die Hälfte der Wohnungen über ein eigenes WC, von Bad oder Dusche gar nicht zu reden.

Zu den desolaten Verhältnisse im Wohnungssektor trug die seit 1914 geltende Mietpreisblockade bei, die erst ab 1948 gemildert wurde. Sie führte dazu, dass Hausbesitzer ihre Altbauten verkommen ließen und fast niemand in Neubauten investierte.

Dazu kam das Problem der seit vielen Jahren schon festgelegten sanierungsbedürftigen Zonen, der »Îlots insalubres«. Als Kriterium für die Definition solcher »ungesunden Inseln« hatte ursprünglich die Häufigkeit von Tuberkulosefällen gedient. Im Prinzip war die Sanierung dieser verslumten Häusergruppen vorgesehen, aber wann genau würde das geschehen? Hausbesitzer, die wussten, dass ihre Immobilien auf der Liste standen, ließen in Erwartung des Abrisses keine Arbeiten mehr durchführen, wodurch sich der schlechte Zustand weiter verschlimmerte. Es gab Häuserblocks, die schon

1909 als »insalubre« definiert worden waren und dann Jahrzehnte vor sich hin rotteten.

PARIS UND DIE FRANZÖSISCHE WÜSTE

300 000 Menschen wohnten 1954 immer noch in »garnis«, möblierten Absteigen ohne jeden Komfort. Paris war von Bidonvilles umgeben, ungeplanten Siedlungen aus zusammengezimmerten Baracken, die der einstigen »Zone« (siehe S. 53 f) ähnelten. Nur wohnte dort nicht wie damals ein marginalisiertes Lumpenproletariat. Die Leute hatten in der Regel Arbeit, fanden aber einfach keine andere Wohnung. Massen solcher Bruchbudenstädte wuchsen irgendwo am Bahndamm, entlang der Ausfallstraßen, auf leerem Gelände. Manche Bidonvilles wurden von ausländischen Arbeitern bewohnt, 10 000 Algerier hausten in Nanterre, fast ebenso viele Portugiesen in Champigny. Durch den harten Winter von 1954 trat die Misere dramatisch zutage. Der Aufruf von Abbé Pierre, der durch die landesweiten Medien verbreitet wurde, wirkte wie ein Schock und brachte das Thema auf die Tagesordnung der Regierung. Man beschloss plötzlich Notmaßnahmen, stellte eilig billige Transitbehausungen auf, und gegen Ende der Vierten Republik wurde mit der Errichtung erster Großsiedlungen auf der Basis industrieller Bauweise begonnen – HLM, »Habitations à loyer modéré«, wie die früheren HBM jetzt hießen.

Einer der Gründe dafür, dass die Regierung so spät reagierte, war der Krieg in Indochina. Kaum dass der Zweite Weltkrieg zu Ende war, schien die Rückgewinnung des Kolonialreichs von höchster Priorität zu sein. Das Abenteuer verursachte horrende Kosten, und im selben Jahr 1954, als mit der Niederlage von

Nissenhütten mit Wellblechdach.

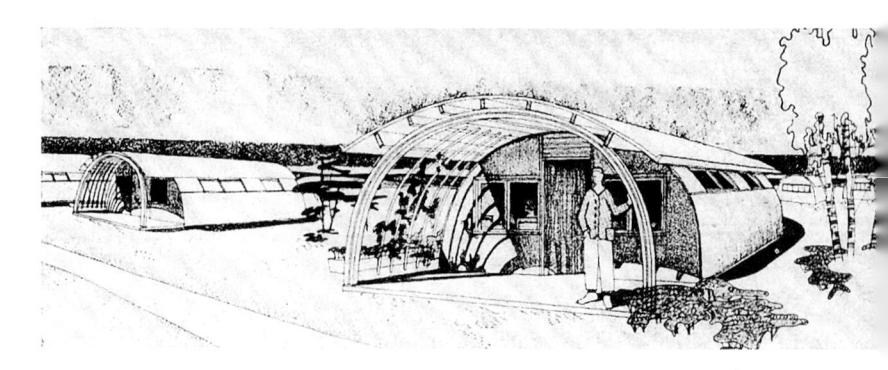

Holzbaracke als Notunterkunft.

Dien Bien Phu für Frankreich der Indochinakrieg endete, ging es gleich in Algerien weiter mit dem nächsten Kolonialkrieg.

Wenig förderlich für ein entschlossenes Wohnungsbauprogramm war außerdem eine verbreitete Anti-Paris-Orientierung, beeinflusst von Jean-François Graviers Anklageschrift gegen den Zentralismus, *Paris et le désert francais*, Paris und die französische Wüste. Kritisiert wird darin die Konzentration aller Leitungsfunktionen und industriellen Aktivitäten in und um Paris und die daraus folgende Verödung des übrigen Landes. Frankreich werde von Paris kolonisiert, die Provinz ausgesaugt und entvölkert. Die Botschaft dieses Pamphlets hatte beachtlichen Einfluss auf Entscheider und Raumplaner. Durch reglementierende Eingriffe wurde versucht, eine Schrumpfung des Pariser Großraums herbeizuführen, die Industrieansiedlung zu bremsen, Betriebe in die Provinz auszulagern und die Bevölkerungszahl zu verringern.

Diesen Anstrengungen zum Trotz blieb die Pariser Region der dominierende Industriestandort des Landes, etwa mit 81 Prozent des Elektroniksektors, 70 Prozent der Autoindustrie und 62 Prozent der Pharmaindustrie. Die wirtschaftliche Dynamik wurde durch die Idee der Parisverkleinerung nicht wirklich gebremst.

Auch die Bevölkerung wuchs nach der Stagnation der Kriegsjahre wieder kräftig an: Von 1946 bis 1954 kamen 600 000 Neubewohner ins Ballungsgebiet.

1931 waren die Bevölkerungen von Paris und der Banlieue etwa gleich groß. Das änderte sich nach dem Krieg: 1970 lebten »intra muros« 2,6 Millionen, »extra muros« 5,6 Millionen.

ROTE GEMEINDEKULTUR

Dennoch war in der Vierten Republik von einer Ausweitung der Stadtgrenzen keine Rede mehr, die Forderung nach einem »Grand Paris« war aus den politischen Diskursen verschwunden. Von Historikern wurde vermutet, man sei gegen den Ausdruck allergisch geworden. »Vielleicht erinnerte der Begriff zu sehr an das ›Groß-Paris‹ der Besatzungszeit«, meinte Claude Cottour, Autor einer Geschichte der Pariser Region. Viel wahrscheinlicher ist, dass die Grand-Paris-Abstinenz etwas zu tun hatte mit dem erneuten Auftrumpfen der Kommunistischen Partei im Seine-Département. Nach der Kommunalwahl vom 29. April 1945 – zum ersten Mal durften auch die Frauen wählen – regierte der PCF allein oder mit den Sozialisten 60 von 80 Gemeinden des Département.

Innerhalb von Paris wurden die Kommunisten mit 31 Prozent der Wählerstimmen zur stärksten politischen Kraft. Das aus der Résistance hervorgegangene »Comité parisien de libération« drängte darauf, Paris aus der politischen Vormundschaft zu lösen, auch der Hauptstadt die allgemeine kommunale Freiheit zuzugestehen, was die Zentralregierung angesichts des bedenklichen kommunistischen Vormarsches ablehnte.

In Clichy wurde 1945 die Place des Fêtes wieder einmal umgetauft und nun – nach der »Groß-Paris«-Parenthese – den »Märtyrern der deutschen Besatzung« gewidmet. Mit großer Leidenschaft zelebrierte man die Bewunderung der Sowjetunion. In Saint-Ouen bekam eine direkt an der Pariser Stadtgrenze gelegene Sozialbau-Siedlung den Namen »Cité Joseph Staline«. Die Stadt Saint-Denis ließ es sich 1949 nicht nehmen, Väterchen Stalin zu seinem siebzigsten Geburtstag ein Modell ihres Rathauses zu schenken. Wieder war die Pariser Banlieue zum Epizentrum kommunistischer Lokalpolitik geworden, was erneut die entsprechenden Ängste und Vorbehalte gegenüber diesem »Feind im Inneren« beförderte.

Nach dem Ausbruch des Kalten Krieges 1947 und dem Bruch der Dreiparteienregierung aus SFIO, PCF und dem zentristischen MRP wurde zeitweilig versucht, durch Rechts-links-Allianzen und Wahlrechtsänderungen die Kommunisten abzudrängen, was sich aber auf Dauer nicht durchhalten ließ. Die

Cité Maurice Thorez im roten Ivry-sur-Seine.

roten Rathäuser konsolidierten sich, die kommunistischen Bürgermeister spielten eine wichtige Rolle in den politischen Instanzen des Pariser Großraums. Regierung, Präfektur und sonstige staatliche Stellen mussten sich schließlich daran gewöhnen, mit ihnen zusammenzuarbeiten. Sie waren ein Ordnungsfaktor, nahmen aktiv teil an Wohnungsbauprogrammen oder gesundheitspolitischen Aktionen. In den 1960er-Jahren lebten 40 Prozent der Einwohner im Banlieue-Teil des Seine-Département in kommunistisch geführten Kommunen. Und wie schon vor dem Krieg konnte sich eine reichhaltige kommunistische Gemeindekultur etablieren. Es entstand ein für die Bewohner beruhigender Kokon aus sozialen Einrichtungen und wiederkehrenden Ereignissen. Kulturstätten der roten Banlieue wie das Théâtre Gérard Philippe in Saint-Denis oder das Théâtre de la Commune in Aubervilliers erwarben sich einen guten Ruf, man verehrte Dichter wie Louis Aragon, Paul Eluard oder Pablo Neruda, hörte Chansons von Jean Ferrat und Yves Montand, die Kinder lasen *Pif le chien* statt *Mickey Mouse*, auf dem Marktplatz wurde sonntags *L'Humanité Dimanche* verkauft und jedes Jahr fand in La Courneuve das große Fest der Parteizeitung mit Delegationen aus dem sozialistischen Lager statt. Es war ein gut funktionierendes System mit seinen Ritualen und kulturellen Ikonen.

Die selbstbewusste Gemeinde Pantin unterhielt eine Städtepartnerschaft mit Moskau, aber als »Hauptstadt des französischen Kommunismus« galt Ivry-sur-Seine, von den Nachkriegsgaullisten als das »rote Mekka der Separatisten« beschimpft. KP-Chef Maurice Thorez war auch nach dem Krieg wieder Abgeordneter von Ivry. Man huldigte ihm nach dem Muster des stalinistischen Personenkults. 1953 wurde die »Cité Maurice Thorez« errichtet, ein wuchtiger T-förmiger Block mit vierzehn Etagen. »Kreml« nannten ihn die Mieter mit einer Mischung aus Ironie und Stolz. Einige Jahre später wurde ein zweiter Kreml gebaut, der sollte nach Juri Gagarin benannt werden. In allen Gemeinden der roten Banlieue gab es etwas, das nach Gagarin benannt war – eine Straße, eine Schule, einen Sportplatz. Aber nach Ivry kam der berühmte Kosmonaut, der erste Mensch im Weltraum, der Held der Sowjetunion am 30. September 1963 persönlich, um den neuen Wohnklotz einzuweihen, und pflanzte einen Baum vor die »Cité Gagarine«. Als 2015 ihr Abriss beschlossen wurde, war er schon seit vielen Jahren nicht mehr am Leben, und die Bedeutung der Kommunistischen Partei war zusammengeschrumpft wie ein Chagrinleder.

GAULLISTISCHE MODERNE

Nach der 1958 vollzogenen Gründung der Fünften Republik und der Rückkehr von Charles de Gaulle an die Macht erfährt Frankreich einen gründlichen Modernisierungsschub. Das neue Regime tritt an mit dem Willen, die Kolonialära zu beenden und dem Land seinen internationalen Rang zurückzugeben. Wieder einmal ist eine Verspätung aufzuholen. Frankreich soll sich, wie der General sagte, »mit seinem Jahrhundert vermählen«.

Der Staat betreibt die Modernisierung des Landes als zentraler Akteur, mischt sich in Schlüsselbereiche der Wirtschaft ein, forciert die Industrialisierung, heizt Produktion und Wettbewerbsfähigkeit an. Für große Infrastrukturmaßnahmen werden neue Mechanismen wie die Raumplanungsbehörde DATAR (Délégation interministérielle à l'aménagement du territoire et à l'attractivité régionale) geschaffen. Eine Kaste aus regimeergebenen Spitzenbeamten kontrolliert die wichtigsten Sektoren der Gesellschaft, lanciert das militärische wie das zivile Atomprogramm sowie Prestigeprojekte wie das Überschallflugzeug Concorde. Beispiellose Anstrengungen zur Anpassung der französischen Industrie an den internationalen Markt werden unternommen. Man fördert Betriebsfusionen und begünstigt in der Landwirtschaft die Schaffung mechanisierter Großbetriebe. Jedes Jahr entstehen 150 000 Arbeitsplätze im industriellen Bereich. Dieser Prozess geht einher mit einem rapiden Bevölkerungszustrom vom Lande in die städtischen Ballungszentren, ganz besonders in die große Industriezone rund um die Hauptstadt. Die Unternehmen haben großen Bedarf an Arbeitskräften, es kommen Algerier in großer Zahl und Hunderttausende von Portugiesen. Rund eine Million Algerienfranzosen fliehen nach der Unabhängigkeit Algeriens nach Frankreich, auch von ihnen kommt ein Teil in die Pariser Region. Es ist nun wirklich dringend nötig, das fortbestehende Wohnungsproblem zu lösen. Die Slums und Bidonvilles sollen verschwinden. Die Leute aus den Barackensiedlungen wie aus den Pariser Sanierungsgebieten müssen untergebracht werden ebenso wie der Strom der Neuankömmlinge aus den ländlichen Gebieten und dem Ausland.

Gleich zu Beginn der neuen Republik wird die Entscheidung zum massiven Bau von Großsiedlungen mit Sozialwohnungen, genannt »Grands ensembles«, getroffen. Ein Dekret vom Dezember 1958 schafft die ZUP, »zone à urbaniser en priorité«, die vorrangig zu bebauende Zone. Es schreibt vor, dass sich die öffentlichen Mittel auf Großprojekte, Siedlungen mit mindestens 500 Wohneinheiten, zu konzentrieren haben. Das Gesetz erleichtert die Übereignung des Grundbesitzes an öffentliche oder halb öffentliche Baugesellschaften, die der Autorität des Präfekten, also des Staatsvertreters, unterstellt sind. Die staatlichen Stellen wollen ungehindert planen und entscheiden. Deshalb werden die »Offices d'HLM«, die Sozialwohnungsämter, politisch »gesäubert«, die Zahl der Vertreter von Gemeinde- und Generalräten reduziert. Vorbereitende Studien werden noch der Initiative der lokalen Körperschaften überlassen, aber die Durchführung definiert und kontrolliert der Staat, wie er auch die ganze Städtebaupolitik bestimmt.

SCHULE DES NEUEN WOHNENS

Wegweisend ist die emblematische Großsiedlung Sarcelles, die bereits seit 1956 auf billig erworbenem Land unweit des gleichnamigen Dorfes emporwächst. Bis in die 1970er-Jahre bleibt Sarcelles eine monumentale Baustelle. Für die zahllosen ZUPs wird eine Armee von 6000 Architekten mobilisiert, Jahr für Jahr entstehen nun über 150 000 Sozialwohnungen.

Vor allem in den Randlagen der verstädterten Zonen, jenseits der Einfamilienhaussiedlungen vergangener Jahrzehnte, dort wo der Baugrund billig ist, wachsen wie monströse Pilze die neuen Cités empor.

Bei ihrer baulichen Großoffensive stützen sich Stadtplaner und Architekten auf die Prinzipien des Funktionalismus. Man bezieht sich auf die Lehren der 1928 gegründeten CIAM, der Internationalen Kongress der modernen Architektur, und ihre Bibel, die Charta von Athen von 1933. Viele preisgekrönte, heute vergessene Architekten werden aktiv. Endlich kann in großem Maßstab angewandt werden, was ihnen als das Nonplusultra des Städtebaus gilt.

»Grand ensemble« in Villiers-le-Bel.

Ihre Referenzgröße ist Le Corbusier, von dem die Charta im Wesentlichen stammt. Auch wenn sie nicht vom ästhetischen Gesamtkonzept der »Cité radieuse« geleitet sein mögen, nehmen sie sich doch, was sie brauchen können.

Nach der Charta von Athen liegt der Schlüssel des Urbanismus in den vier Funktionen Wohnen, Arbeiten, Erholung in der Freizeit und Zirkulieren. Das sind klare Vorgaben, ebenso wie die Orientierung an der seriellen industriellen Fertigung, der Maschinenzivilisation. Überhaupt wird das Denken des Meisters von der Idee der Maschine dominiert. »Das Haus des modernen Menschen (und der Stadt), eine großartig disziplinierte Maschine, wird die individuelle Freiheit herbeiführen«, stellt er klar. Le Corbusier, der sich eine historische Mission zuschrieb, hatte sich immer wieder missverstanden und ignoriert gefühlt. Was hatte er geschimpft über die Pariser HBMs der 1920er-Jahre! Das falsche Wohnen! Die Zeichen der Zeit nicht erkannt! Jetzt orientieren sich die französischen Jünger an seinen Schriften. Man kann dort alles Wesentliche vorfinden, man hat das gültige Rezept: Worauf es nun ankommt, ist ein Urbanismus des Bruchs. Das, was Städte bis dahin ausgemacht hat, soll keine Rolle mehr spielen. Zum Beispiel werden die neuen urbanen Einheiten befreit sein von den altmodischen Zwängen der Korridorstraße. Denn wie hat Le Corbusier dekretiert: »Die Straße ist eine Abflussrinne, eine tiefe Furche, ein eingeengter Korridor [...]. Es ist die Straße des tausendjährigen Fußgängers; ein Relikt vergangener Jahrhunderte; ein nicht-funktionierendes, überholtes Organ.«

Dafür sollte es nun frei stehende große weiße Kästen geben, mit viel Licht, Luft und Grünflächen drumherum, dazwischen Autozubringer und Schnellstraßen. Das ist fortschrittlich, vernünftig, ökonomisch. Und es geht schnell. Stadtplaner der gaullistischen Ära sind vollkommen überzeugt von der Zeitgemäßheit ihrer Baugesinnung, genauso wie Wohnungsbauminister Pierre Sudreau, der bei der Lancierung des großen Programms erklärt: »Der moderne Städtebau, die neuen technischen Möglichkeiten, erlauben es, das traditionelle Konzept der Städte und Agglomerationen zu revidieren.« Der neue Typus der Wohnsiedlung werde, wie Le Corbusier ja schon gesagt hatte, »ein Mittel der individuellen und sozialen Entfaltung sein«. Hier könne der moderne Mensch »einen Hafen des Friedens und der Ruhe« finden.

Eine Kommission erarbeitet das neue Konzept und gibt ihm die Überschrift »Das ›Grand ensemble‹ – Faktor des sozialen und menschlichen Fortschritts«. Es werden darin Überlegungen zum neuartigen Leben angestellt, das den Leuten bevorsteht. Die moderne Großsiedlung soll auf keinen Fall eine Art »dortoir« sein, eine bloße Schlafstätte, sondern: »ein Mittel der Kultur, eine immense Schule«. Und die »Grands ensembles« sind auch keineswegs nur als Lösung der Wohnungskrise der ärmsten Schichten gedacht, sondern auch für mittlere Einkommen und sozial Aufstiegsorientierte. Sie entsprechen einfach einer neuen, zeitgemäßen Lebensweise.

Und so werden denn in Baukastenmanier Massenpläne aufgestellt, Blocks und Türme im ZUP-Raum verteilt, Wohnmaschinen hochgezogen. Man wetteifert darum, wer den längsten Riegel hinstellen wird. In einigen Fällen deuten die Namen der Großkomplexe auf die Zahl der aufeinandergestapelten Wohneinheiten, so wie bei der »Cité des 3000« in Aulnay-sous-Bois oder der »Cité des 4000« in La Courneuve. In der Praxis sind sie dann doch kaum mehr als Unterbringungssilos auf den Äckern der Ile-de-France. Es mangelt erst einmal an Verkehrsverbindungen, Schulen, Krippen, Geschäften, Cafés – nun gut, das wird dann irgendwann schon kommen.

»Es handelt sich dabei um eine spezifisch französische Erfindung«, schreibt der Architekturhistoriker Jean-Pierre Le Dantec über die »Grands ensembles«. Die auch als »hard french« bezeichnete französische Variante des internationalen Stils sei in ihrem Gigantismus nur noch von den osteuropäischen Volksrepubliken übertroffen worden.

Gleichwohl ist man damals höchst zufrieden über die eigenen Leistungen. Hat man mit den »Grands ensembles« nicht gewaltige Herausforderungen gemeistert? Anstelle der Slums und Bidonvilles gibt es nun auch für die unteren Einkommensschichten einen nie zuvor gekannten Komfort: Wohnungen mit Badezimmer und WC, Grünanlagen und Parkplätzen, denn bald wird ja jeder sein eigenes Auto haben. Ende der 1960er-Jahre gibt es in der Region rund 100 »Grands ensembles«, alle etwa dreißig Kilometer von Paris entfernt, mit 300 000 Wohnungen, in denen fast 1,4 Millionen Menschen leben.

Die Technokraten sind sicherlich von besten Absichten geleitet. Sie meinen zu wissen, was es zum Glück ihrer Mitmenschen braucht. Aufopferungsvoll dienen sie dem Gemeininteresse und werden entsprechend in der Presse und im damals unter totaler staatlicher Kontrolle befindlichen Fernsehen gefeiert. Die Einweihungen der Siedlungen sind begleitet von Festreden wie einst bei den Eröffnungen von Haussmanns neuen Straßenabschnitten, ihre Bilder werden auf Ansichtskarten vertrieben.

Die meisten Gemeinden, in denen die »Grands ensembles« der Pariser Banlieue entstehen, werden von den Kommunisten regiert. Die verhalten sich natürlich kritisch gegenüber den autoritären Eingriffen in die Struktur der HLM-Ämter, aber im Prinzip gibt es sehr viel Zustimmung und Engagement bei Planung und Errichten der großen sozialen Baueinheiten. Man ist politisch gegen de Gaulle, aber enthusiastisch, was die verordnete Modernität angeht. Die Zustimmung betrifft im Übrigen ebenso die Atomenergie oder den Wunderflieger Concorde. Auch das neue Bauen ist Teil des wissenschaftlich-technischen Fortschritts. Die PCF-Hochburgen beteiligen sich daran nach besten Kräften und feiern die Leistungen mit Propagandafilmen, in denen sich Arbeiterfamilien froh und dankbar über den nie zuvor gekannten Komfort äußern. Und die Ergebnisse sind sicher zunächst überwältigend, wie die Reaktion von Josyane nahelegt, der halbwüchsigen Erzählerin in einem Roman aus dem Jahr 1961: »Schön war es da. Grün, weiß. Geordnet. Man roch die Organisation. Alles hatten sie getan, auf dass man sich wohlfühle, hatten sich gefragt: Was muss man da hintun damit sie sich wohlfühlen? Und dann hatten sie's hingetan. Selbst auf Vielfalt hatten sie sich eingelassen: vier große Türme, um Abwechslung in die Gegend zu bringen; hatten kleine Hügel angelegt, Unebenheiten, damit es nicht eintönig werde. [...] Sie mussten mächtig stolz sein, die das fertiggebracht hatten. Morgens verließen alle Männer die Häuser und gingen nach Paris arbeiten; ein bisschen später waren es die Kinder, die sich zur Schule verfrachteten; die Häuser wurden ausgenommen wie Hasen; es blieben in der Siedlung nur mehr Weiber, Greise und Sieche.«

In *Kinder unserer Zeit* von Christiane Rochefort schimmert natürlich eine gewisse Ironie durch. In der Tat gibt es gleich ein paar Stimmen, die nicht mitmachen im Chor der offiziellen Begeisterung. Von »clapiers«, Kaninchenställen, ist hier und da die Rede.

In der Presse taucht der Begriff »sarcellite« auf. Die Sarcellitis ist das neu entdeckte Leiden, das in den Großsiedlungen grassiert. Es ist der Langeweile und dem Gefühl der Isolierung inmitten der monotonen Klötze geschuldet, den langen Wegen zur Arbeit und zum Einkaufen, der schlechten Abindung ans Verkehrsnetz, dem frustrierenden Dasein der grünen Witwen.

BETONUNIVERSUM

Schon sehr früh wird das Unbehagen an den Großsiedlungen in Spielfilmen thematisiert, so 1959 in *Rue des Prairies* von Denis de la Patellière. Jean Gabin, der die Hauptperson spielt, lebt in einem schäbigen, aber behaglichen Kleineleuteviertel im Pariser Osten und arbeitet mit an der Errichtung von Sarcelles. Er sieht mit Entsetzen, was dort entsteht, und gerät in Konflikt mit seiner Tätigkeit. In *Mélodie en sous-sol (Lautlos wie die Nacht)*, einem Film von Henri Verneuil aus dem Jahr 1962, kommt wiederum Jean Gabin nach einigen Jahren Gefängnis zurück und findet sein Banlieue-Häuschen nicht mehr wieder zwischen all den neuen anonymen weißen Riegeln.

Vorerst werden die Kritiker der »Grands ensembles« von den Urbanisten als borniert Modernitätsverweigerer hingestellt. Einer der profiliertesten Architekten ist Raymond Lopez, Schöpfer der damals hoch gelobten Großsiedlung »Val Fourré« bei Mantes-la-Jolie. Als Corbusier-Schüler befürwortet er die Politik der Tabula rasa, der totalen Transformation der Stadt, aber auch des Menschen, der seinerseits gefälligst den Sprung in die Moderne mitzumachen hat. »Wenn die Stadt der Zukunft das Ergebnis einer totalen Mutation sein soll, dann kann dies nur komplett und gefahrlos verwirklicht werden, wenn der Mensch ebenfalls seine Mutation verwirklicht. Der Stadtbewohner hat sich zu ändern; er muss sich an einen neuen Lebensrhythmus und an neue Funktionen anpassen.«

Einfamilienhäuser und Großsiedlung in der nördlichen Banlieue.

Viele der Zwangsbeglückten mögen indessen nicht wunschgemäß mutieren. Zwar wohnen in den Cités zunächst allerlei junge Familien, die sagen, sie seien zufrieden. Aber gleich von Anfang an ist da ein unterschwelliges Aufbegehren gegen die gebaute Monotonie, das Fehlen eines urbanen Ambientes. Selbstkrtitisch bemerkt der Architekt Jean Renaudie: »Das Publikum nimmt die Angebote der Urbanisten und Architekten entmutigt wie unvermeidliche Übel entgegen, mit Ausdrücken wie ›Betonuniversum‹ und ›Glaskasten‹ wird die moderne Architektur in toto verworfen.« Das von Technokraten programmierte Gück der Bevölkerung realisiert sich nicht wie vorgesehen. Irgendetwas stimmt nicht. Vielleicht liegt es daran, dass die »Grands ensembles« konzipiert sind für Bedürfnisse abstrakter Bewohner, von Entscheidern, die von den wirklichen Bewohnern keine Ahnung haben. Das Leben lässt sich wohl doch nicht auf die paar Funktionen reduzieren, welche die Funktionalisten definiert haben. Wo bleibt das Zufällige, Nicht-kalkulierte, Widersprüchliche, Unordentliche?

Städtisches Leben, menschenwürdiges Wohnen wäre etwas anderes, meinte jedenfalls Ernst Bloch: »Vor lauter ›Etre humain‹ werden die wirkli-

GAULLISTISCHE MODERNE   147

chen Menschen in diesen Häusern und Städten zu genormten Termiten oder, innerhalb einer ›Wohnmaschine‹, zu Fremdkörpern, noch allzu organischen; so abgehoben ist das alles von wirklichen Menschen, von Heim, Behagen, Heimat. Das ist das Ergebnis, muss es sein, solange eine Baukunst um den Boden, der nicht stimmt, sich nicht bekümmert. Solange die ›Reinheit‹ aus Weglassungen und Einfallslosigkeit besteht, die Heiterkeit aus Vogel-Strauß-Politik, wo nicht aus Irreführung, und die silberne Sonne, die hier überall blitzen will, eine verchromte Misere ist.«

Vom Slum zum Ghetto.

Mit den 1970er-Jahren erscheinen die neuen Wohnanlagen dann immer weniger begehrenswert. Auch das Material erweist sich als unzureichend. Es ist schnell, hoch und billig gebaut worden, bald tauchen erste Defekte auf. Die es sich irgend leisten können, sehen zu, dass sie wegkommen. Der Traum vom Eigenheim bricht wieder durch. Junge, berufstätige Paare ziehen, sobald sie können, aus, lassen sich ein Häuschen nach eigenem Gusto bauen und überlassen den Platz jenen, die keine Wahl haben. »Das ›Grand ensemble‹ ist zweifellos eine der größeren Niederlagen der Ideologie des Modernismus«, urteilt der Stadtsoziologe Thierry Paquot.

EXKURSION 7: SARCELLES, DAS ERSTE »GRAND ENSEMBLE«

Route: Basilique de Saint-Denis – Station Les Cholettes – Place de France – Avenue Frédéric Joliot-Curie – Rue Eric de Saint-Sauveur

Distanz: 2 km
Gehzeit ab Les Cholettes: 1 h
Ausgangspunkt: Tram T5 Marché de Saint-Denis
Endpunkt: RER Garges-Sarcelles

Es empfiehlt sich, einen Ausflug nach Sarcelles dienstags, freitags oder sonntags zu unternehmen. Den Markt, der an diesen Tagen dort stattfindet, sollte man nicht verpassen.

Es geht zunächst mit der Metrolinie 13 bis zur Station **Basilique de Saint-Denis** und von dort ein paar Schritte durchs Einkaufsgewimmel von Saint-Denis zur Tram T5. Der Weg ist ausgeschildert.

Man könnte auch mit der RER D von der Gare du Nord gleich bis Garges-Sarcelles fahren, das ginge schneller, aber der Weg, den die Tram durch Saint-Denis und Pierrefitte nimmt, über Rue Gabriel Péri, Avenue Elisée Reclus und Avenue Lénine, bietet einen besseren Eindruck von diesem Banlieue-Sektor. Unter anderem kommt man an ausgedehnten Einfamilienhauszonen aus den 1920er-Jahren vorbei.

Schließlich biegt die Tram in die **Avenue du 8 mai 1945** ein und damit in die legendäre, ab 1955 erbaute neue Stadt Sarcelles. Das alte Dorf gleichen Namens liegt ein paar Kilometer entfernt. Wir steigen an der Haltestelle **Les Cholettes** aus und genießen die Aussicht. »Die Großsiedlung Sarcelles wird für die Archäologen des Jahres 3000 das Musterbeispiel für das kulturelle, politische, architektonische und bürgerliche Chaos der Nachkriegszeit darstellen. Sie ist gleichzeitig das Ensemble, welches geradezu ein Motor für die Bewusstseinsbildung für junge Architekten, junge Verwaltungsfachleute und Politiker war. Sie haben beschlossen, daraus zu lernen, und sie werden folglich nie wieder solche Fehlleistungen sich ausdenken und realisieren.« Das schrieb 1981 die amerikanische Architekturhistorikerin Norma Evenson.

Man wird vielleicht sagen müssen, dass von heute aus gesehen der Schock ferngerückt ist. Es sind nach Sarcelles viel monströsere Siedlungen gebaut worden. Nur stellte diese hier in der Zeit ihrer Entstehung vom Konzept und ihrer immensen Ausdehnung her tatsächlich einen radikalen Bruch dar, was man sich gar nicht mehr so recht vorstellen kann.

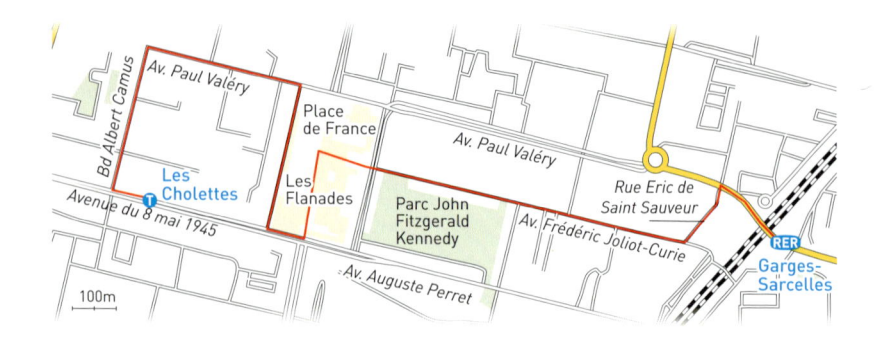

Der alte Beton der späten 50er-Jahre wirkt hier und da etwas angestoßen, auf der Avenue sind übergroße Blumentöpfe aufgestellt, die wohl den mineralischen Charakter etwas abmildern sollen. Beiderseits der Straße gibt es überdachte Fußgängerpassagen mit jüdischen, türkischen, bengalischen Cafés, Imbissen und Lebensmittelgeschäften. Was hier gleich auffällt, ist die ethnische und religiöse Vielfalt, etwa die unmittelbare Nachbarschaft des »Machia'h Center«, einer Tora-Studierstube, mit der koptischen Kirche Saint-Athanase im selben Gebäude.

Die Avenue du 8 Mai 1945 wird durch sechs in gleichmäßigen Abständen stehende Hochhäuser architektonisch herausgehoben. Den größten Teil der Siedlung aber bilden Wohnblocks, die einem Einheitsmodell mit vier Etagen und Flachdach folgen. Sie variieren allenfalls in der Zahl der Hauseingänge.

Jacques-Henri Labourdette hieß der Mann, der die Siedlung entworfen hat. Er war in jener Zeit ein bekannter Architekt, heute ist er weitgehend vergessen. Nur in Marseille kennt man seinen Namen, da er drei radikal aus dem Rahmen der Umgebung fallende Wohntürme in die Stadtmitte gesetzt hat. Zu Labourdettes Vorgaben gehörte es, schnell und billig zu bauen. Sarcelles war eine ländliche Gemeinde mit rund 8000 Einwohnern, umgeben von Bauernhöfen, Obstbäumen, Blumenkohl- und Salatfeldern. Das Bauland war sehr erschwinglich, drei Francs kostete der Quadratmeter. Die Arbeiten begannen gegen Ende 1955, und es ging Schlag auf Schlag, jedes Jahr kam ein weiterer Abschnitt mit mehreren Hundert Wohneinheiten hinzu, bis 1975 waren auf 200 Hektar insgesamt über 12 000 Wohnungen entstanden. Bald waren die Birnbäume und Blumenkohlfelder endgültig verschwunden.

Die Neubürger verfügten zwar in ihren Wohnungen über nie zuvor gekannten modernen Komfort, fließendes warmes Wasser und Zentralheizung, aber drumherum sah es noch lange ziemlich trübe aus.

Das neue Sarcelles war eine ewige Riesenbaustelle, die Pioniere litten unter schlammigen Wegen, mussten in Gummistiefeln bis zum Bahnhof laufen. Man konnte auch anfangs nichts einkaufen, es gab kein Postamt, keine Schule, keine Kinderkrippe, keinen Sportplatz, kein Kino. Das kam alles erst nach und nach.

Die ersten Bewohner kamen aus den verslumten innerstädtischen Gebieten. Es folgten Arbeiter von Citroën und Renault, Angestellte, Polizeibeamte oder Lehrer, auch Anwälte und Ärzte waren darunter. Alle bekamen den gleichen Wohnungstyp zugewiesen.

Hier sollte eine republikanische Utopie urbane Gestalt annehmen, ein modernes, klassen- und herkunftsübergreifendes französisches Gemeinschaftsgefühl gefördert werden. Die Straßen tragen deshalb auch die Namen von Philosophen, Wissenschaftlern und Poeten, die zu Frankreichs Renommée beigetragen haben.

Sarcelles stellte für die französische Öffentlichkeit ein Symbol dar. Die Medien interessierten sich sehr für die Sarcelles-Bewohner, sie waren so etwas wie die Versuchskaninchen einer neuen Zeit. 1961 entdeckte die Presse eine vermeintliche Krankheit, »la sarcellite«, denn diese Siedlung, die erste ihrer Art, hatte etwas Irritierendes, mit all diesen gleichförmigen Betonblocks, in rechtwinkliger Anlage, schier unendlich aneinandergereiht. Hier wurde ein seelisches Leiden vermutet, die Sarcellitis, eine Form von Depression, von tödlicher Langeweile vor allem der Frauen, die den Tag über dort verbringen mussten. Die pornografische Fantasie der Journalistenzunft unterstellte ihnen natürlich gleich auch unzüchtige Beziehungen zu Klempnern oder Elektrikern. Der Begriff »sarcellite« geisterte lange durch die Zeitungen und wurde dann auch auf andere Großsiedlungen übertragen.

Ein Abstecher über den **Boulevard Albert Camus** bringt uns zur **Avenue Paul Valéry,** einer Hauptader des jüdischen Sarcelles. Unweit der großen Synagoge finden sich Läden für koschere Lebensmittel, koschere Pizzerien und sogar eine Patisserie mit koscheren Croissants. Ein Drittel der Bewohner von Sarcelles sind Juden. Die ersten trafen Ende der 1950er-Jahre aus Nassers Ägypten ein, von wo sie während des Suezkrieges vertrieben worden waren. 1962 folgte ein massiver Zustrom aus Algerien, als das Land seine Unabhängigkeit erlangt hatte, und ein paar Jahre später kam eine weitere Einwanderungswelle aus Tunesien nach antijüdischen Ausschreitungen während des Sechstagekrieges. Später übersiedelten auch Juden aus Paris nach Sarcelles, weil sie sich vom Leben in einer konservativ-religiösen Gemeinschaft angezogen fühlten. Neben der großen Symagoge gibt es noch fünf kleinere, darunter ultraorthodoxe. Viele der rund 12 000 Juden in Sarcelles sind betont religiös und neigen dazu, sich im eigenen Milieu abzukapseln.

Zurück zum **Boulevard du 8 Mai 1945:** Der Weg führt vorbei an einem ei-

Straßenbahn Avenue Paul Valéry. Einheitswohnblock von Sarcelles.

Am Parc John Fitzgerald Kennedy. Markt in der Avenue Frédéric Joliot-Curie.

Beschwörung des friedlichen Miteinanders. Avenue du 8 Mai 1945.

Place de France – das Herz der Siedlung.

gentümlichen Phantomgebäude, einer eingezäunten Konstruktion aus braunen Betonwülsten. Es handelt sich um das ehemalige Kulturzentrum »Forum des Cholettes«. Jahrzehntelang war dies ein Ort für Musikevents, Chansons, Rock und Rap, auch für religiöse Festveranstaltungen wie zu Jom Kippur. Seit 1999 aber ist das Forum geschlossen wegen Asbestverseuchung und ist, wie es heißt, nicht zu retten. Demnächst soll es tatsächlich abgerissen werden – hoffentlich kein böses Omen für die Zukunft des multikulturellen Miteinanders.

Wir erreichen das Einkaufszentrum »Les Flanades«, sozusagen das Herz der (nicht mehr so ganz) neuen Stadt. Mit der Animation ist es nicht weit her, manche Boutiquen sind verrammelt, schon seit Jahren hat das Kino dichtgemacht. Aber die große rechteckige Piazza, **Place de France** geheißen, auf die man aus der Shopping-Mall hinaustritt, macht doch etwas her. Mit ihren Arkaden und der zentralen Skulptur wirkt sie recht stattlich und zeugt vom Bemühen um die Schaffung eines zentralen, repräsentativen Ortes. Solche Mühe hat man sich in späteren Cités nicht mehr gemacht.

Am oberen Ende macht der Platz einen Knick nach rechts. Am »Le Norway Pizza et Kebab« vorbei geht es die Treppe hinunter, über den Boulevard Edouard Branly hinweg auf die **Avenue Frédéric Joliot-Curie.**

Hinter dem langen Wohnriegel auf der rechten Seite verbirgt sich der erstaunlich gepflegte **Parc John Fitzgerald Kennedy.**

Auf dem linken Bürgersteig beginnt im Schatten von Bäumen die Zone, in der dreimal pro Woche von 8 bis 14 Uhr der große Markt stattfindet. Verkauft werden Textilien und Hausrat zu Spottpreisen. An den Ständen baumeln Hidschabs neben Bikinis. Im Angebot sind T-Shirts mit Bob-Marley-Konterfei oder in militärischem Tarnfarben-Look, bauschige Hochzeitskleider, Batterien von Turnschuhen und High-Heels, Armbanduhren, arabische Parfums und christliche Devotionalien.

Ein überdachter Bereich ist den Lebensmitteln reserviert. An Imbissständen wird gegrillt und gesotten, es gibt Halal-Hühner, Schweineschnauzen und kreolische Würste, Oliven, Maniok, Papayas, aufgehäufte Kräuter – enorm, was alles zu sehen, zu hören und zu riechen ist, faszinierend sind auch die Kleidungsvarianten beim Marktpublikum.

Das alles findet statt zwischen den standardisierten Sarcelles-Wohnblocks und wird begleitet vom Lärm der Flugzeuge, die sich im Landeanflug auf den Airport Charles de Gaulle befinden. Aber unter diesen Umständen reduzieren sich die gebaute Monotonie und die akustische Zumutung ganz erstaunlich, man achtet vor allem auf das Marktspektakel.

Vielfarbig ist das ethnische Mosaik. Außer der großen Anzahl vorwiegend sephardischer Juden leben in Sarcelles Muslime aus den Maghrebländern, Schwarzafrikaner, Ägypter, Tamilen, Bengalen, Sikhs, Vietnamesen, 5000 Menschen von den Antilleninseln Martinique und Guadeloupe und ebenso viele Assyro-Chaldäer. In Sarcelles steht mit Saint-Thomas die einzige assyro-chaldäische Kirche Frankreichs – allerdings in einiger Entfernung von der Zone des »Grand ensemble« –, ein überraschendes Gebäude im neobabylonischen Stil, mit drei Glockentürmen, das 1500 Menschen fasst, die hier auch tatsächlich den Gottesdiensten beiwohnen.

Die Assyro-Chaldäer kamen in den 1980er- und 1990er-Jahren aus dem gebirgigen Osten der Türkei, von wo die türkische Armee sie damals in Küstenstädte zwangsumsiedeln wollte, um militärisch gegen die Kurden vorzugehen. Da sind die aramäisch sprechenden Urchristen lieber gleich ganz abgewandert. In Sarcelles bleiben sie weitgehend unter sich und machen wenig Aufhebens, haben sich aber jüngst sehr entschieden für die Aufnahme von Christen aus dem Irak engagiert, die vor dem ISIS-Terror geflohen waren.

All diese Bevölkerungsgruppen sorgen für ein geradezu ausuferndes Vereinsleben. 800 Vereine soll es geben, von denen sich inzwischen allerdings immer mehr ethnisch oder religiös definieren. Zu beobachten ist ein Trend zum Rückzug auf die eigene »communauté«, auch wenn sich ein harter Kern immer noch um religionsübergreifende Gemeinsamkeit bemüht.

Das Rathaus betont gern das relativ harmonische Zusammenleben von 92 verschiedenen Nationalitäten. Das ist in der Tat eine einzigartige Situation. Und die Stadt versucht dem Rechnung zu tragen. So unterhält sie etwa eine Partnerschaft mit der Stadt Netanya in Israel; das liegt nahe bei einer jüdischen Bevölkerung, die sich sehr stark mit Israel identifiziert. Aber auch die relativ kleine armenische Gemeinschaft, die eher im alten Teil des Ortes lebt, wurde berücksichtigt, durch eine Städtepartnerschaft mit Martakert in Bergkarabach. Auf Wunsch der Antillen-Franzosen gibt es eine Rue du 10 Mai 2001, das Datum des französischen Gesetzes, das Sklaverei und Sklavenhandel als Verbrechen gegen die Menschlichkeit definiert. An dieser Straße liegt das Nelson-Mandela-Schwimmbad. Als erste Gemeinde hatte Sarcelles auch einen Stein zum Gedenken an die Opfer des 17. Oktober 1961 aufgestellt. An diesem Tag waren an die 200 Algerier bei einer Demonstration in Paris von der Polizei umgebracht worden.

Es gibt immer noch viele Sarcellois, die in diesem Multikulturalismus einen großen Vorteil sehen und darauf stolz sind.

Indessen schützen weder eine dynamische Vereinskultur noch die multikulturellen Gesten des Rathauses vor Prekarisierung und sozialem Abstieg. Mit 23 Prozent Arbeitslosigkeit und 37 Prozent bei den Jugendlichen liegt Sarcelles weit über dem Landesdurchschnitt.

Die meisten Quartiers sind als ZUS (»Zone urbaine sensible«) eingestuft. Es ging auch in letzter Zeit nicht gar so konfliktfrei zu. Die Banlieue-Unruhen von 2005 hielten sich zwar noch in Grenzen, aber es brannten immerhin auch hier vierzig Autos.

Die Beziehungen zwischen den verschiedenen ethnischen und religiösen

Bevölkerungsgruppen blieben lange einigermaßen friedlich. Im Juli 2014 kam es allerdings im Zusammenhang mit einer Demonstration gegen die israelische Militäroperation »Protective edge« in Gaza zu gewaltsamen Ausschreitungen, bei denen jüdische Geschäfte demoliert wurden.

Die kosmopolitische Fassade bekam deutliche Risse. »Alles hat sich geändert. Es wird nie wieder so sein wie vorher«, klagte der Bürgermeister von Sarcelles, François Pupponi, ein Korse.

Geht man am östlichen Ende der Marktzone die **Rue Eric de Saint-Sauveur** nach links hinauf, stößt man auf eine Wandmalerei, die aus Halbmond, Davidsstern und Kreuz das Wort »Coexist« bildet. Die Freske ist das Werk eines Street-Artist namens Combo und will als Botschaft der Hoffnung verstanden sein, hat aber auch etwas von einer Beschwörung.

Wir sind nun sowohl an der Endstation der Straßenbahnlinie T5 als auch am **Bahnhof Garges-Sarcelles** angekommen, was uns die Wahl lässt, entweder mit der Tram nach Saint-Denis oder mit der RER D sehr viel schneller in die Pariser Innenstadt (Gare du Nord oder Châtelet) zurückzufahren.

MODERNISIERUNG »INTRA MUROS«

Zu Zeiten von Charles de Gaulle und Georges Pompidou blieb auch Paris selbst nicht verschont vom Furor der Modernisierung. Was in diesen Jahren stattfand, war die größte Transformation der Hauptstadt seit Haussmann, ja der Stadthistoriker und Verleger Eric Hazan meint sogar: »Die Pompidou-Jahre haben Paris stärker verändert als die Haussmann-Ära.« Der Stadtgeograf Louis Chevalier wirft in seinem Buch *L'Assassinat de Paris* (Die Ermordung von Paris) den Technokraten der Fünften Republik vor, den historischen Wert der Stadt und ihren spezifischen Charakter zu missachten. Exemplarisch war für Chevalier der Abriss von Baltards Markthallen, veranlasst und durchgeführt von aggressiv-ignoranten Funktionären, die damit die Essenz der Stadt auf dem Altar von Kalkül und Effizienz geopfert hätten. »Hand an die Hallen zu legen heißt, Hand an Paris zu legen«, zürnt er.

Tatsächlich waren viele Bewohner der Hauptstadt empört über diesen Vorgang, dem sie hilflos beiwohnten. Er betraf ja nicht nur die Hallen selbst, sondern das ganze Quartier. Die Hallen waren nicht einfach eine abstrakte Versorgungseinrichtung. Zu ihnen gehörte eine bestimmte Bevölkerung, eine Lebensweise, eine sinnliche Komponente. »Wo sind die starken Gerüche, jener Atem, an dem so viele Weltstädte erkennbar sind?« fragt Chevalier und beklagt die generelle Aseptisierung, die das Verschwinden der Hallen für die Stadt bedeutet. »Das Universum der Konsumgesellschaft ist ein geschlossenes, desinfiziertes, deodorisiertes Universum, in dem nichts Unvorhergesehenes geschieht, nichts aus dem Rahmen fällt, nichts schockiert [...].«

Spurlos wurde beseitigt, was Zola im Roman *Der Bauch von Paris* beschrieben hatte. Aber diese Beseitigung wurde nicht mit Gleichgültigkeit quittiert, es blieb ein Phantomschmerz. In der alten Marktkirche Saint-Eustache thematisiert ein melancholisches, wenngleich buntes Reliefkunstwerk den Auszug von Obst und Gemüse aus dem Zentrum. Und mit trotzigem Beharren findet dort jetzt noch jedes Jahr die Messe der Metzgerinnung statt, die in diesem Quartier eigentlich gar nichts mehr zu suchen hat.

DIE RÜCKGEWINNUNG DES MARAIS

Während mit den Hallen ein markanter Innenstadtbereich radikal umgewandelt wurde, widerfuhr einem anderen zentralen Stadtteil, dem Marais, auf Veranlassung von Kulturminister André Malraux eine aufwendige Rettung. Ein großes Anliegen des gaullistischen Kulturministers war die Reinigung historischer Pariser Fassaden. Kirchen und Denkmäler erstrahlten auf sein Geheiß in gelblich hellem Glanz. Und auch im Marais wurden reichlich die Sandstrahlgebläse angesetzt.

Das einstige Aristokratenquartier, das seit dem 18. Jahrhundert einen stetigen Niedergang erlebt hatte, wurde nicht demoliert, sondern konserviert. Nachdem der Adel in den Faubourg Saint-Honoré und den Faubourg Saint-Germain abgewandert war, wurde das Marais nach und nach zu einem plebejischen Stadtteil, in dem sich Handwerk und industrielle Aktivitäten ausbreiteten. Der Pariser Citoyen Eric Hazan erinnert sich: »Das Marais, das ich in den 1950er-Jahren kannte, war eine schwarz verrußte, schmutzige und arme Gegend. Die historischen Adelshäuser verfielen. In den Innenhöfen waren Anbauten aus Wellblech, es standen Handkarren herum. Das jüdische Viertel – Rue des Rosiers, Rue Ferdinand Duval, Rue des Ecouffes – machte einen kläglichen Eindruck.«

Die Rettung des Marais-Viertels durch André Malraux war gleichbedeutend mit einer tief greifenden Umwandlung der Sozialstruktur. Nach der Vertreibung der Kleinindustrie und der bescheidenen Bewohnerschaft wurden die Gebäude von privaten Immobilienpromotern aufgekauft und in Luxusappartements umgewandelt. Es installierten sich Galerien, Antiquariate, teure Geschäfte. Die Erhaltung des Quartiers beschränkte sich auf seine bauliche Gestalt, ansonsten verwandelte es sich in ein teures Pflaster. »So sieht die ›Rückgewinnung‹ von Paris aus; es ist die Rückgewinnung des Paris der kleinen Leute durch die neue Bourgeoisie der Führungskräfte, durch ihre Arbeits-

Kahlschlagsanierung im 14. Arrondissement.

und Vergnügungsstätten«, empörte sich der Soziologe Manuel Castells. Die Herrichtung des Marais nahm Prozesse der Musealisierung und Verbürgerlichung anderer Stadtteile voraus, in deren Verlauf das architektonische Erbe zwar gerettet wurde, die alte Einwohnerschaft aber das Nachsehen hatte. Minister Malraux schätzte nicht nur alte Gemäuer, er war auch ein Freund der Moderne und hatte etwas für Wolkenkratzer übrig. Die 1960er-Jahre waren auch im Inneren von Paris eine Zeit der Türme. Kurz zuvor war eine alte Bestimmung abgeschafft worden, die die Höhe eines Pariser Gebäudes auf 31 Meter begrenzte. »Es gibt keine moderne Architektur in den großen Städten ohne Türme«, hatte Premierminister Pompidou klargestellt. »Die französischen und besonders die Pariser Vorbehalte gegen das Bauen in die Höhe sind in meinen Augen absolut rückschrittlich.«

Heftige Diskussionen löste in der Öffentlichkeit das Projekt des Montparnasse-Turms aus. Sollten hier amerikanische Verhältnisse eingeführt werden? Stand hier nicht eine Verschandelung der Pariser Stadtlandschaft bevor? Promoter war immerhin die New Yorker Firma Collins, Tuttle and Company. Die Präfektur sah sich veranlasst, das Volk zu beruhigen: »Diese von der Moderne inspirierte architektonische Komposition wurde minutiösen Studien unterworfen, um sicherzustellen, dass sie sich geschmackvoll in die Pariser Stadtlandschaft einfügt.«

Die staatlichen Experten waren demnach Garanten des guten Geschmacks. Es war also alles zum Besten geregelt. Malraux hatte sich schon 1959 für das Modell begeistert, nannte das Objekt einen »modernen Kampanile« und spielte eine entscheidende Rolle beim Beschluss zum Bau des 210 Meter hohen Turms. Der wurde 1973 fertiggestellt, zusammen mit dem neuen Bahnhof Montparnasse und den beiden flankierenden Wohnriegeln.

Im Zusammenhang mit Sanierungsmaßnahmen wird in Frankreich unterschieden zwischen »rénovation« und »réhabilitation« – der erste Begriff bedeutet Renovierung in Form von Abriss und Neubau, während sich eine »réhabilitation« um die Bewahrung der gebauten Substanz bemüht, zunächst beschränkt auf »historisch wertvolle« Gebäude. Was aber vor allem in den Jahren zwischen 1960 und 1970 in Paris stattfand, war eine weitflächige »rénovation«, sprich Kahlschlagsanierung.

LOPEZ RÄUMT AUF

Es ging dann bei der großen Erneuerung nicht so sehr um massiven Neubau von Wohnungen, sondern vor allem um eine qualitative Umschichtung. Der Architekt Paul Chemetov sprach von »Immobilien-Gaullismus«. Gemeint war damit ein Bevölkerungsaustausch, der wie ein Fortsetzungskapitel in dem von Haussmann angestoßenen Prozess erscheint. Laut Statistik reduzierte sich zwischen 1954 und 1974 in Paris die Arbeiterbevölkerung um 44 Prozent, während die Zahl der höheren Angestellten um 51 Prozent zunahm.

Eine treibende Kraft bei den Renovierungsbestrebungen war der bereits erwähnte Corbusier-Schüler Raymond Lopez, der sich in der Banlieue als Erbauer von »Grands ensembles« profiliert hatte. Als Chefberater der Stadt für Architektur und Urbanismus trug er auch maßgeblich zur Remodellierung von Paris »intra muros« bei. In der Planskizze, die er dazu entwarf, wurde deutlich unterschieden zwischen dem zentralen Paris und den Randzonen.

Neues Leben in der Vertikalen.

Für diese beiden Bereiche sah er städtebauliche Maßnahmen sehr unterschiedlicher Art vor. Das Zentrum und die »Beaux quartiers« des Westens waren tabu, sie bildeten einen Sektor, der nicht moduliert, allenfalls rehabilitiert werden sollte. Ganz anderes die äußeren Arrondissements mit ihren Arbeiterquartiers: Hier dachte Lopez nicht an schonende Bewahrung alter Bausubstanz, hier konnte aus seiner Sicht so ziemlich alles weg. Viertel wie Belleville, Charonne, Plaisance oder das 13. Arrondissement waren mit seiner Vorstellung von Stadt nicht vereinbar. Hier waren radikal neue Verhältnisse zu schaffen. »Das Aussehen der Stadt wird sich ändern. Man wird sich nicht mehr zwischen parallelen Mauern, Korridorstraßen fortbewegen, sondern in Räumen, wo sich Gebäude und Grünflächen abwechseln.«

Und dann ging es zur Sache: An die Stelle abgerissener Kleineleuteviertel und aufgegebener Industrieanlagen wurden Hochhausblocks wie in der Banlieue aufgestellt. Ungehindert tobte sich diese Baugesinnung in den Sanierungszonen des Pariser Ostens aus. Im 19. Arrondissement wurden 85 Prozent der alten Substanz abgerissen. Ein besonders eindringliches Beispiel für die Zerstörung eines »quartier populaire« bietet die Place des Fêtes im oberen Belleville. Aus dem zuvor von kleinen Gebäuden umrahmten Festplatz wurde ein zugiges Ensemble aus isoliert stehenden Wohntürmen, das alles andere als festlich wirkt. »Es ist evident, dass diese Leute eine Rechnung mit Belleville offen hatten«, meint Eric Hazan, der hinter dieser Zurichtung eines alten Arbeiterviertels eine verkappte Rache für frühere revolutionäre Neigungen wittert.

Wie sein Lehrmeister Le Corbusier hatte Lopez eine hohe Meinung von der Sendung des Architekten und seiner missionarischen Aufgabe. So wie ein Patient gefälligst der Diagnose und Therapie des Arztes zu folgen habe, sollten die Klienten des Architekten Vertrauen in den Repräsentanten der Baukunst setzen und ihm nicht ins Handwerk pfuschen. Die Einwände vergangenheitsverliebter Fortschrittsverweigerer strafte Lopez mit souveräner Verachtung: »Armes oberflächliches Volk, dessen vorgestanzte Reaktionen man mit dem hochtrabenden Titel der ›öffentlichen Meinung‹ aufputzt und dessen Geschmack darin besteht, systematisch alles, was alt ist oder alt scheint, zu loben, und systematisch alles, was neu ist oder neu scheint, niederzumachen.«

Zu den hervorstechenden Realisierungen von Raymond Lopez gehören die Hochhäuser des Quartiers Beaugrenelle unweit vom Eiffelturm im 15. Arrondissement, auch »Front de Seine« genannt. An die Stelle der in die Banlieue ausgelagerten Citroën-Fabrik und der dazugehörigen Arbeiterwohnungen stellte er eine einheitlich hohe Front aus Bürotürmen, Hotels und teuren Eigentumswohnungen. Dieses sein Werk, genauso wie den Montparnasse-Turm, an dem er ebenfalls beteiligt war, bezeichnete Lopez als Beispiele avantgardistischer Kühnheit und Freiheit, die bedauerlicherweise noch viel zu selten seien. Die Vergangenheit habe die Hauptstadt im engen Würgegriff und hindere sie daran, eine wirklich moderne Stadt zu werden.

Zweifellos hätte dem 1966 gestorbenen Architekten auch gefallen, was sein Partner und Schüler Michel Holley im Rahmen der Operation »Italie XIII« dem Südosten von Paris beschert hat – anders als dem entsetzten Stadtgeografen Louis Chevalier, der befand: »Das Quartier Italie steht heute in der ganzen Welt, zumindest in der zivilisierten, für das Schlimmste, was man machen kann.«

Aus dem Boden des 13. Arrondissements hatte Holley einen Hochhauswald von dreißig Türmen emporwachsen lassen. Sie bilden mehrere Untergruppen, die sich in der Namensgebung unterscheiden: In der Nähe der Place d'Italie sind sie nach Halbedelsteinen benannt: Béryll, Jade, Onyx, Rubin und Achat, das wertet ungemein auf. Zur Porte de Choisy hin kommen italienische Städte wie Bologna, Bergamo, Palermo, Rimini zu Ehren. Eine relativ zusam-

Der Boulevard Périphérique – neue Grenze zwischen drinnen und draußen.

menhängende Struktur bietet der Komplex der »Olympiades« an der Avenue d'Ivry. Holley praktizierte hier eine vertikale Raumaufteilung mithilfe des Zaubermittels der »dalle«, einer auf Pfeilern ruhenden Betonplatte als Trennscheibe zwischen verschiedenen Ebenen: im unteren Bereich Autoverkehr, Parkplätze, Ladenbetrieb, technische Versorgungen, auf der oberen Ebene, im hellen Sonnenlicht, der Zugang für Fußgänger zu den Turmhäusern, kommerzielle Aktivitäten, vielleicht Gartenanlagen, wenigstens aber Blumenkübel, eine Agora zum Flanieren. Gedacht war das Ganze für junge aufstrebende Mittelschichtpaare. Die Benennung der Türme nach Austragungsorten von Olympischen Spielen sollte ein sportlich-dynamisches Image vermitteln. Aber es wollte bei der potenziellen Kundschaft kein rechter Enthusiasmus aufkommen. Die moderne Lebenswelt wurde als ungastliche Betonlandschaft empfunden. Vermietungen und Wohnungskäufe verliefen reichlich schleppend. Es wurde überhaupt zunehmend Missfallen geäußert über die urbanistischen Zumutungen. Im *Nouvel Observateur* vom 12. Juli 1971 machte sich der Kunsthistoriker André Fermigier zum Sprachrohr der Modernitätskritiker: »Man darf wohl sagen, dass dieses moderne Paris, das Paris der zweiten Hälfte des 20. Jahrhunderts, jämmerlich danebengegangen ist: Sehen Sie sich nur Maine-Montparnasse an, den Sektor Italie, die beklagenswerte Front de Seine. [...] Paris ähnelt mehr und mehr der Hauptstadt eines unterentwickelten Landes, gespickt mit kapitalistischen Symbolen und ärmlichen Imitaten einer Architektur, die in New York ihren Sinn haben mag, die aber hier eine Architektur der Lüge ist.«

Allerdings entstand im Sektor »Italie XIII« Ende der 1970er-Jahre unerwartet und unverhofft durch die Ansiedlung der Boat-People – Flüchtlinge aus Vietnam, Laos und Kambodscha – eine Pariser Chinatown. Das brachte plötzliche Animation in die Ödnis und verlieh der Hochhauslandschaft eine seltsame Attraktivität. Plötzlich waren da überall diese geheimnisvollen Ideogramme, die exotischen Speisestätten, die chinesischen Supermärkte, die alten Frauen, die auf dem Trottoir Kräuter und Selbstgebrutzeltes verkauften. So war das keineswegs geplant. Aber die Gegend bekam dadurch einen geradezu surrealen Reiz. Und man kann nun zwischen den grotesken Zeugnissen eines gescheiterten urbanistischen Konzepts herumlaufen und sich darin dennoch wohlfühlen.

ALLES FÜRS AUTO

Ein wesentliches Kriterium für die Umgestaltung von Paris in jenen Jahren war der Autoverkehr. Er hatte Priorität vor den meisten anderen stadtplanerischen Überlegungen. Pompidou drückte selbst gern aufs Gaspedal, vor allem im Porsche seiner Frau, und freute sich, wenn er die Leibwächter abhängen konnte. Aber ganz generell war dies eben eine Zeit, in der das Auto zum Inbegriff von Modernität und neuem Wohlstand geworden war. Auch galt es, die französische Autoindustrie zu fördern und auf keinen Fall der allgemeinen Autobegeisterung im Wege zu stehen. Dafür war die Stadt entsprechend umzumodeln. Eventuelle ästhetische Bedenken seien von vorgestern und müssten überwunden werden, meinte Pompidou. »Paris wird nicht schöner dadurch, dass man die Autos am Fahren hindert. Das Auto existiert, man muss damit zurechtkommen. Es handelt sich darum, Paris sowohl dem Leben der Pariser als auch den Erfordernissen des Autos anzupassen.«

Also geschah es. Es begann mit der Umwandlung der Seinequais in Schnellstraßen. Und es gab das ernsthafte Vorhaben, regelrechte Autobahnen quer durch die Stadt zu führen. Man dachte an Ost-West-Radialen und mindestens eine, die Paris in nordsüdlicher Richtung durchschneiden würde. Auf der »Rive droite« sollte sie anstelle des Kanals Saint-Martin verlaufen. Der wäre also zuzuschütten, aber was nützte schließlich so eine veraltete Wasserstraße! Zweiflern wurde vorgerechnet, dass der jährliche Frachtverkehr auf dem Kanal der Tonnage von 35 000 Lastwagen entsprach. Eine solche Schnellstraße aber könnte 35 Millionen Lkw im Jahr, rund 100 000 Fahrzeuge pro Tag verkraften. Und so wurde 1967 der Bau einer achtspurigen Nord-Süd-Achse beschlossen. Dafür wären 2650 Wohnungen zu enteignen, die Arbeiten sollten 1971 beginnen. Es gab wie üblich ein paar Bürgerproteste, aber die fielen nicht weiter ins Gewicht. Gescheitert ist das Projekt dann an den zu hohen Kosten. So ist der Kanal gerade noch mal davongekommen und konnte einige Jahre später zur zentralen Ader des aufgeschnuckelten Pariser Ostens werden.

Auch wenn Nord-Süd-Achsen und Ost-West-Radialen schließlich doch nicht realisiert wurden, kam im Rahmen einer autogemäßen Zurichtung der Stadtlandschaft ein anderes großes Werk zustande: Auf dem einstigen Gelände der »zone non aedificandi«, wo einmal als Bindeglied zwischen Paris und Banlieue an großzügige Parkanlagen gedacht war, entstand die Ringautobahn Boulevard Périphérique. Wenn der Pariser Volksmund mit seiner Neigung, alles griffig abzukürzen, früher von den »fortifs« sprach, ist an deren Stelle inzwischen der »périph« getreten: ein vierzig Meter breiter Asphaltgürtel von fünfunddreißig Kilometer Länge, mit einem Aufkommen von 1,2 Millionen Fahrzeugen pro Tag.

Ein in mancher Hinsicht vergleichbares Projekt war schon einmal während der Vichy-Zeit vom Generalinspekteur für Städtebau auf den Tisch gebracht worden, mit einer bemerkenswerten Begründung: »Es ist wichtig, um jeden Preis zu verhindern, dass Paris in eine Banlieue ›zerfließt‹, die die Stadt erneut für ein Jahrhundert lähmen würde. Paris, der große Salon Europas, bedarf der Pflege, der Opfer und besonderer Aufmerksamkeit und muss auf elegante und präzise Weise definiert werden, damit die Ausländer, die in die Ile-de-France kommen, sagen können: Dies ist Paris! Ohne es mit Levallois, Aubervilliers, Pantin, Vitry oder Malakoff zu verwechseln. Die dem Boulevard Périphérique zugedachte Rolle wird es sein, das Pariser Territorium mit schönen Linien von Pappeln, Ulmen und Platanen zu umgürten.« Auch wenn hier eher an einen begrünten Boulevard gedacht wurde, sollte diese Ringstraße ein Element der Abgrenzung sein, nicht der Verbindung.

Das erste Teilstück des »périph« wurde im April 1960 eröffnet, der ganze fünfunddreißig Kilometer-Ring dann 1973 von Premierminister Pierre Messmer eingeweiht. Er feierte ihn in seiner Rede als Beweis für französische Technikkompetenz und nannte ihn ein großes Werk, das gut integriert sei in die Pariser Landschaft. Auf jeden Fall bedeutet dieser Kranz aus Asphalt und unaufhörlich rollendem Blech eine Vertiefung der Trennung von drinnen und draußen. Der Architekturhistoriker Jean-Louis Cohen sieht denn auch im neuen Autobahnring einen Nachfolger der alten Befestigungsanlagen: »Mit der Fertigstellung des Périphérique wurde der 1841 vollzogene Einschnitt in die Morphologie verstärkt.« Als sollte in Beton gegossen werden, dass nichts zusammenwachsen durfte, was nicht zusammengehörte.

LA DÉFENSE

Ein Stück Banlieue wurde allerdings hereingeholt in die Metropole und wurde so etwas wie eine Pariser Protuberanz: das Businessquartier La Défense, das sich auf dem Gebiet der drei Gemeinden Puteaux, Courbevoie und Nanterre ausbreitet.

Der Name La Défense stammt von einem 1878 aufgestellten Denkmal, das an die heldenhafte Verteidigung von Paris im Krieg von 1870/71 erinnern sollte. Es stand in der Mitte des Rond Point de La Défense, eines runden Platzes auf der Butte de Chantecoq, einer Anhöhe über der Seine.

Er bildete den vorläufigen Endpunkt der »voie triomphale«, jener herrschaftlichen Achse, die vom Louvre über die Place de la Concorde und die Champs-Elysées schnurgerade nach Nordwesten führt. Immer wieder gab es Pläne zur weiteren Gestaltung der Triumphstraße.

1931 wurde ein Wettbewerb für die Fortsetzung der Achse und einen möglichst monumentalen Abschluss ausgeschrieben. Der Gewinner – er hieß Bigot – sah einen von weither sichtbaren geflügelten Siegesengel vor. Der Rond Point de la Défense wäre dann umbenannt worden in Rond Point de la Victoire. Das Projekt wurde dann aber nicht verwirklicht, und während des Krieges passierte nichts. 1954 bekam der Verband der Werkzeugmaschinen-Hersteller die Genehmigung für den Bau der Ausstellungshalle CNIT (Centre national des industries et des techniques). Zu dieser Zeit war die Anhöhe von erbärmlichen Barackensiedlungen umgeben, aus denen dann diese große weiße Betonmuschel hervorragte. Bald gesellte sich der Firmensitz von Esso hinzu, aber dabei blieb es erst einmal.

Gleich mit Beginn der Fünften Republik wurde der Sektor staatlicherseits ins Visier genommen. Ein Businessquartier nach US-amerikanischem

Vorbild sollte dort entstehen, als Entlastung des Geschäftsviertels um die Oper und die Champs-Elysées, wo in umgenutzten alten Wohnhäusern der Haussmann-Zeit Büros großer Firmen untergebracht waren. Das waren gute Adressen, aber es herrschte Platzmangel. Außerdem konnte ein Hochhausdistrikt in La Défense als Demonstration einer Modernität gelten, wie sie dem Geist dieser neuen Zeit entsprach.

Der staatliche Beschluss, ex nihilo diese Wolkenkratzerstadt zu bauen, wurde in der Öffentlichkeit nicht weiter zur Debatte gestellt, und er wurde auch nicht weiter mit lokalen Volksvertretern diskutiert. Der Staat reservierte sich das fünf Kilometer außerhalb von Paris gelegene 750 Hektar große Terrain und schuf 1958 für seine Herrichtung ein Instrument namens EPAD, Etablissement public d'aménagement du quartier de La Défense.

Erstmal wurde Tabula rasa gemacht, mit dem Abriss von mehreren Hundert Gebäuden und der Umsiedlung der kleinen Unternehmen sowie von 25 000 Bewohnern. Die betroffenen Gemeinden hatten auch in der Folge nicht viel zu melden. Geschaffen wurde ein Sonderterritorium mit Sonderrechten.

Die EPAD stand unter Kontrolle der Regierung, war aber rechtlich und finanziell eine autonome Institution. Sie musste das nötige Kapital zur Finanzierung der Infrastruktur selbst durch Kreditaufnahme oder eigene Einnahmen auftreiben. Ihre Haupteinkünfte stammten aus dem Verkauf von Baugenehmigungen an Unternehmen und Promoter. Der Staat wiederum versorgte das Quartier mit Verkehrsanbindungen, dem Ringboulevard und einer RER-Schnellbahnstrecke, die La Défense in zehn Minuten mit der Station Etoile verband. In noch größerem Stil als bei der Pariser »Front de Seine« oder dem Olympiades-Quartier wurde die Technik der »dalle« eingesetzt, der aufgeständerten Betonplatte zur Trennung der Ebenen für den Verkehr und für die Fußgänger.

Als erstes Unternehmen verlegte die Staatsfirma Elf-Aquitaine ihre Verwaltung in einen Turm unweit des bis dahin einsam herumstehenden CNIT. Nach einigem Zögern folgten andere nach. Und bald wurde es ein Must, dort zu sein. Ob General Motors, IBM, Bayer, Hoechst, Unilever, Nestlé, EDF oder Saint-Gobain: alle drängte es nach La Défense, ganz so, als gäbe es auch bei nationalen und multinationalen Konzernen eine Art Herdentrieb.

Es war versucht worden, den Türmen eine einheitliche Form und gleiche Höhe – hundert Meter – vorzuschreiben, um ein homogenes Aussehen dieses modernen Pariser Appendix sicherzustellen. Die erste Generation von Türmen, die beiderseits der breiten Esplanade emporwuchsen, folgte denn auch diesem Modell. Aber Höhenbegrenzung und formale Vorschriften ließen sich nicht lange durchhalten. Sie widersprachen den Selbstdarstellungsbestrebungen privater Unternehmen. Erste Verstöße wurden widerstrebend toleriert, aber bald gab es kein Halten mehr, die Türme erreichten zweihundert Meter und mehr.

Schon in der Anfangszeit von La Défense war die neue Skyline für manche ein Schock. Dass sie von der Place de la Concorde aus zu sehen war, wurde als Verschandelung der Herrschaftsachse empfunden. Scheußlich fand sie der damalige Finanzminister Valéry Giscard d'Estaing und schlug vor, die Türme zu verkürzen, worüber Georges Pompidou nur lachen konnte. »Der Triumphbogen muss sich vor einem Wald aus Türmen abheben«, war sein Kommentar. Er hatte eben andere Vorstellungen von Schönheit.

Der La-Défense-Betrieb, der sich im Lauf der 1970er-Jahre voll zu entfalten begann, konnte einem Fritz Langs Klassiker *Metropolis* in den Sinn kommen lassen. Jeden Morgen spuckte die RER-Station Zigtausende von Angestellten aus, die sich über die große Betonplatte auf die einzelnen Türme verteilten. In der Mittagspause kamen sie wieder hervor und schwärmten in Kantinen, Snack-Bars und Restaurants aus, und abends strömten sie zurück in die unterirdischen Bahnhöfe und Garagen. Dann herrschte gespenstische Ruhe bis zum nächsten Morgen. Belebung entstand später durch Wohnkomplexe, Einkaufszentren und kulturelle Animation. Das urbane Projekt erlebte einige Krisen, entwickelte sich aber stetig weiter. Einige der älteren Türme wurden demontiert und durch Gebäude ersetzt, die nicht nur mehr als doppelt so hoch waren, sondern auch eigenwilliger in ihrer Gestalt. Immer exzentrischer wurden die einzelnen Gipfel des planlos-disparaten Turmgebirges. Was wirklich noch fehlte, war der perspektivische Abschluss des Businessquartiers. Pompidou sagte, er könne sich »für La Défense gut eine sehr hohe, längliche Skulptur vorstellen oder eine immense Wasserfontäne, die man von den Tuilerien aus durch den Bogen des Arc de Triomphe sehen würde«.

Es gab dann aber keine Fontäne wie in Genf, sondern als neues architektonisches Signal die »Grande Arche«, eines von François Mitterrands »großen Projekten«, eröffnet 1989 zur 200-Jahr-Feier der Französischen Revolution.

EXKURSION 8: DAS MODERNISIERTE 13. ARRONDISSEMENT

Route: Avenue d'Ivry – Les Olympiades – Avenue de Choisy – Rue Nationale – Passage Bourgoin – Rue de Tolbiac – Station Olympiades

Distanz: 3 km
Gehzeit: 1 h
Ausgangspunkt: Métro Porte d'Ivry
Endpunkt: Métro Olympiades

Das rote Backsteingebäude an der Ecke zur **Avenue d'Ivry** ist der letzte Rest der Panhard-Autofabrik. Jetzt hat dort eine Gruppe von Architekten und Stadtplanern ihre Büros. Panhard war 1872 als Maschinenbaufirma gegründet worden und begann 1891 als Panhard et Levassor mit der Automobilherstellung. Nach und nach breiteten sich die Fabrikanlagen aus und besetzten ein weites Gebiet, das von der Rue Nationale bis zur Rue Gandon reichte. 1967 wurde die Fabrik geschlossen, kurz zuvor war die Firma vom Citroën-Konzern geschluckt worden. Das Ende von Panhard bedeutete auch die Abwanderung von 6000 Arbeitern aus dem 13. Arrondissement, das damals ein Stadtteil voller Fabriken und Handwerksbetriebe war. In der Avenue Choisy stand zum Beispiel die bekannte Schokoladenfabrik Menier und beglückte das Quartier mit dem Duft von Kakao.

Das Leitschema für die Pariser Region, das 1965 die offiziellen Entwicklungskriterien festlegte, sorgte durch finanzielle Vergünstigungen dafür, dass die in Paris verbliebene Industrie die Stadt verließ. Die Wohnviertel der Arbeiterbevölkerung wurden zu großen Teilen als »îlots insalubres« definiert, als ungesund und abrisswürdig. Die frei gewordenen Flächen ermöglichten städtebauliche Initiativen großen Ausmaßes.

Das Ergebnis ist überwältigend: Massiv ragen an der Avenue d'Ivry gleichförmig-monotone Türme in den Himmel, alle mit etwa dreißig Etagen, alle der Fantasie eines Architekten namens Michel Holley entsprungen. Der leitete das »Atelier der städtischen Erneuerung Italie 13« und wollte sein Werk durchaus nicht als brutalen Bruch mit der Vergangenheit verstanden wissen. Vielmehr sah er sich in der Kontinuität einer Pariser Tradition: Die Häuser des Marais wie auch die Gebäude der Haussmann-Boulevards seien schließlich ebenfalls dem Prinzip der einheitlichen Höhe ge-

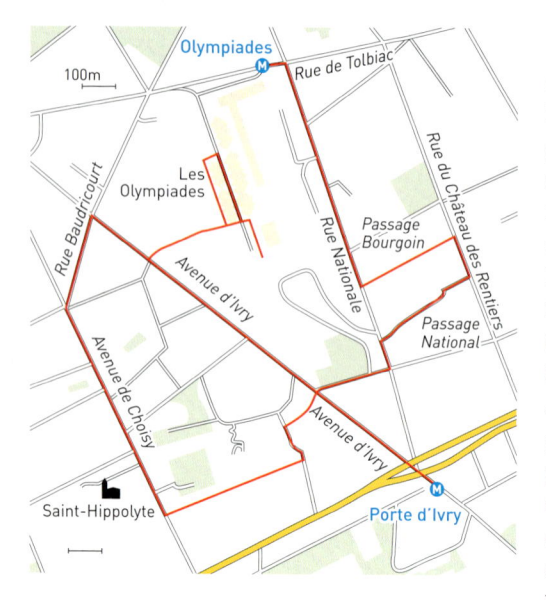

Etwas weiter die Straße entlang haben fliegende Händler auf dem Trottoir grüne Kräuter und fremdartiges Gemüse ausgebreitet. Bei der Nummer 44 führt rechts eine Rolltreppe ins Innere eines chinesischen Einkaufszentrums namens Oslo, mit Läden für Schmuck, Uhren, Audio-Video, Küchengerätschaften, im Vergleich zu aktuellen Shopping-Paradiesen ist es relativ eng und niedrig. Was hat es mit Oslo zu tun? Dort fanden 1952 die Olympischen Winterspiele statt. Dieser ganze Sektor zur Rechten folgt. Die Gedankenwelt mancher Künstler ist dem Laien nicht immer zugänglich…

Geht man die Avenue d'Ivry hinauf, stellt sich ein bizarrer Kontrast her zwischen den öden Wolkenkratzern und dem exotischen Betrieb auf der Straße, den asiatischen Passanten, den chinesischen Schriftzeichen über den Ladenlokalen. Unbedingt empfiehlt sich eine Stippvisite bei Tang Frères: Der große Hinterhof-Supermarkt mit der Hausnummer 48 ist stark besucht, unter Girlanden von Lampions werden Reissäcke geschleppt, es gibt Sojasauce kanisterweise, Tofu in allen Varianten, streng riechende Durian-Früchte… das höchst erfolgreiche Unternehmen der aus Laos stammenden Brüder Rattanavan ist ein Magnet für Liebhaber fernöstlicher Viktualien.

der Avenue d'Ivry heißt **Les Olympiades.** Entsprechend sind die diversen Riegel und Türme nach Austragungsorten der Olympischen Spiele benannt, sie heißen Sapporo, Mexico, Athènes, Helsinki, Cortina, Tokyo, Rome, Grenoble, Anvers, Londres, Squaw Valley. Es handelt sich hier um eine zusammenhängende Immobilien-Operation im Rahmen der Erneuerung des Sektors Italie. 3400 Wohnungen entstanden in diesem »Olympia-Dorf«, das Michel Holley einer horizontalen Zonenaufteilung unterwarf.

Gehen wir aus dem Oslo-Zentrum nach links hinaus auf die Fußgängerebene, dann wieder rechts über eine kurze Treppe auf eine noch etwas höher gelegene Terrasse. Die Betonoberfläche ist fleckig und voller Fissuren. Das Ambiente hat etwas Melancholisches, der

Saint-Hippolyte vor dem Puccini-Turm.

Exotische Tupfer in der Betonwüste.

Les Olympiades – neue Heimat der Boat-People.

schlecht gealterte Beton scheint die Vergänglichkeit großer Gesten zu demonstrieren.

Von hier aus fällt zur einen Seite der Blick auf den gesamten Olympiades-Komplex, bis hin zur bräunlich gläsernen Tolbiac-Universität. Zur anderen Seite hin wird der schäbige Unterbau sichtbar – zugemüllte Ecken und Reste der Gleisanlagen des alten Güterbahnhofs Gare des Gobelins, von dem aus einst die Panhard-Autofabrik versorgt wurde.

Die »Operation Olympiades« wurde von privaten Investoren und Promotern getragen. Ursprünglich waren die Wohnungen für mittlere und höhere Angestellte, vor allem junge aufstrebende Paare gedacht, die sich vom Sport-Image der Olympischen Spiele und dem modernen Appeal der Anlage anziehen lassen würden. Aber es klappte gar nicht gut mit der Kommerzialisierung. Das Zielpublikum war nicht auf der Höhe der Zeit und verschmähte diese Art von Modernität. Stattdessen kamen ab 1979 die Boat-People, Flüchtlinge meist chinesischer Herkunft aus Vietnam, Laos und Kambodscha. Sie stellten keine ästhetischen Ansprüche und waren froh, dass sie hier eine Bleibe fanden.

Steigen wir die Treppen hinunter auf die zentrale Fußgängerebene, genannt »Parvis des Olympiades«, über die Laden-Pavillons mit geschwungenen Betondächern verteilt sind. Dass sie an Pagoden erinnern, ist reiner Zufall. Aber es passt gut, dass einige jetzt chinesische Restaurants beherbergen.

Nach links geht es über eine Rolltreppe wieder zurück auf die Avenue d'Ivry. Dort, gleich zur Rechten bei der Hausnummer 32, führt eine Straße in die Unterwelt. Sie heißt Rue du Disque, Diskus-Straße, was wiederum auf die Olympischen Spiele verweist. Zusammen mit der Rue du Javelot, der Straße des Speerwerfers, bildet sie ein weitläufiges Wegesystem unter der immensen Betonplatte. Es wird für Lieferungen und zur Müllentsorgung benutzt, gemäß den Prinzipien der vertikalen Funktionsaufteilung, wie sie Holley als Anhänger der Charta von Athen befolgte. Wer ein paar Schritte in den Tunnel der Rue du Disque hineingeht, stößt erstaunlicherweise auf einen Buddha-Tempel. Weiter muss man vielleicht nicht hineingehen, der Charme hält sich in Grenzen.

Unser Weg folgt nun der **Rue Baudricourt,** die links von der Avenue d'Ivry abzweigt. Die rechte Straßenseite ist vom Kahlschlag verschont geblieben. Einige authentische vietnamesische Suppenküchen wie Saigon Moi oder My Canh verbergen sich in den bescheidenen Altbauten.

Wir erreichen die **Avenue de Choisy.** Nach rechts hin liegt eine weitere Landschaft aus Türmen, die hier nach italienischen Städten, Regionen und Komponisten benannt sind. Was sie mit Ravenna, Bergamo, Rimini oder Puccini zu tun haben sollen, bleibt ein Rätsel.

Eine übrig gebliebene Kirche wirkt lächerlich klein zwischen Verdi und Palatino: Saint-Hippolyte war 1924 von der Familie Panhard auf dem damaligen Terrain der Firma errichtet worden. Früher waren hier Arbeiterpriester mit der

Mission beauftragt, die vom Glauben abgefallenen Proletarier für die frohe Botschaft zurückzugewinnen. Die Kundschaft hat gewechselt, auch Saint-Hippolyte widmet sich inzwischen der asiatischen Bevölkerung. Gleich nebenan wurde als Ableger Notre-Dame-de-Chine eröffnet. Auch die Avenue de Choisy ist reich an asiatischen Restaurants und Lebensmittelgeschäften. Obendrein sitzen auf dem Bürgersteig Kleinstunternehmerinnen, die Grünkraut oder Selbstgebackenes feilbieten.

Nachdem sie sich mehrere Jahre lang ein wenig abgekapselt hat, bemüht sich die Chinatown-Bevölkerung inzwischen darum, ihren Integrationswillen zu demonstrieren. Zu einem alljährlichen Pariser Event hat sich der Umzug zum chinesischen Neujahrsfest entwickelt, mit Feuerwerkskrachern, Trommeln, Perkussionsinstrumenten und dem obligatorischen Drachen; das alles vor der Kulisse dieser gebauten Zumutungen, die dadurch zum Theaterdekor wird.

Gegenüber der Kirche Saint-Hippolyte steht der Turm Puccini, an dem geht es rechts vorbei, über die Place de Vénétie und durch das Einkaufszentrum Masséna. Gleich am Eingang befindet sich das beliebte Restaurant Chine Masséna, wo chinesische Familien ihre großen Feste feiern. Beim Durchwandern der Shopping-Mall wird deutlich, dass in den Türmen keineswegs nur Asiaten leben, sondern Menschen jeglicher Herkunft. Machen wir beim Ausgang an der anderen Seite einen Schlenker nach links und gleich wieder nach rechts über die Avenue d'Ivry in die Rue Regnault bis zur **Rue Nationale,** dort nach rechts und gleich darauf in die Passage National. Die gibt einen Eindruck von den Arbeiterbehausungen, die den Stadtteil vor der großen Tabula-rasa-Aktion charakterisierten.

Die bescheidenen Häuschen sind von ihren längst nicht mehr proletarischen Bewohnern geschmackvoll aufgebessert worden. Die Passage stößt auf die **Rue du Château des Rentiers,** die geht es nach links hinauf bis zum Boru's Café, vor dem die **Passage Bourgoin** abzweigt, auch dies eine idyllische schmale Gasse aus vormodernen Zeiten, über die sich sogar Weinlaub rankt. Sie bringt uns zurück zur Rue Nationale, in die wir nach rechts einbiegen. Es geht vorbei an HLM-Blocks aus rotem Backstein, an deren Mauern sich Street-Art-Künstler versucht haben, bis zur **Rue de Tolbiac.** Gleich vor der abgerundeten Glasfassade der Médiathèque Jean-Pierre Melville befindet sich die **Station Olympiades** der vollautomatischen und fahrerlosen Metrolinie 14, die als Modell für die Züge des künftigen »Grand Paris Express« dient.

NEUE STÄDTE
AUS DER RETORTE

Es wird berichtet, Präsident Charles de Gaulle habe zu Beginn der 1960er-Jahre mit Paul Delouvrier, einem seiner engsten Mitarbeiter, einen Hubschrauberflug über die Banlieue unternommen. Und dem General missfiel, was er da sah: Diese ZUPs, Pavillonzonen, Dorfkerne, Fabriken, alles ungeordnet, zusammenhanglos, wie ein regellos sich ausbreitender Tintenfleck – ein Bild von chaotischem Wachstum. »Delouvrier, bringen Sie Ordnung in diesen Sauhaufen!«, soll der General gesagt haben.

Delouvrier war ein zuverlässiger gaullistischer Staatsdiener, ein effizienter, zupackender Technokrat. Sie nannten ihn nicht zufällig den »Haussmann der Banlieue«. Auch in physischer Hinsicht ähnelte er dem Baron, er war ein großer, wuchtiger Mann. Und nun machte er sich mit Entschlossenheit an die Arbeit.

Aufgegeben wurde die Sichtweise, nach der eine Reduzierung der Hauptstadtregion anzustreben sei, wie sie im Gefolge von Jean-François Graviers Buch *Paris et le désert français* zum Dogma geworden war. Es ging nun nicht mehr darum, die wirtschaftliche Dynamik des Ballungsgebiets zu bremsen, ihr Wachstum wurde vielmehr ausdrücklich bejaht, sollte aber kontrolliert und kanalisiert werden, um die anarchische Zersiedlung der Banlieue zu beenden. Dafür wurde eine neue Institution, der »District de la région parisienne« gegründet. Er war so etwas wie der starke Arm des Staates in der Pariser Region, mit Paul Delouvrier als Generaldelegiertem der Regierung als Chef. Die gewählten Volksvertreter der Agglomeration protestierten gegen diese Neuerung, was nicht verwundert, denn der mit weitgehenden Vollmachten ausgestattete District machte den bestehenden Institutionen Konkurrenz. So hatte er die Möglichkeit, Kompetenzen der Gemeinden souverän zu ignorieren.

Ein entscheidender und folgenreicher Schritt des Generaldelegierten war die Reorganisation der Pariser Region: Beschlossen wurde 1964 die Zerschlagung der potenziell »aufsässigen« Départements Seine und Seine-et-Oise, wo Sozialisten und Kommunisten zu viel Einfluss hatten. Paris behielt als nunmehr eigenständige Einheit die Nummer 75. Das übrige Gebiet wurde in sechs neue Départements aufgeteilt, was die »banlieue rouge« fraktionierte und schwächte. Zu den Neuschöpfungen gehörte das Département Seine-Saint-Denis, wo sich das Gros der kommunistischen Wähler konzentrierte. Aber das wurde in Kauf genommen. Hauptsache, es gab nun keine linkslastige Gebietskörperschaft mehr, die die Hauptstadt komplett umschloss und sie mit einbezog, wie das beim Seine-Département der Fall war. Aus dem Weg geräumt wurden dadurch alle demokratischen Grand-Paris-Aspirationen. Die Abkapselung der Hauptstadt war quasi das administrative Pendant zum Bau des Boulevard Périphérique.

Diese politische »haute couture« erfüllte ihren Zweck. Das Département Paris selbst und das neue Département Hauts-de-Seine mit seinen vielen wohlhabenden Gemeinden wurden dadurch vor politisch missliebigen Elementen geschützt. Der District, dieses neue maßgeschneiderte Instrument, hatte die Hände frei: Die legitime, weil gewählte Gegenmacht in Gestalt des Seine-Generalrats war ausgehebelt. Es konnte nun großräumig geplant werden, aber in autoritärer Manier.

DIE »VILLES NOUVELLES«

Eine Equipe aus Technokraten, Urbanisten und Geografen unter Leitung von Delouvrier erarbeiteten das »Schéma directeur«, den Leitplan für die Hauptstadt und ihre Umgebung, der 1965 vorgestellt wurde. Die Entwicklung der Pariser Region sollte nunmehr rational vorausgeplant, der chaotischen Ausdehnung der Banlieue und der Überlastung durch Massen von Pendlern entgegengewirkt werden. Delouvrier und seine Leute stützten sich infragen des Bevölkerungswachstums auf statistische Erhebungen. Sie verlängerten die Entwicklungskurven der 1950er-Jahre in die Zukunft und kamen zu dem Schluss, dass im Jahr 2000 die Bevölkerung mindestens 14 Millionen betragen und die Kaufkraft sich bis dahin verfünffacht haben würde. Es wurde die Idee entwickelt, acht neue Großstädte zu schaffen, die den erwarteten Zuwachs absorbieren könnten, Städte für 400 000 bis 500 000 Einwohner, relativ weit draußen, außerhalb der dicht besiedelten Zonen.

Diese »Villes nouvelles« sollten mit der Praxis der »Grands ensembles« brechen und funktionierende Städte werden. Zum Aspekt »Stadt« gehörte vor allem das Vorhandensein städtischer Aktivitäten, die Ansiedlung von Firmen, ein ausreichendes Angebot von Arbeitsplätzen, wodurch die täglichen Migrationsströme ins Zentrum Paris gedrosselt, die mehrstündigen Anfahrten in überfüllten Vorortzügen oder auf verstopften Straßen vermieden würden. Dazu gehörte weiterhin die Ausstattung mit administrativen, kommerziellen und kulturellen Einrichtungen, die diese neuartigen Städte zu vollwertigen urbanen Polen und damit zu Entlastungszentren für die Hauptstadt werden ließen. Der Staat schuf zur Realisierung des ehrgeizigen Projekts für die Herrichtung jeder einzelner »Ville nouvelle« eine öffentliche Institution, ein »Etablissement public d'aménagement« oder EPA, so wie zuvor schon für La Défense. Dabei wurden auch hier die gewählten Repräsentanten der betroffenen Gemeinden komplett außen vor gelassen.

Bezeichnend, was die künftigen Arbeitsplätze betraf, war die Zurückdrängung der traditionellen Industrie zugunsten des tertiären Sektors. Die »Villes nouvelles« sollten zu dynamischen Polen der Modernisierung werden, eine aktive Rolle spielen bei der Transformation der Stadtregion zu einem geballten postindustriellen Solarsystem – Paris als Königin in der Mitte, die erwachsenen »Ville nouvelles«-Töchter drumherum, im Abstand von 25 bis 30 Kilometern –, allerdings nicht ringförmig um das alte Zentrum herum angeordnet, sondern auf zwei Ost-West-Achsen, parallel zum Seinetal, die das künftige Wachstum kanalisieren sollten. Die Struktur dieser Satelliten orientierte sich nicht am traditionellen Bild der kompakten, abgeschlossenen Stadt. Sie sollten zwar städtische Funktionen erfüllen, aber in einer neuartigen Form: Sie waren konzipiert als großflächige Leitzonen, die sich über ein weites Territorium ausbreiten, mit auseinanderliegenden, von Landschaftselementen unterbrochenen einzelnen Wohngebieten und jeweils einem urbanen Kernbereich, in dem sämtliche Serviceeinrichtungen zusammengefasst sind. Die neue Stadt Cergy-Pontoise etwa sollte auf dem Gebiet von fünfzehn existierenden Gemeinden entstehen.

Nachdem die ursprünglich vorgesehene Zahl von acht neuen Städten auf fünf reduziert worden war, wurde 1969 mit den Bauarbeiten begonnen, und allmählich wuchsen Cergy-Pontoise, Evry, Saint-Quentin-en-Yvelines, Marne-la-Vallée und Melun-Sénart aus dem Boden der Ile-de-France.

Freilich war das »Schéma directeur« in einer Phase des wirtschaftlichen Booms entstanden, ihm lag die Vorstellung zügigen ökonomischen und demografischen Wachstums zugrunde. Die in den 1970er-Jahren ausbrechende Krise war nicht einkalkuliert, die großzügigen Prognosen erwiesen sich als verfehlt, der prophezeite Bevölkerungszuwachs blieb aus, und die erhoffte Ansiedlung von Unternehmen vollzog sich nur sehr zögernd. Bald geriet die Bautätigkeit ins Stocken, öffentliche Mittel wurden zusammengestrichen, und jahrelang boten die »Villes nouvelles« das höchst unattraktive Bild von halb aufgegebenen Riesenbaustellen – Potemkinsche Dörfer als Ergebnis gaullistischer Gigantomanie. 1977 steckte ein neuer städtebaulicher Leitplan die Zielwerte deutlich zurück: Für das Jahr 2000 wurden für die Pariser Region offiziell statt 14 Millionen nur noch 10 Millionen Einwohner angenommen, und die angestrebte Einwohnerzahl der »Villes nouvelles« wurde um die Hälfte auf nunmehr 200 000 reduziert.

Es sind seltsame »Städte« geworden. Gewiss, sie wurden in das gleichzeitig entstehende RER-Vorortbahnnetz einbezogen, aber ohne Auto wäre der »Ville nouvelle«-Bewohner verraten und verkauft. Die Wohnquartiers, sogenannte Nachbarschaften, sind über weite Flächen verstreut. 16 000 Hektar umfasst etwa das Gebiet von Marne-la-Vallée und ist damit anderthalbmal so groß wie Paris »intra muros«. Die verschiedenen Quartiers, Arbeits-, Einkaufs- und Wohnzonen, liegen wie Inseln in grünen Landschaftsresten, die Verbindung wird von breiten Schnellstraßen hergestellt. Der zentrale Bezugspunkt der Siedlungszonen, der City-Bereich, ist zwar in fast allen Fällen mit einer Bahnstation versehen, vor allem aber mit einem riesigen Einkaufszentrum und weitläufigen Parkhäusern.

Auch wenn sie von Städten nur den Namen haben, konnten die »Villes nouvelles« sich mittlerweile einigermaßen konsolidieren, allerdings ungleichmäßig und mit großer Verspätung. In manchen Fällen hat sich auch hier über die Jahre der bauliche Zustand arg verschlechtert, und einige Quartiers blieben nicht verschont von sozialen Spannungen und anderen weitverbreiteten Banlieue-Problemen.

DIE ENTDECKUNG DER LEBENSQUALITÄT

Während der langen Phase, in der die »Villes nouvelles« Gestalt annahmen, vollzog sich auf der Ebene der Entscheider eine generelle Umorientierung infragen des Städtebaus. Noch gegen Ende der Pompidou-Ära, im Jahr 1973, untersagte Wohnungsbauminister Olivier Guichard die Errichtung weiterer »Grands ensembles«. Schluss müsse gemacht werden mit der funktionalistischen Uniformität. Auch gelte es, die durch den Wohnort bedingte Segregation zu bekämpfen. Verdammt wurde, was man eben noch in höchsten Tönen bejubelt hatte. Ein Jahr später trat Giscard d'Estaing seine Amtszeit als Staatspräsident an. Er verfügte das Ende der Türme und forderte einen Urbanismus, der die Lebensqualität stärker berücksichtigte. Von einer notwendigen Humanisierung der gebauten Umwelt war die Rede. Die Forderungen, die da erhoben wurden, wirkten seltsam »progressiv«. Und es handelte sich dabei nicht bloß um Giscards Privatgeschmack. Die Infragestellung der bisherigen städtebaulichen Orientierungen gehörte nunmehr zu den offiziellen Positionen der politischen Führungsschicht.

Wie erklärt sich diese Kehrtwendung? Sie dürfte damit zu tun haben, dass den Vertretern der politischen Klasse nur ein paar Jahre zuvor einmal mehr der kalte Wind der Revolte entgegengeschlagen war. Das Entsetzen über den Schock des Mai 68 war noch frisch. Es waren in Paris wieder Barrikaden errichtet worden! Zwar nicht in den alten Arbeitervierteln, sondern im Quartier Latin, aber die Proteste und Aktionen gingen ja weit über die Studentenbewegung hinaus. Sie griffen auf die Betriebe über, die Arbeiter machten mit. Elf Millionen Menschen beteiligten sich am großen Generalstreik. Nicht nur Fabriken wurden bestreikt, in den Häfen rührte sich kein Kran, es streikten Landarbeiter, Lehrer, Zöllner, ja sogar die Totengräber. Die Eisenbahn fuhr nicht, Busse blieben in den Depots, die Tankstellen waren geschlossen. Es war der größte Streik in der französischen Geschichte und eine traumatische Erfahrung schlimmster Art. Deutlich war geworden, wie leicht ein solcher Aufstand den Staat lahmzulegen vermochte: »Mai 68 war die Enthüllung eines verstörenden Geheimnisses: Die Ordnung unserer Gesellschaften und unserer Staaten, eine Ordnung, die anscheinend abgesichert war durch die Vielfalt staatlicher Apparate zur Verwaltung der Bevölkerungen und durch die Verflechtung der individuellen Existenzen in die globale Logik der kapitalistischen Ökonomie, konnte in wenigen Wochen zusammenbrechen.« So weit der linke Philosoph Jacques Rancière.

Bofills neuer Klassizismus.

Die Mai-Revolte entzündete sich am Widerspruch zwischen technischer Modernität und sozialen Archaismen. Sie war unter anderem eine Reaktion auf einen diktatorischen Modernisierungsschub. Der Stadthistoriker Louis Chevalier meint, der Aufstand von 1968 hätte auch etwas mit den neuen urbanistischen Entwicklungen zu tun gehabt. Er weist auf die brutale Verhässlichung von Paris und der Pariser Region hin und erwähnt die Universität Nanterre, die nicht zufällig ein Herd der Unruhen gewesen sei. »Es ist schwierig, in der Revolte der jungen Leute nicht auch die Weigerung zu sehen, in diesem neuen städtischen Milieu zu leben, in dieser ›nanterrisierten‹ Stadt, die [...] ein Resümee von all dem darstellt, was ihnen zuwider ist.«

Ein kultureller Vorbote war Jean-Luc Godards Film *Zwei oder drei Dinge, die ich von ihr weiß* aus dem Jahr 1967. Gedreht worden war er im Inneren einer Großsiedlung der Pariser Banlieue, der berüchtigten »Cité des 4000« in La Courneuve. Die war zwar zu dieser Zeit noch einigermaßen gut in Schuss, aber Godard interpretierte sie als enthumanisierende Unterbringungsform und Ausdruck von Klassenpolitik.

Noch etwas anderes kam hinzu: Die 1970er-Jahre erlebten das Ende der »Trente Glorieuses«, der dreißig fetten Jahre. Der Wirtschaftswissenschaftler Jean Fourastié hatte diesen Begriff in Anspielung auf die »Trois Glorieuses« geprägt, die drei glorreichen Tage der Julirevolution von 1830. Gemeint war damit die lange – nach dem Zweiten Weltkrieg einsetzende – Wachstumsphase, die mit der sogenannten Ölkrise zu Ende ging. »Ganze Teile der industriellen Aktivität werden in den kommenden Monaten und Jahren wegbrechen«, schrieb warnend der regierungsnahe Ökonom Michel Albert. Und: »Wir werden ab 1975 einer beispiellosen Umstellung des Industriesektors beiwohnen.« Für die Arbeitnehmer sei damit ein erhöhtes Risiko des Arbeitsplatzverlustes verbunden, der Zwang zum Wohnortswechsel, eine Verringerung der Einkünfte. Es werde schwierig sein, jungen Franzosen unter diesen Umständen die Disziplin des industriellen Lebens abzuverlangen. So müsse man wenigstens dafür sorgen, dass sie nicht obendrein wachsenden Frustrationen in ihrer Lebensumgebung ausgesetzt seien. Das Ministerium für öffentliche Einrichtungen erkannte ebenfalls, worauf es nun ankam: Man müsse »die Stadt angenehmer gestalten, in einer Weise, die besser an ihre Bewohner angepasst ist«.

Mehr Lebensqualität im urbanen Umfeld sollte als Kompensation für die Entbehrungen dienen, denen die Lohnabhängigen nun ausgesetzt sein würden. Sie sollte die sozialen Spannungen mildern, die angesichts der soeben ausgebrochenen Krise zu befürchten waren. Auch für Giscard gab es keinen Zweifel: »Nur der Urbanismus kann eine Lösung für die Übel finden, unter denen unsere Epoche leidet.«

Die »Villes nouvelles«, die bereits in den 1960er-Jahren lanciert worden waren und noch lange im Zustand eines »work in progress« blieben, sollten in ihrer Gestaltung den neuen Überlegungen Rechnung tragen und vorherige Fehler vermeiden. Staatspräsident Giscard d'Estaing: »Man muss in den ›Villes nouvelles‹ mit den neuesten Techniken die psychologische und kulturelle Umgebung traditioneller Städte schaffen.« Das war vielleicht etwas viel verlangt, die »Villes nouvelles« blieben uneinheitliche Flickenteppiche aus verschiedenartigen Elementen und hatten mit traditionellen Städten wenig gemein. Allerdings traf es sich, dass im Laufe ihrer Entstehungsphase neue Orientierungen in der Architektur aufkamen. Die Postmoderne brach aus und drückte manchen Zonen der »neuen Städte« ihren Stempel auf. Sie brachte eine eklektische Formenvielfalt hervor, die den Willen erkennen ließ, auf jeden Fall die funktionalistische HLM-Tristesse zu vermeiden. Auch da, wo es sich um Sozialwohnungen handelte, lieferte sie eine Art Instant-Urbanität aus der Retorte. Vielleicht reichte das schon für ein angenehmeres Stadt-Feeling?

Zu den spektakulärsten Innovatoren zählte der Katalane Ricardo Bofill, den Giscard d'Estaing besonders schätzte. In Saint-Quentin-en-Yvelines errichtete er mit den »Arcades du Lac« eine Art Versailles für mittlere Angestellte, und sein »Palacio d'Abraxas« in Marne-la-Vallée, ein rot- und ockerfarbener Komplex mit 600 Wohnungen, hatte etwas von einer Filmkulisse, die an Piranesis Fantasien erinnerte. Tatsächlich wurde der Palast schon mehrfach als Filmdekor benutzt, so in *Brazil* (1985) von Terry Gilliam, wo man Robert de Niro an der Abraxas-Fassade herumturnen sehen kann. Die postmoderne Wohnanlage ist eine pompöse Collage aus historischen Stilzitaten – Giebel, Säulen, Balustraden, Elemente aus dem großen Selbstbedienungsladen der Baugeschichte wurden hier neu montiert zu einem verwirrend theatralischen Gebilde. »Marne-la-Vallée soll schön und sinnlich werden«, hatte Bofill versprochen. Er begriff sein Werk als Beitrag zur Wiedergewinnung spezifisch städtischer Qualitäten. Ganz so wie es Giscard gefordert hatte.

EXKURSION 9: »VILLE NOUVELLE« MARNE-LA-VALLÉE

Route: Noisy-le-Grand - Mont-d'Est – Place Pablo Picasso –
Les Arcades – Espaces d'Abraxas – Val d'Europe

Distanz: zwei mal 2 km
Gehzeit: 1 h 30
Ausgangspunkt: Paris RER A
Endpunkt: RER-Bahnhof Val d'Europe

Marne-la-Vallée ist die ausgedehnteste der ab 1965 geplanten »Villes nouvelles«, die das Wachstum des Großraums Paris kanalisieren sollten. Sie erstreckt sich über eine Länge von 20 Kilometern auf dem Gebiet von 26 Gemeinden.

Die »neue Stadt« ist ein seltsames Gebilde ohne historischen Kern, aber mit mehreren Zentren. Sie umfasst neben zahlreichen unverbundenen Quartiers auch Landschaftselemente wie Waldstücke, Seen oder Teiche, dazu ein paar alte Burgen, das Ufer der Marne, eine Universität und Frankreichs größte Touristenattraktion: »Disneyland Paris«.

Einer dieser zentralen Teile, ein Ort mit einer gewissen urbanen Verdichtung und ambitionierter Architektur postmodernen Zuschnitts ist der Sektor **Noisy-le-Grand - Mont-d'Est**. Man erreicht ihn mit der RER-Linie A von den Stationen Châtelet, Gare de Lyon oder Nation.

Vom brandneuen Bahnhof aus – ein Werk des Straßburger Architekten Marc Mimram – geht es die Avenue du Pavé Neuf entlang ein Stück nach links, dann rechts ab in die Allée Léon Blum, vorbei an einem undefinierbaren Kunstwerk, durch ein Tor, und plötzlich – als sei der Weg auf einen Überraschungseffekt hin angelegt – steht man auf dem achteckigen **Place Pablo Picasso** in einem Science-Fiction-Dekor, dominiert von zwei sich gegenüberliegenden kreisrunden Gebäuden. Die Anwohner haben die siebzehn Etagen hohen Scheiben »Camemberts« getauft, man könnte auch an überdimensionierte Duschköpfe denken. Ihr Architekt ist der in Samarkand (Usbekistan) geborene Sohn russisch-spanischer Eltern Manuel Nuñez-Yanowsky.

Der gesamte Komplex beherbergt 540 Wohnungen, außerdem eine Kinderkrippe und eine Schule. Auf dem großen Platz dazwischen stehen fontänenbestückte Wasserbecken, in denen die Kinder in der Sommerhitze planschen können. Es soll nicht unerwähnt bleiben, dass vor dieser Kulisse nicht nur Wer-

Shopping Mall Val d'Europe.

Place Pablo Picasso. Palacio d'Abraxas.

Ricardo Bofills bewohntes Monument.

Shopping in Val d'Europe.

Nachgeahmte Urbanität.

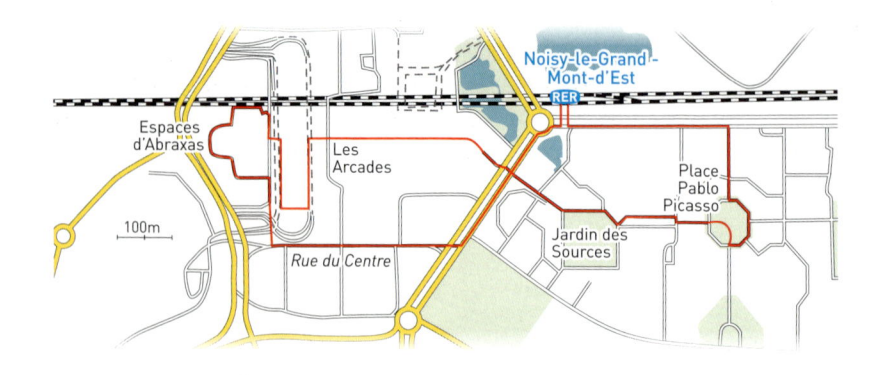

beclips für Renault-Autos und Kartoffelchips gedreht wurden, sondern 1986 auch Teile des offiziellen Videos von Stephanie de Monacos Erfolgstitel *Comme un ouragan*. Damals war die Anlage noch brandneu und galt als sensationell.

Es geht unter dem Rad-Haus zur Rechten hindurch weiter über die Mail Victor Jara zur Place Georges Pompidou, in deren Mitte sich der **Jardin des Sources** befindet. Der kleine Park wurde erst vor kurzem im Rahmen einer Verschönerungsaktion anstelle eines Parkplatzes angelegt.

Die schwarzen Menschen auf der Straße, die Boucherie El Salem und andere Halal-Geschäfte deuten darauf hin, dass sich in diesem Teil von Marne-la-Vallée eine größere Zahl von Sozialwohnungen befindet. »Mixité«, soziale Durchmischung, gehörte zu den Idealen der »Villes nouvelles«, erwies sich aber oft als Illusion. Es bildeten sich dann häufig doch wieder abgesonderte Mittelschicht- und Unterschicht-Wohngebiete.

Weiter durch die Allée Pablo Neruda und über den Boulevard du Levant hinein ins alternde Centre Commercial **Les Arcades** aus dem Jahr 1978, das es nun zu durchqueren gilt, eine relativ belanglose Anhäufung von 160 Boutiquen, dazu ein Kino mit Blockbuster-Filmen. So muss man nicht mehr nach Paris fahren fürs Shopping und Amusement. In der Nähe steht außerdem die Médiathèque Georges Wolinski zur Verfügung, benannt nach einem der von islamistischen Fanatikern erschossenen Zeichner von *Charlie Hebdo*.

Um »Les Arcades« zu verlassen, steigt man am besten auf die obere Ebene. Es wird nun ein wenig kompliziert, denn man stößt auf ein ausgedehntes Parkhaus, auf das es hinaufzusteigen gilt. Oben auf dem Dach stehen Wohnungen, dazwischen vernachlässigte Pflanzenbeete, und dahinter erhebt sich Ricardo Bofills postmoderne Trutzburg. Treppen zur Rechten wie zur Linken führen auf die untere Ebene, von wo aus es in die **Espaces d'Abraxas** hineingeht.

Das Ensemble besteht aus drei Elementen: dem »Palacio«, dem halbkreisförmigen »Théâtre« und »l'Arc«, einem bewohnten Triumphbogen im Zwischenraum. Der Palacio ist ein massives

Gebäude mit 18 Etagen und 400 Appartements, die meisten davon Sozialwohnungen. Ursprünglich sollten es nur 20 Prozent sein. Das Théâtre besteht aus 130 Eigentumswohnungen. Da wohnen die »Reichen«, die aus den oberen Etagen den Eiffelturm sehen können.

Ricardo Bofill, der Katalane aus Barcelona und Bewunderer von Gaudi, hatte zusammen mit Nuñez-Yanowsky die interdisziplinäre Agentur »Taller de Arquitectura«, Architektur-Werkstatt, gegründet, zu der Architekten und Ingenieure gehören, aber auch Soziologen, Historiker und Philosophen.

»Von Anbeginn haben wir dieses Projekt als eine Metapher konzipiert. Wir wollten den Raum theatralisieren«, teilt Bofill mit. Theatralisch ist diese Anlage zweifellos – ein überdimensioniertes postmodernes Kolosseum, in dem alle klassizistischen Architektur-Vokabeln durchdekliniert werden: Giebel, Gesimse, Säulen, alles aus vorfabrizierten Betonteilen. Die Farbtöne der Baumaterialien – sie variieren von Ocker bis Dunkelrot – kamen durch die Behandlung mit Oxiden und Säuren zustande.

Man sollte das Ganze als ein »bewohntes Monument« verstehen, teilte sein Schöpfer mit, der es anfangs pries als ein »geschlossenes Universum, das eine kräftige kommunale Struktur erzeugt«. Aber das ist schon ein Weilchen her. Man kann per Lift – wenn er funktioniert – in die oberen Etagen des Palacio hochfahren, um einen Eindruck vom Innenleben zu gewinnen, darf allerdings keine weiten Ausblicke in die Umgebung erwarten.

Mehrfach schon diente der Gebäudekomplex als Kulisse für filmische Zukunftsvisionen, angefangen mit Terry Gilliams *Brazil*, inspiriert von George Orwells Roman *1984*. Und tatsächlich wurde sein Film auch 1984 gedreht. Bofills ein Jahr zuvor fertiggestelltes Wohn-Monument ersparte ihm teure Bauten für seine beklemmende Stadtwelt.

In jüngster Zeit wurde der Abraxas-Palast unter anderem 2014 als Schauplatz für die amerikanische Science-Fiction-Serie *Hunger Games* eingesetzt. Dazu wäre es fast nicht mehr gekommen, denn 2006, ein Jahr nach den großen Banlieue-Unruhen, wollte die Gemeinde Noisy-le-Grand den Palacio abreißen lassen. »Dies ist der Ort mit den größten Sicherheitsproblemen in der Stadt«, erklärte damals der Bürgermeister. Der Polizeikommissar habe ihn aufgefordert, Überwachungskameras zu installieren. Doch das wäre eine gigantische Aufgabe bei all den unübersichtlichen Treppen, Fluren und Durchgängen. Da sei es doch besser, das Ding gleich ganz abzureißen.

Mit der Zeit hatten sich in den Sozialwohnungen anstelle einer »kräftigen kommunalen Struktur« sogenannte Sozialfälle konzentriert. Bei den Krawallen von 2005 wurde auch im »Espace d'Abraxas« gezündelt, in der Nähe brannte eine Sporthalle. Generell hatte sich ein Gefühl von Unsicherheit breitgemacht. Man hörte von Wohnungseinbrüchen, Drogendealer gingen in dunklen Ecken ihrem Gewerbe nach, es wurde über das aggressive Verhalten herumlungernder Jugendlicher geklagt.

Die Bewohner erfuhren von den Abrissplänen mit Verspätung. Bei vielen hat die Nachricht große Verstörung ausgelöst, und es bildete sich ein Anti-Abriss-Kollektiv. Kein Zweifel, mit dem Zustand der Anlage stand es nicht zum Besten, aber den Palazzo deshalb gleich abreißen?

Auch wenn sie sich über ihr »bewohntes Monument« gern lustig gemacht, es »Alcatraz« oder »Gotham City« genannt hatten, hingen sie doch irgendwie daran, hatten jedenfalls das Gefühl, in einem ziemlich speziellen Bauwerk zu wohnen.

Bofill selbst wurde zu Rate gezogen und klagte über den Niedergang seiner mediterranen Betonburg. Die Belegung mit so vielen Sozialwohnungen sei problematisch, die ursprünglichen Quoten, maximal 20 Prozent, seien nicht respektiert worden. Im Übrigen habe man das Gebäude vernachlässigt, zum Schlafstadtsilo degradiert, nicht weiterentwickelt, und so sei er hier leider gescheitert. »Wenn man jung ist, denkt man noch sehr utopisch, man meint, man werde die Stadt verändern, aber letztlich passiert gar nichts. Mein Modell wurde nicht als Beispiel für andere Bauten genommen.«

Jedenfalls wurde die Zerstörung noch einmal abgewendet und eine Phase der Reparaturen und Renovationen eingeleitet.

Verlassen wir den Palacio in südlicher Richtung. Von außen betrachtet erhebt sich der Komplex wie ein isolierter wuchtiger Klumpen ohne Bezug auf andere Gebäude. Im allgemeinen Architekturdurcheinander dieser Nicht-Stadt ist er jedenfalls ein Solitär.

Wenden wir uns nach links in die **Rue du Centre,** wo sich die verspiegelten Glasfassaden des tertiären Sektors aneinanderreihen, keine Jobs für die prekarisierten Insassen des Abraxas-Palastes.

Die Bürogebäude aus den 1970er-Jahren zeigen Altersspuren. Es gibt ein paar bekannte Firmen und Marken, aber seit längerem schon sind keine neuen hinzugekommen, viel Büroraum steht leer.

Links die Avenue du Levant hinauf erreichen wir wieder den RER-Bahnhof. »Die große Hoffnung, die man mit den ›Villes nouvelles‹ verband, hat sich schließlich verflüchtigt. Anstatt kleine Schmuckstücke inmitten einer amorphen Banlicue zu sein, tragen die ›Villes nouvelles‹ im Gegenteil dazu bei, die triste Unordnung der Banlieue zu steigern«, urteilte der Filmemacher Eric Rohmer, der zwei seiner Werke in den »Villes nouvelles« der Pariser Region angesiedelt hat *(Les Nuits de la pleine Lune/ Vollmondnächte* und *L'Ami de mon ami/Der Freund meiner Freundin).*

Wenn man jetzt nicht sofort wieder nach Alt-Paris zurück will, besteht auch die Möglichkeit, mit der RER noch ein paar Stationen in östlicher Richtung durch die Weiten von Marne-la-Vallée bis zur Station Val d'Europe zu fahren und ein sehr aktuelles »Schmuckstück« zu besuchen, welches Eric Rohmer nicht mehr hat kennenlernen können.

Val d'Europe, ein Zusammenschluss mehrerer Gemeinden im Sektor IV von Marne-la-Vallée, ist aus einer Public Private Partnership entstanden. Der Staat, der sonst über seine Filialen die Entwicklung der »Villes nouvelles« kontrolliert, hat hier seine Rolle an die Disney Company abgetreten, die in der Nähe ihr »Magic Kingdom« betreibt.

Der Konzern setzt in Val d'Europe ausgewählte Promoter ein und diktiert Konzept wie Erscheinungsbild. Es galt, einen Ort zu schaffen, der alle Ärgernisse und Konfrontationen vermeidet, die in einer normalen Stadt vorkommen, einen Ort, wo sich Menschen einer gewissen Einkommensklasse – Mittelschicht, gut gestellte Rentner – wohlfühlen können, weil sie mit ihresgleichen zusammenleben, fern von bedrohlichen Sozialsiedlungen, abgeschirmt von den Zumutungen der Welt da draußen. In den Quartiers von Val d'Europe ist alles hell, sauber und sicher. Hier lungern keine arbeitslosen Jugendlichen nord- oder schwarzafrikanischer Herkunft in Hauseingängen, hier liegt kein Dreck herum. Es gibt auch keine öffentlichen Bänke. Hier wird nicht nutzlos herumgesessen, dafür gibt es Cafés und Restaurants, wo man sitzen und dabei konsumieren kann.

Etwas Vergleichbares gibt es bereits in den USA: Bei Orlando betreibt der Disney-Konzern die Stadt »Celebration«, in der ein ähnlicher Geist herrscht. Allerdings existieren Unterschiede bei den Baustilen. Im »Europa-Tal« werden Anleihen bei Haussmann und Baltard bevorzugt.

Daraus ist eine von echten Bürgern bewohnte Scheinwelt entstanden, die sich als »traditionelle Stadt« aufspielt. Ducksburg – zu Deutsch: Entenhausen – kommt einem in den Sinn ...

Das Herzstück ist wie auch in anderen zentralen »Ville nouvelle«-Zonen das Einkaufszentrum, in dem alle gängigen Ladenketten vertreten sind. Aber es hat einen höheren Show-Wert als anderswo: Es besteht aus einer Abfolge von Malls, die sich stilistisch an der Architektur Pariser Markthallen orientieren. Hat man diesen schier endlosen Shopping-Parcours bewältigt, tritt man ins Freie hinaus auf die Place de la Toscane, eine putzige Piazza mit Häusern von anno dazumal. Ein Brünnlein plätschert in der Mitte, alles ist hübsch alt, und doch frisch aus Beton gegossen. Gut besucht sind die Lokale. Am Imitatcharakter scheint sich niemand zu stören. Ist ja fast schöner als echt. Und so sauber.

Von dort zweigt eine »Dorfstraße« ab, deren Eingang von Sicherheitskräften kontrolliert wird. Es handelt sich um ein »Dorf der Marken«, spezialisiert auf die etwas gehobeneren Labels, die in niedrigen, individuellen Häuschen feilgeboten werden. Eins der Gebäude ist etwas größer und sieht mit seiner Uhr an der Fassade aus wie das Rathaus. Es ist aber nur ein Armani-Outlet.

Val d'Europe ist eine begehrte und teure Wohnlage. Erstaunlich viele erliegen dem Charme des »Disney way of life«, dieser Verbindung von Kitsch und Komfort. War das Bürgertum nicht immer schon fürs Nachgeahmte zu haben? Fake is beautiful.

Um zum Bahnhof zurückzukommen, muss man nun leider die ganzen Shopping-Malls wieder durchwandern. Umso größer dürfte die Erleichterung sein, wenn man wieder das alte Paris erreicht hat.

DIE GENTRIFIZIERUNG GEHT WEITER

Der Architekt Ricardo Bofill wurde zu einem vielgefragten Mann Ende der 70er-, Anfang der 80er-Jahre. Seine Baukunst passte gut ins Konzept und besaß die Gunst des Präsidenten. Mit Giscards Segen wurde er auch im Pariser Hallenviertel aktiv, wo seit mehreren Jahren ein Loch gähnte, das durch den Abriss der Markthallen entstanden war. Bofills Projekt bestand aus einem symmetrischen U-förmigen Komplex mit neoklassizistischen Zügen und vielen Säulen.

Nun kam es zu dieser Zeit in Paris zu einer folgenreichen politischen Änderung, die nicht ohne Auswirkung auf den geplanten Hallenpalast blieb. Die soziale Zusammensetzung der Hauptstadt hatte sich infolge der gaullistischen »Modernisierungsphase« noch weiter verändert, große Teile des »niederen Volkes« waren hinausgetrieben worden. Vom gefährlichen roten Pöbel in der Hauptstadt konnte jetzt wirklich nicht mehr die Rede sein. Musste aber ein so weithin verbürgerlichtes, entproletarisiertes Paris noch weiter unter Vormundschaft gehalten werden?

Der Bevölkerungsaustausch war inzwischen so weit fortgeschritten, dass das Zugeständnis der kommunalen Freiheit kein Risiko mehr zu bergen schien. Gleichwohl wurden noch gegen Ende der Pompidou-Präsidentschaft Vorstöße zur Status-Änderung vehement abgeschmettert. Innenminister Jacques Chirac wies 1974 solcherlei Ansinnen schroff zurück: »Der sehr spezielle Charakter der Stadt Paris gestattet es in gar keinem Fall, einen gewählten Bürgermeister ins Auge zu fassen. Ich habe daher nicht die Absicht, eine Reform vorzuschlagen, die auf die Einführung eines gewählten Bürgermeisters hinauslaufen würde!«

Die Initiative, Paris mit fast normalen Gemeinderechten auszustatten, kam dann vom nächsten Staatspräsidenten, dem dynamisch und liberal auftretenden Valéry Giscard d'Estaing. Das entsprechende Gesetz wurde im Dezember 1975 verabschiedet, obwohl sich Chirac, zeitweilig Giscards Premierminister und diesem in herzlicher Feindschaft verbunden, nach Kräften quergelegt hatte. Bei der Bürgermeisterwahl allerdings, die dann im März 1977 stattfand, zögerte der inzwischen als Regierungschef zurückgetretene Chirac nicht, gegen den von Giscard Auserwählten zu kandidieren. Er war nun mal ein flexibler Politiker, kein Mann, der unnötig lange auf seinen Positionen verharrte. Und so wurde der Neogaullist zum ersten Pariser Bürgermeister des 20. Jahrhunderts.

Damit trat zum Akteur Staat in Sachen Urbanismus ab 1977 die Stadt hinzu. Der neue Bürgermeister nahm sich auch gleich die neue Bebauung des Hallenviertels vor, wo Giscards Favorit Ricardo Bofill mit seinem neoklassizistischen Gebäude schon über die Fundamente hinausgelangt war. Chirac bezeichnete sich forsch als »Chefarchitekt« und ließ das bereits Entstandene kurzerhand wieder abreißen, um das umstrittene »Forum des Halles« errichten zu lassen.

Die Verbürgerlichung von Paris, auch als Gentrifizierung bezeichnet, setzte sich weiter fort, und sie war nicht nur eine Angelegenheit des Marktes, es wurde dabei systematisch nachgeholfen. Eine Möglichkeit, Einfluss auf die Zusammensetzung der Bewohnerschaft zu nehmen, ergab sich über die Zuteilung von Sozialwohnungen. Die Stadt verfügte auch in der Banlieue über zahlreiche HLMs, zum Beispiel in der »Cité des 4000« in La Courneuve, wohin sozial schwache oder sonstwie missliebige Familien abgeschoben werden konnten, mochten sie sich auch in die Bewerbungslisten für Pariser Wohnungen eingeschrieben haben.

DIE EROBERUNG DES OSTENS

Nach seiner Wiederwahl 1983 lancierte Chirac sein »Grand projet de l'est de Paris«, ein Großvorhaben zur Verbesserung des östlichen Teils der Stadt. »Man muss in sechs Jahren sagen können, dass sich etwas verändert hat im armen Paris«, deklarierte der Bürgermeister nach den Kommunalwahlen. »Paris muss wieder ins Gleichgewicht kommen.« Der lange vernachlässigte

Osten sollte endlich mit dem Westen gleichziehen, was Wohnkomfort, Bildungsstätten, kulturelle Einrichtungen und Freizeitattraktionen betraf. Sechs Milliarden Francs wurden dafür bereitgestellt.

»Zum Glück liegen im Osten zahlreiche brauchbare Terrains, die der Stadt oder anderen öffentlichen Körperschaften gehören, zum Beispiel nicht mehr benutzte Militär- und Bahngelände«, teilte Chirac mit. »Hier können Wohnungen, Grünflächen, Werkstätten, Büros, Geschäfte entstehen. Von den Altbauten ist gewiss manches verfallen; es soll restauriert werden. Außerdem gibt es im Osten bemerkenswerte Stätten. Wir werden sie benutzen, um schöne Viertel zu schaffen, besonders an den malerischen Ufern der Seine und der Kanäle sowie auf dem Hügelland von Belleville mit seinen Ausblicken.«

So begann die nächste »Rückeroberung« des Pariser Ostens. »Fünfhundert Operationen, um den Osten der Hauptstadt aufzuwerten«, wurden in *Le Monde* gezählt. Die administrativ eingeleiteten Metamorphosen ließen die Immobilienpreise nach oben schießen. Lofts wurden installiert, schicke Boutiquen machten auf. Die Menus in den Bistrots verdoppelten in Nullkommanichts die Preise. Hinzu kamen in jener Zeit die »Baustellen des Präsidenten«, die pharaonischen Projekte von François Mitterrand. Auch sie trugen zur »Aufwertung« des Pariser Ostens bei, so etwa die neue Oper am Platz der Bastille; das neue Musiktheater, das im Auftrag des sozialistischen Präsidenten an diesem geschichtsgesättigten Ort emporwuchs, wurde anfangs noch »Opéra populaire« genannt, es sollte ja Kultur in einen »volkstümlichen« Stadtteil bringen. Nur hat die Oper wesentlich dazu beigetragen, dem Faubourg Saint-Antoine seinen plebejischen Charakter zu nehmen. Das Viertel wurde zu einem »quartier branché«: Erst kam eine Vorhut von Künstlern und bezog die leeren Fabriketagen der fortgezogenen Möbelhersteller, dann folgten Szenelokale nach, der Stadtteil entwickelte sich rasch zur Amüsierzone, und in den folgenden Jahren wurden die kargen Künstlerlofts in Edelwohnungen für Bessergestellte umgestylt. Kein Wunder, dass niemand mehr von »Opéra populaire« spricht.

Das allmähliche Umschichten der in Paris ansässigen Berufsgruppen zugunsten des tertiären Sektors, das verstärkt mit den 1960er-Jahren begonnen hatte, setzte sich in den folgenden Jahrzehnten fort, das soziale Profil der Stadt änderte sich rapide. Noch zwischen 1982 und 1990 verlor die Stadt nach Angaben der Zeitung *Libération* 11 094 Arbeiter, 63 053 kleine Angestellte und 24 431 intermediäre Berufe, das heißt 98 577 Vertreter der »classes populaires«.

Gleichzeitig kamen dafür 96 587 »cadres supérieurs«. Paris wurde zum privilegierten Wohnplatz für mittlere und höhere Einkommen.

Allmählich installierte sich in den Kleineleutevierteln des Ostens eine sozioprofessionelle Kategorie, für die sich in den Medien wie im allgemeinen Sprachgebrauch der saloppe Begriff »les bobos« durchgesetzt hat. Der Neologismus steht für »bourgeois-bohème« und stammt von dem amerikanischen Publizisten David Brooks. Gemeint sind damit Stadtmenschen, die im weitesten Sinne mit Kultur zu tun haben – Musiker, Schauspieler, Grafiker, Designer, Innenarchitekten, Journalisten, Leute von Universitäten oder aus der Werbung, kurzum: die Kreativen und Innovativen, das kulturindustrielle Fußvolk eingeschlossen. Es handelt sich bei den Bobos um eine Art Zwischenklasse. Die Großbourgeoisie hat traditionell ihre Hochburgen in den sogenannten »Beaux quartiers«, sie dominieren das 7., 8., 16. und Teile des 17. Arrondissements. An diese Wohnlagen kämen die Bobos nicht heran, dazu fehlt ihnen der finanzielle Hintergrund. Wobei sie sich auch kaum dorthin gezogen fühlen. Bobos sind oft Besserverdiener mit einem gewissen Bildungsgepäck, die das Interesse an materiellem Wohlstand mit unkonventionellem Lebensstil und – bisweilen – politischem Nonkonformismus verbinden. Sie legen Wert auf die Patina der alten Arbeiterviertel, in denen sie bevorzugt Quartier nehmen, und verteidigen sie energisch gegen Abrissversuche. Anfangs hatten sie noch aus der Not eine Tugend gemacht, da sie sich nichts anderes leisten konnten. Inzwischen aber ist aus dem »quartier populaire« ein kulturelles Plus geworden.

Letzte Spuren des alten Handwerks.

OBERKAMPF STATT KLASSENKAMPF

Diese Quartiers wurden zu einer Frage des Lifestyle. Bobos zeigen sich gegenüber dem kosmopolitischen Aspekt und der sozialen Vielfalt der von ihnen erkorenen Stadtteile des Nordostens aufgeschlossen, sie schätzen das multikulturelle Ambiente, die »métissage«, das bunte Miteinander. Besonders geschätzt wird die Diversität der Menschen auf den Märkten. Und es bleibt ja noch, vorerst, ein Grundstock von einfachen Leuten und Immigranten. Eine Weile gibt es dort noch eine gewisse soziale Durchmischung. Über kurz oder lang freilich vertreibt das neue kulturelle Kleinbürgertum aus der Stadt, was vom kleinen Pariser Volk verblieben ist, begeistert sich aber für die von den früheren Bewohnern hinterlassenen Symbole.

Eine spektakuläre Metamorphose hat die Gegend rund um die Rue Oberkampf erlebt, die früher durch kleine metallverarbeitende Betriebe geprägt war. Sie ist zu einem trendigen »village« geworden, wo die Neusiedler ihren Caipirinha oder Mojito in Lokalen schlürfen, die mit altem Arbeitsgerät geschmückt sind.

Äußerst beliebt als Wohnadressen wie für die Einrichtung von Ateliers oder Büros sind die alten kopfsteingepflasterten Handwerkerhöfe. Früher wären sie bedenkenlos abgerissen worden, heute stellen sie auch für die Immobilienmakler begehrte Filetstücke dar.

»Trägt nicht die Bewahrung der alten Viertel genauso effizient wie der Vandalismus von Promotern und Technokraten dazu bei, die turbulente Geschichte der Hauptstadt auszulöschen, indem sie auf eine museale Vergangenheit reduziert wird?«, fragt der kritische Stadtsoziologe Jean-Pierre Garnier. Zu den Veränderungen, die sich durch die Gentrifizierung ergeben, gehört das Verschwinden des politischen Ferments, das die alte Pariser Bevölkerung darstellte. Die Viertel der Bobos sind, bei allem Nonkonformismus, keine Herde des Aufruhrs. Allenfalls erinnert eine Plakette an der Häuserwand an eine frühere Barrikade der Commune.

Nicht zu leugnen ist allerdings die ökologische Orientierung der neuen Bewohner des östlichen Paris. Indizien dafür sind neben der Ausbreitung von Bioläden die Wählerstimmen für die Grünen.

Wichtig sind ihnen nicht nur die eigenen vier Wände, sondern auch das ästhetische Umfeld und andere Aspekte urbaner Lebensqualität, etwa der Zustand der öffentlichen Verkehrsmittel oder das Vorhandensein von Fahrradwegen. Dem Bobo-Phänomen wird denn auch das sensationelle Ergebnis der

Kommunalwahlen vom März 2001 zugeschrieben: der Einzug des PS-Bürgermeisters Bertrand Delanoë ins Pariser Rathaus mithilfe der Grünen. Es waren die Bobos, die Paris nach links kippen ließen, nicht die Prolos.

Was das über den Boulevard Périphérique hinaus abgeschobene Pariser Volk betrifft, so hat es offenbar sein Recht auf eine städtische Existenz verwirkt. In Paris hatte es seine Identität aus den Quartiers bezogen, den Orten einer vertrauten Alltagszivilisation, wo es so etwas gab wie eine urbane Arbeiterkultur, mit intensiver Kommunikation und Formen von Solidarität, wo Widerstand und politische Handlungsfähigkeit entstehen konnten, wie die Stadt das oft genug bewiesen hat. Dieses soziale Kapital ist in den Cités der Banlieue verloren gegangen. Die dorthin Verbannten sind abgespalten von der Stadt. Solidarische Aktionen kommen draußen in den isolierten Siedlungen kaum zustande. Allenfalls dienen Formen von Gewalt als Ventil für die Zumutungen des Ausgegrenztseins.

EXKURSION 10: GENTRIFIZIERUNG IM 11. ARRONDISSEMENT

Route: Rue Jean-Pierre Timbaud – Rue Saint-Maur – Rue Oberkampf – Avenue Parmentier – Rue Sedaine – Rue Keller – Passage Lhomme – Rue Faubourg Saint-Antoine – Place de la Bastille

Distanz: ca. 4 km
Gehzeit: 1 h 30
Ausgangspunkt: Métro Couronnes
Endpunkt: Métro Bastille

Mit der Metrolinie 2 erreichen wir die Station Couronnes und biegen vom Boulevard de Belleville nach rechts in die **Rue Jean-Pierre Timbaud**.

Diesen Namen hat sie seit dem 21. November 1944. An diesem Tag, etwa drei Monate nach der Befreiung von Paris, wurden mehrere Straßen und Plätze in diesem Arrondissement nach umgekommenen Widerstandskämpfern aus dem Arbeitermilieu benannt. An der Einweihung der Rue Jean-Pierre Timbaud nahmen 40 000 Menschen teil.

Was heute in dieser Straße zunächst ins Auge fällt, sind die muslimischen Bekleidungsboutiquen mit ziemlich kompletten Verhüllungsangeboten für Frauen sowie die Vielzahl der Koran-Buchhandlungen. Zwischen diesen frommen Gewerben und Szenekneipen wie L'Assassin oder Cannibale Café herrscht eine relativ unaufgeregte Koexistenz.

Die Straße ist eine Anlaufstelle für Muslime aus dem ganzen Pariser Umland. Dass sich hier so viele dieser Läden angesiedelt haben, liegt an der **Moschee Omar** ein Stück weiter unten. Die äußerlich unscheinbare, aber stark frequentierte Einrichtung war in den 1970er-Jahren gegründet worden von einer Missionsbewegung zur Reislamisierung der maghrebinischen Bevölkerung und galt eine Zeit lang als Hochburg islamistischer Hardliner. Es gab ein paar hässliche Zwischenfälle, missliebige Journalisten und die algerische Schauspielerin Rayhana wurden tätlich angegriffen. 2012 wurde dann aber ein radikaler Prediger ausgewiesen und die Moschee von einer neuen Mannschaft übernommen. Nach den nicht weit von hier verübten Attentaten vom 13. November 2015 hat die Moschee eine Banderole herausgehängt, auf der geschrieben stand: »Pas en mon nom« – nicht in meinem Namen.

Ehemaliger Industriehof Rue Sedaine.

Industrielle Vergangenheit als Dekor. Islamische Mode Rue Jean-Pierre Timbaud.

Café Charbon in der Rue Oberkampf. Ehemaliges Gewerkschaftshaus der Metallarbeiter.

Cité du Figuier. Cour des Bourguignons.

Passage Lhomme. Cour de l'Etoile d'Or.

Büro. Einst war der ganze Stadtteil geprägt von kleinen bis mittelgroßen Metallbetrieben.

Nach links geht es nun in die **Rue Saint-Maur,** wo sich eine Mischkultur aus Immigranten- und Bobo-Lokalen entwickelt hat. Im Café Le Chat noir sitzen junge Menschen mit ihren Laptops, gegenüber lockt die Bar Paloma mit abgerissenem Charme und bunten Cocktails. Zu den Attraktionen dieser halb-gentrifizierten Straße gehören ferner die Buchhandlung Libralire, das glutenfreie Frühstückscafé Thank you my deer und die verführerische algerische Patisserie La Bague de Kenza.

Wir erreichen die **Rue Oberkampf.** Diese Straße, benannt nach einem aus Schwaben stammenden Textilfabrikanten des 19. Jahrhunderts, ist zu einem Begriff für die neuere Gentrifizierung geworden. Der Quadratmeterpreis für Altbauten ist seit 1991 um fast 200 Prozent gestiegen. Der abendliche Anziehungspunkt für amüsierwillige Bobos profitiert vom Image des alten Handwerkerviertels.

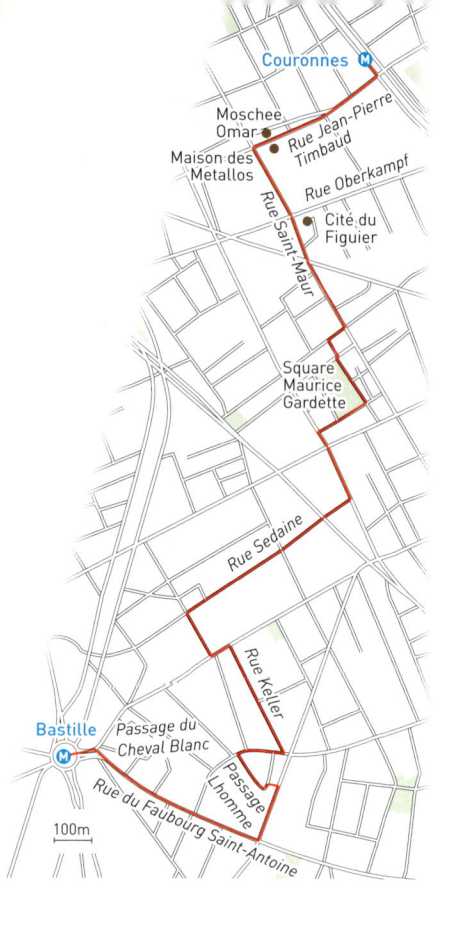

Gegenüber, in der Nummer 94 auf der linken Straßenseite, liegt das **Maison des Metallos,** das Haus der Metallarbeiter. Es war ursprünglich eine Fabrik, in der sechshundert Arbeiter Trompeten und andere Blasinstrumente herstellten. 1936 wurde sie von der Gewerkschaft CGT übernommen und als Gewerkschaftshaus benutzt. Seit einigen Jahren gehört das Gebäude der Stadt Paris und dient als Veranstaltungsort für Kulturelles jeder Art. Die Metallarbeiter-CGT unterhält dort weiterhin ein

Die Schrift an der Fassade der Mecano-Bar in der Nummer 99, »Machines outils et outillage moderne«, hat man geflissentlich beibehalten. Im Inneren dieses früheren Metallbetriebs dienen alte Werkzeuge, Zeugnisse einer untergegangenen Arbeitswelt, als Dekorationselemente.

Der Name des unweit davon gelegenen Café Charbon erinnert daran, dass dies einmal eine Kneipe mit angeschlossener Kohlenhandlung war. Mit der alten Theke, »le zinc«, den roten gepolsterten Bänken, den großen Spiegeln, der hohen Decke und den Lampen aus den 1950er-Jahren ist das Lokal eine Hochburg der Oberkampf-Szene geworden. Am Wochenende ist hier bis 4 Uhr morgens Betrieb.

Empfehlenswert ist ein kleiner Abstecher in die **Cité du Figuier,** zugänglich über die Nummer 104–106 der Rue Oberkampf – ein ehemaliger Handwerkerhof, dessen einstige Werkstätten von Designerbüros und anderen Firmen der kreativen Art belegt wurden. Die diskrete kopfsteingepflasterte Sackgasse ist schmuck hergerichtet und begrünt, sogar eine Palme konnte akklimatisiert werden.

Wandern wir in östlicher Richtung die Rue Saint-Maur entlang bis zum **Square Maurice Gardette,** einem dieser Miniparks, wie sie unter Napoléon III nach Londoner Modell über die Stadt verteilt wurden. Dieser hier ist ein besonders schönes Exemplar, mit üppigem Baumbewuchs, von bürgerlichen Haussmann-Wohnhäusern umgeben.

Dieser Square hatte am selben Tag wie die Rue Jean-Pierre Timbaud seinen aktuellen Namen bekommen: Am 21. November 1944 wurde er nach Maurice Gardette benannt, einem Metallarbeiter und kommunistischen Ratsmitglied des 11. Arrondissements, der in Chateaubriant als Mitglied der Résistance erschossen worden war.

Weiter geht es ein Stück die **Avenue Parmentier** entlang. Dort steht, mit der Hausnummer 14, die stillgelegte Transformatorenstation **La Centrale,** in die sich mit dem Segen des Pariser Rathauses eine Künstler-Kooperative eingenistet hat und Ausstellungen wie Vorführungen unterschiedlicher Art veranstaltet. Auf dem Dach finden Gartenbaukurse statt. Jetzt soll das alte Industriegebäude nach dem Willen der Bürgermeisterin Anne Hidalgo zu einem durchgestylten kulturellen Highlight aufgebessert werden, mit Kino- und Theatersälen sowie Restaurants und einer Terrassen-Bar.

Rechts zweigt von der Avenue Parmentier die **Rue Sedaine** ab. Wie die sie kreuzende Rue Popincourt wird sie dominiert von Bekleidungs-Großhandelsgeschäften, die allesamt in chinesischer Hand sind. Überall sieht man Männer, die Fuhren von Textilien herumschieben und verladen. Die Chinesen, die hier in den 1980er- und 1990er-Jahren ihre Boutiquen eingerichtet haben, kommen fast alle – was überraschen mag – aus der Gegend um die Stadt Wenzhou. Dahinter steckt eine alte Geschichte, die in die Zeit des Ersten Weltkriegs zurückreicht. Damals waren Leute aus Wenzhou als Arbeitskräfte angeworben worden, um die französischen Männer, die an der Front waren, zu ersetzen. Seither gibt es eine spezielle Beziehung zwischen Wenzhou und Paris. Mit dem Prêt-à-porter-Großhandel haben die Chinesen eine Monokultur geschaffen, die das gesamte Quartier beherrscht, was vielerseits beklagt wird. Aber immerhin gehen sie einem produktiven Gewerbe nach und bilden ein Gegengewicht zu den Bobos.

Spazieren wir die Rue Sedaine hinunter bis zur Nummer 28. Sollte das Tor verschlossen sein, muss man vielleicht etwas warten, bis jemand reingeht oder rauskommt. Dahinter öffnet sich eine Sackgasse mit mehrstöckigen Industriegebäuden auf beiden Seiten, ein perfektes Beispiel für die früheren Industriehöfe, die heute von Dienstleistungsfirmen, Architektenbüros oder Fotostudios genutzt werden. Der Zwischenraum ist mit Grünpflanzen und Gartenmöbeln ausgestattet – eine intime, geschützte Ruhezone mitten in der Stadt.

Von der Nummer 28 gehen wir ein Stück zurück, dann nach rechts in die Rue du Commandant Lamy bis zur Rue de la Roquette, dort wieder nach links und dann nach rechts in die **Rue Keller.** Früher war dies eine Straße der Kohlenhändler ... heute weht hier ein Hauch von Underground-Kultur: Tattoo und Piercing, Mangas, eine Modeboutique für Rock, Metal und Streetwear, ein Concept Store für Hundebekleidung ...

Die Rue Keller stößt auf die Rue de Charonne, wo gleich an der Ecke das Lokal Pause Café ins Auge fällt. Es wurde bekannt durch den Film *Chacun cherche son chat* (Jeder sucht sein Kätzchen) von Cédric Klapisch aus dem Jahr 1996, der die Neopariser Bevölkerung und die Mutation des Quartiers thematisierte. Das Pause Café wurde dabei als Schauplatz benutzt und hat daher einen gewissen Kultstatus erworben.

Zwischen den Nummern 26 und 28 der Rue de Charonne befindet sich der leicht zu übersehende Eingang der **Passage Lhomme,** einer tagsüber zugänglichen Privatstraße. Einst arbeiteten hier Tischler, Schreiner, Kunsthandwerker. Die alten verblichenen Schilder der Werkstätten wurden bewahrt, bukolisches Ambiente prägt die Gasse. In der scheint, wie man so sagt, die Zeit stillgestanden zu sein, aber nicht wirklich, weil die Geräusche und Gerüche von damals verschwunden sind und weil da jetzt ganz andere Leute drin wohnen, die eben diesen Eindruck pflegen und konservieren.

Die Passage Lhomme bringt uns zur Avenue Ledru-Rollin, die wir hinuntergehen und dann rechts in die **Rue du Faubourg Saint-Antoine** einbiegen.

Dass diese Straße so lange eine Hauptader der Möbelproduktion war, lag daran, dass die Abtei Saint-Antoine von König Louis XI von Steuerzahlungen freigestellt war, was auch alle betraf, die in ihrem Bereich arbeiteten. Colbert erneuerte 1657 dieses Edikt, und so wurde der Faubourg zur Heimstatt von Kunsttischlern und Möbelherstellern, die hier der Autorität der Zünfte entkamen. Die Vorstadt war dann auch für ihre Aufruhrneigung bekannt. Von hier aus wurde die Bastille erobert, und auch bei späteren Revolutionen wuchsen hier schnell Barrikaden empor. Dieses selbstbewusste und aufsässige Handwerkervolk hatte Haussmann im Visier, als er den Canal Saint-Martin überdeckte.

Lange Zeit hindurch hatten die Tischler des Faubourg einen guten Ruf, bis auch hier der Allerweltsgeschmack einzog. Irgendwann wurden dann fast nur noch anderswo hergestellte Möbel verkauft. Der Gnadenstoß kam durch die Opéra Bastille. Aus den Werkstätten wurden Lofts erst für Künstler, dann für höhere Angestellte. Zunächst hatten die Stadtplaner vor, die Innenhöfe, wo die Produktion stattgefunden hatte, zu beseitigen zugunsten von Neubauten. Gerettet wurden sie erst durch den Bebauungsplan von 1995 und konnten entsprechend aufgewertet werden. Die Form der Höfe wurde bewahrt, Arbeiter oder Holzhandwerker gibt es dort so gut wie keine mehr, dafür Start-up-Firmen und Designer. Die Umwandlung ist hier schon länger im Gange als in der Oberkampf-Gegend. Dennoch, die Industriehöfe – wie die Cour de la Maison brulée, die Cour des trois Frères, die Cour du Bel Air – haben einen gewissen Reiz bewahrt. In der Passage du Chantier in der Nummer 66 gibt es sogar noch einige Möbelrestaurateure.

Besondere Beachtung verdient die **Cour des Bourguignons** in der Nummer 74. Dort ragt im Hintergrund sogar noch ein Fabrikschornstein empor und verweist auf die Dampfmaschine, die hier einmal alles in Gang hielt. Vorne zur Straße hin wohnte der Fabrikant, die Arbeiter hatten ihre Wohnungen in den oberen Etagen beiderseits des Hofes, die heute mit Büros belegt sind.

Ein paar Schritte weiter auf derselben Straßenseite hat sich in einem ehemaligen Möbelkaufhaus das **Barrio Latino** installiert, eine mehrstöckige Hochburg des Nachtlebens mit Lounge-Bars und plüschigen Sofas. Das Eisengerüst und die großartigen Treppenaufgänge stammen von Gustave Eiffel. Man kann sich das auch anschauen, ohne zu konsumieren.

Werfen wir zum Schluss noch einen Blick in die **Passage du Cheval Blanc** – Eingang über die Hausnummer 2 der Rue de la Roquette. Hier beginnt ein Netz von kleinen Handwerkerhöfen, die alle Namen von Monaten tragen – die Cour de Janvier, die Cour de Février usw. Anstelle der Möbelbauer sind auch hier jetzt Designer und Architekten ansässig. Alles ist glatt geputzt. Vom rebellischen Geist früherer Zeiten ist nichts mehr zu ahnen.

Der Weg von der beginnenden zur kompletten Gentrifizierung endet nun an der Metrostation **Bastille.**

RAUCHZEICHEN

Enthusiastisch verfolgte François Mitterrand zu Beginn der 1980er-Jahre die Planung und Realisierung seiner Präsidentenbaustellen, jener großen Architekturgesten, die der Nachwelt Zeugnis geben sollten von seiner fabelhaften Bauherrentätigkeit. Allerdings kamen dem sozialistischen Präsidenten andere urbanistische Fragen in die Quere, die er nicht in seinen »Grands projets« vorgesehen hatte. Während »intra muros« die neuen Kulturbauten den Glanz der Lichterstadt vermehrten, machten sich draußen in den Weiten der Vororte von Lyon und Paris Lokalitäten wie Les Minguettes, La Courneuve, Montfermeil, La Grande Borne, Val Fourré unangenehm bemerkbar. Namen, von denen zuvor kaum jemand etwas gehört hatte, beherrschten auf einmal Schlagzeilen und Fernsehnachrichten. Spektakuläre Ausbrüche von Gewalt, brennende Autos, geplünderte Supermärkte, demolierte Schulen drangen per Fernsehen in sämtliche Wohnstuben und wiesen auf eine profunde Malaise hin, die sich an den Peripherien zusammengebraut hatte. In kaum mehr als einem Jahrzehnt hatten sich die gepriesenen funktionalistischen Großsiedlungen endgültig in Orte der sozialen Ausgrenzung verwandelt.

Begünstigt durch ein Gesetz von 1977, das den Erwerb von Eigenheimen erleichterte, verabschiedeten sich viele der anfänglichen Bewohner, ob Arbeiter oder Angestellte, aus den Cités und zogen noch weiter nach draußen in neue Einfamilienhaussiedlungen im periurbanen Bereich, wo das Stadtgewebe in die Landschaft zerfasert. Die nachrückenden Bewohner, vorwiegend Immigrantenfamilien, erlebten eine kontinuierliche Verschlechterung der wirtschaftlichen Situation. In den Cités konzentrierte sich eine zunehmend prekarisierte oder arbeitslose Bevölkerung.

Durch die massiv einsetzende Entindustrialisierung und Auslagerung der Fabrikproduktion in Billiglohnländer verschwanden niedrig qualifizierte Arbeitsplätze aus den bisherigen Industriezonen, dafür siedelten sich Unternehmen des tertiären Sektors an. Im Seinetal rund um Mantes-la-Jolie wurden über 30 000 Jobs in der Automobilindustrie abgeschafft. Im Renault-Stammwerk in Billancourt, wo Zigtausende gearbeitet hatten, rollte 1992 das letzte Auto vom Band, ein »Supercinq«. Über eine Million Quadratmeter Büroraum entstanden seither in Boulogne-Billancourt. In der früheren Flugzeugmotorenfabrik SNECMA quartierte sich die Verwaltung von Henkel France ein. Produktionsstätten für Stoßdämpfer, Senf und Backwaren verschwanden aus Gentilly, dafür kamen die Büros des Umfrageinstituts Ipsos. In Montrouge, wo 1970 noch 5000 Menschen bei Schlumberger Industries Messgeräte und Transformatoren hergestellt hatten, wurden ab 1985 die Fabrikgebäude von Renzo Pianos Architekten-Studio in Büros und Grünanlagen umgewandelt. Büros entstanden auch auf dem Citroën-Gelände in Levallois. In Kremlin-Bicêtre machte die Geo-Fleischkonservenfabrik dicht, an ihrer Stelle wurde ein Hypermarché errichtet. In Ivry, der einstigen »Stadt der dreihundert Fabriken«, haben sich in verlassenen Werkhallen Künstlerateliers ausgebreitet. Bei Babcock in La Courneuve, wo 2000 Arbeiter Dampfkessel gebaut hatten, wird neuerdings in den leeren Fabrikhallen Theater gespielt. In der einstmals größten Industriezone Frankreichs, Plaine Saint-Denis, wuchsen Glaspaläste von Versicherungskonzernen empor.

Dem Schwinden der Industrie entsprach die rückläufige Entwicklung der Kommunistischen Partei. Die ersten Einbußen erlitt sie bei den Kommunalwahlen von 1977. Im Département Seine-Saint-Denis, das sie vorher dominiert hatte, verlor sie im Verlauf von dreißig Jahren 20 von 27 Rathäusern. Die Lenin-Boulevards und Maurice-Thorez-Straßen wurden umgetauft, eine ganze Welt mit ihren Symbolen und Ritualen ging unter, vorbei war es mit dem Geborgenheit spendenden Kokon der kommunistischen Institutionen, den kommunalen Gesundheitszentren und Ferienkolonien.

Für den Niedergang der Partei spielte sicherlich die zunehmende Infragestellung des »real existierenden Sozialismus« eine Rolle. Als der PCF-Chef Georges Marchais noch 1979 die Bilanz der Sowjetunion als »globalement positiv« bezeichnet hatte, wurde das weithin als Ausdruck von Zynismus empfunden.

Entscheidender aber für den Bedeutungsverlust war, dass die Partei nach und nach ihre Klientel, die klassische Arbeiterbevölkerung, verlor, was begleitet war vom Rückgang des gewerkschaftlichen Engagements. Auf die neue Bevölkerung der Cités aus Immigranten, Prekarisierten und Arbeitslosen vermochte sie sich nicht wirklich einzustellen. Der Partei blieben einige traditionelle Hochburgen, aber ihre Führungskräfte stammen inzwischen selbst kaum mehr aus dem Arbeitermilieu, sie wirken oft eher wie Manager mit höherer Bildung. Radikale Gesellschaftsveränderung taucht in ihren Diskursen nicht mehr auf. Allenfalls reden sie von »partizipativer Demokratie«. Es bleibt ihnen nicht viel anderes übrig, als den Ausbau des Dienstleistungssektors in ihren Gemeinden konstruktiv zu begleiten.

STURM AUF DIE NEUE BASTILLE?

In manchen Sozialbausiedlungen liegt die Arbeitslosigkeit unter jungen Leuten bei 40 Prozent. Zusätzlich zur sozialen Perspektivelosigkeit trägt zu ihrer Demütigung noch die Trostlosigkeit der Unterbringungssilos bei, deren baulicher Zustand sich rapide verschlechtert. Begleitet wird dies vom Gefühl, zu einer aus rassistischen Motiven verachteten Bevölkerung zu gehören, und von der wiederkehrenden Erfahrung schikanöser Polizeikontrollen.

Nachdem diese ausgegrenzte Jugend begonnen hatte, sich durch oft sinnlos erscheinende Gewaltakte in Erinnerung zu rufen, wurde der Konfliktherd Banlieue zum Dauerbrenner der Medien, zum Objekt für Reportagen und Diagnosen. Für die Orte der räumlichen und sozialen Relegation kamen Attribute wie »benachteiligt«, »schwierig« und »problematisch« in Umlauf; »sensible«.

1983, zwei Jahre nach den ersten großen Banlieue-Explosionen in den Vorstädten von Lyon und Paris und zwei Jahre auch, nachdem mit François Mitterrand ein linker Präsident angetreten war, der sich als »force tranquille« präsentiert hatte, die ruhige Kraft, die alles ändern würde, gelang es dem Erfolgsarchitekten und Altachtundsechziger Roland Castro, beim Staatsoberhaupt Gehör zu finden und ihm Vorschläge zu unterbreiten, wie aus seiner Sicht das Problem anzupacken sei. Mitterrand gab sich wohlwollend und unternahm mit Castro, dem einstigen Anführer einer maoistischen Dissidentengruppe namens »Vive la révolution«, eine Hubschrauberrundfahrt über die nördliche Banlieue – ähnlich wie einige Jahre zuvor de Gaulle mit seinem »Haussmann« Paul Delouvrier (möglich, dass sich Castro schon als Mitterrands neuer Haussmann wähnte) – und ließ sich die »Cité des 4000« in La Courneuve zeigen.

Castro wurde daraufhin zusammen mit seinem Kollegen Michel Cantal-Dupart beauftragt, urbanistische Ideen für die Vorstädte zu entwickeln. »Banlieue 89« wurde diese Mission getauft. Die Jahreszahl war wohl als eine Art Zielvorgabe gedacht: Bis zum Revolutionsjubiläum von 1989 sollte das Problem bewältigt, die neue »Bastille« erobert sein. Während Castro von früheren linken Weggefährten als eitler Höfling und »Architekt des Königs« geschmäht wurde, zeigte sich der Präsident beeindruckt von seinem Vorstadt-Berater: »Es mangelt ihm nicht an Ideen«, kommentierte er gönnerhaft.

Die Grundidee von »Banlieue 89« war es, den vernachlässigten Vorstädten zu urbaner Zivilisation zu verhelfen: »Wiedereroberung der Banlieues, ihre Umwandlung in Stadt durch Auflösen von Enklaven, Verschönerung und Komplexifizierung [...].« Es galt, die Großsiedlungen zu dekonstruieren, ihnen ästhetische Qualitäten durch die Schaffung urbaner Strukturen zu verleihen und so den Bewohnern die Identifizierung mit ihrem Wohnort zu ermöglichen. Castro und seine Mitstreiter waren sich ihrer Sache sicher: »Wir wissen, was zu tun und was zu lassen ist, um den aufgegebenen Banlieues wieder Hoffnung zu geben. Diese große Politik des Urbanismus wird langfristig eine der besten Antworten sein auf Fragen wie Unsicherheit, Arbeitsloigkeit, Anstieg von Rassismus.«

Zwar ging das Jahr 1989 ins Land, und die Aufgabe war keineswegs bewältigt, aber man hatte immerhin mit der Renovierung zahlloser Wohnungen begonnen. Etliche Umbauvorhaben unter Beteiligung der Architekten von »Banlieue 89« waren lanciert worden. Monotone HLM-Fassaden wurden visuell durch heitere Farben und vorgehängte Balkons aufgewertet, die Siedlungen bekamen neue Sporteinrichtungen, es wurden Cafés eröffnet, die Grünanlagen in Ordnung gebracht. In der »Cité des 4000« in La Courneuve implodierte ein mächtiger Riegel namens »Débussy« und versank in einer Staubwolke, das Fernsehen war dabei, die Präzisionsarbeit wurde mit Applaus bedacht.

Aber dann brachen trotz aller Verschönerungsoperationen die Unruhen wieder aus. Die Insassen erwiesen sich als undankbar, zu Füßen der aufgebesserten Wohngebäude auf den frisch hergerichteten Esplanaden wurden erneut Autos in Brand gesetzt. Wie war das möglich?

Der Stadtsoziologe Jean-Pierre Garnier meint im Scheitern von »Banlieue 89« die Konsequenz aus einem wiederkehrenden Denkfehler zu erkennen: »Der Irrtum der Architekten und Urbanisten ist es, sich für die Medizinmänner des Raumes zu halten. Es gibt, so glauben sie, kranke und krank machende Räume, die behandelt werden müssen, und sie intervenieren mit architektonischen und urbanistischen Operationen, um diese Räume wieder gesund zu machen. Aber es ist ein ideologischer Irrtum, alle sozialen Probleme als Probleme des Raumes anzusehen und durch Veränderungen des Raumes soziale Probleme lösen zu wollen.«

MACH NUR EINEN PLAN ...

Eine stadtpolitische Maßnahme folgte seither auf die andere, Milliarden wurden ausgegeben. Rechte und linke Regierungen überboten einander mit immer neuen Dringlichkeitsplänen. Viele bereicherten die Sprache um neue Kürzel und Akronyme.

In den 1980er-Jahren wurden gegen das Schulversagen in den Cités die »Zones d'éducation prioritaires« (ZEP) – prioritäre Bildungszonen – eingeführt. Zum Kampf gegen die »Ghettoisierung der benachteiligten Quartiers« gründete man die »Nationale Kommission für die soziale Entwicklung der Stadtviertel«. Unter Premierminister Michel Rocard entstand eine »Délégation interministerielle à la ville«, sie sollte die Aktivitäten der zwölf von der Stadtpolitik betroffenen Ministerien koordinieren. Eine Liste von Problemquartiers wurde aufgestellt, die es mithilfe soziokultureller und baulicher Maßnahmen zu befrieden galt. »Fahrstühle reparieren, Treppenhäuser streichen« lautete Rocards Devise. 1990 gab François Mitterrand die Losung »Changer la ville, changer la vie!« aus – die Stadt ändern, das Leben ändern –, dazu wurde ein Stadtministerium geschaffen.

Zwar wurde nichts an dem ab 1983 eingeschlagenen wirtschaftspolitischen Kurs geändert, mit dem die regierende Linke Abschied von sozialistischen Umbauversuchen genommen und ihre Wendung zu einer unternehmerfreundlichen Austerity-Politik vollzogen hatte. Aber dafür gab es 1991 das »Orientierungsgesetz für Städte«, auch Anti-Ghetto-Gesetz genannt, mit dem Ziel, in den betroffenen Kommunen den sozialen Zusammenhalt zu fördern. 1992 übernahm der schillernde Unternehmer Bernard Tapie das Stadtministerium. Er legte einen Plan für die Banlieues vor, der Partnerschaften von problematischen Vierteln mit großen Unternehmen vorsah, und setzte ansonsten auf die Integrationswirkung des Fußballsports – eine ebenso kurze wie erfolglose Parenthese. 1994 kam ein »interministerieller Interventionsfonds für die Stadtpolitik« hinzu. 1995 kündigte der neue konservative Staatspräsident

Jacques Chirac einen »Marshallplan für die Banlieues« an. Es entstand die offizielle Kategorie »Zone urbaine sensible« (ZUS). Im ganzen Land existierten demnach 750 solcher »problematischen« Zonen. Zu ihrer Bekämpfung wurden die »Zones franches urbaines« (»Zones de redynamisation urbaine«, ZFU) eingeführt, Freihandelszonen die steuerliche Vergünstigungen für Unternehmen anboten, die bereit waren, in entsprechenden »Zonen der urbanen Redynamisierung« (»Zone de redynamisation urbaine«, ZRU) aktiv zu werden und junge Leute einzustellen, was sich als teurer Flop erweisen sollte.

Der sozialistische Premierminister Lionel Jospin präsentierte 1999 seinen 20 Milliarden Francs teuren Plan der »Solidarität und städtischen Erneuerung«, mit dem wieder einmal die Ghettoisierung bekämpft werden sollte. 2001 ließ er einen zweiten Plan folgen, der noch einmal 5,4 Milliarden Euro zur Renovierung vernachlässigter Quartiers bereitstellte. 2003 wurde von der nunmehr wieder konservativen Regierung das »Programme national de rénovation urbaine« (PNRU) lanciert. In zehn Jahren hatte Frankreich 46,5 Milliarden Euro in die Neugestaltung der »problematischsten« Zonen investiert, das heißt in den massiven Abriss und Neubau von Wohneinheiten.

Am Kern des Problems hatten all diese städtebaulichen Anstrengungen nichts geändert: daran, dass die Vorstädte zu Depots für jene Teile der Bevölkerung geworden waren, die den ökonomischen Imperativen des Wettbewerbs und der Produktivität geopfert wurden. In den Worten von Jean-Pierre Garnier: »Weder der Wechsel des Personals an der Spitze des Staates noch das Ballett der Minister, Staatssekretäre und Delegierte mit Sondermissionen, die in der einen oder anderen Weise mit der Behandlung des ›Problems der Stadt‹ betraut waren, haben dazu geführt, die soziale und räumliche Marginalisierung derer zu stoppen, die durch die kapitalistische Modernisierung ausgeschlossen wurden. Und sie vermochten auch nicht, die Prekarisierung und Pauperisierung zu beenden, die damit einhergehen. Ebensowenig wie die dadurch hervorgerufenen Frustrationen und oftmals gewalttätigen Reaktionen.«

Deren Erscheinungsformen sind oftmals schockierend. Öffentliche Einrichtungen wie Telefonzellen und Haltestellen werden demoliert, Müllcontainer abgefackelt, Autobusse angezündet, Läden geplündert, Lehrkräfte tätlich angegriffen. Auch in Auseinandersetzungen mit der Polizei, die ihrerseits oft ein ruppiges Verhalten an den Tag legt, wird nicht mit Brutalität gespart. Und da es keine andere wirtschaftliche Zukunft zu geben scheint, gedeiht die Untergrundökonomie des Drogenhandels.

AUSNAHMEZUSTAND

»Brauchen wir uns jeden Morgen darüber zu wundern, dass die jungen Banlieue-Generationen zerstören und brandstiften, wenn man ihnen jeden Morgen sagt, dass es für sie keinerlei Chance gibt, auf die Geschichte Einfluss zu nehmen?«, fragte in *Le Monde* eine Gruppe von Intellektuellen, unter ihnen Etienne Balibar, Hélène Cixous und Jacques Derrida.

Auch in Kreisen der Politiker kommt es manchmal zu Erleuchtungen: »Es sind nicht die Städte, die die Ausgrenzung hervorbringen: Es ist unsere Gesellschaft mit ihrer Ungleichheit, die solche Städte hervorbringt. Die Stadt ist nur der Reflex der Gesellschaft, die wir wollen«, sagte Stadtminister Michel Delebarre. Ähnliche Erkenntnisse formulierte der sozialistische Wohnungsbauminister Paul Quilès: »Es ist nicht die Architektur, die verantwortlich ist für die Krise, die manche Banlieues erleiden, auch wenn die unzureichende Berücksichtigung architektonischer Aspekte und die Dürftigkeit der urbanistischen Planung zum feststellbaren Unbehagen beitragen. Entscheidend ist die Last der Arbeitslosigkeit. Der Urbanismus und die sogenannten begleitenden Maßnahmen sind nichts als vermeintliche Wundermittel.«

Und selbst Laurent Fabius, damals Parlamentspräsident, hatte erkannt: »Solange ein Drittel oder die Hälfte der Jugendlichen ohne Beschäftigung bleibt, ohne Hoffnung, eines Tages ins Frankreich der ›Dazugehörenden‹ überzuwechseln, werden diese Siedlungen Pulverfässer bleiben. Dies ist meine Schlussfolgerung aus den vor kurzem stattgefunden habenden Ereignissen in jenen ›Grands ensembles‹, die von der kompletten Palette öffentlicher Hilfsleistungen profitiert haben und die trotzdem explodiert sind.«

Konsequenzen aus diesen Erkenntnissen gab es keine. Die wirtschaftspolitischen Orientierungen wurden nicht infrage gestellt. Dafür trat im Juni 2005 der forsche Innenminister Nicolas Sarkozy in der »Cité des 4000« in La Courneuve auf und tönte, er wolle mit dem Kärcher-Sandstrahlreiniger die Cité säubern und von der »racaille«, dem Gesindel, befreien.

Das war kurz vor den großen Unruhen, die im Oktober 2005 ausbrachen. Mehr als drei Wochen lang schwappte eine beispiellose Welle von Gewalt durch die Banlieue-Quartiers im ganzen Land. Auslöser waren zwei Todesfälle von Jugendlichen in Clichy-sous-Bois, die der Polizei angelastet wurden. Aber auch die entwürdigenden Bemerkungen von Innenminister Sarkozy ein paar Wochen zuvor dürften zum großen Zornesausbruch beigetragen haben. Es wurden im Verlauf der Unruhen fast 10 000 Autos abgefackelt. Zum ersten Mal seit dem Algerienkrieg verhängte die Regierung den Ausnahmezustand.

Manche Journalisten bezeichneten die Ereignisse als »Intifada der Banlieues«, einer sprach gar vom »kleinen Mai 68 der Banlieues«. Aber es war kein organisierter, zielgerichteter Aufstand. Mit Erstaunen stellten Beobachter fest, dass bei aller Brutalität und Zerstörungswut keine wirklichen Forderungen gestellt wurden. Es haben sich während der Krawalle und Straßenschlachten auch keine Anführer profiliert. Ihr Aufruhr hatte keine radikale politische Substanz. Als Nachfahren der Pariser Aufstandstradition ließen sie sich kaum interpretieren. Die Unruhen waren ein Ausdruck von Ausweglosigkeit, die hilflose Gewalt von Deklassierten.

Seit 2005 wurden weitere 12 Milliarden Euro bereitgestellt für noch mehr Verschönerungsarbeiten, noch mehr Sprengungen und Neubauten. In La Courneuve implodierte nach »Débussy«, »Renoir« und »Ravel« nun auch der Riegel »Balzac«. Statt der alten monumentalen Klötze wurden gefälligere Gebäude errichtet, mit weniger Wohnungen pro Treppenaufgang. Straßen, Begrünung und Fußwege wurden neu gestaltet. Und es ist nicht zu leugnen, dass die Siedlungen besser aussehen als vorher.

Dennoch hat sich mehr als zehn Jahre nach dem Schock von 2005 nichts Substanzielles verbessert. Die Verschönerungen haben die Aggressivität einer mittellosen und illusionslosen Jugend nicht besänftigt. Seit kurzem nimmt sie beunruhigende neue Formen an: Neben Vandalismus, Delinquenz und Drogenhandel breitet sich nun stellenweise auch religiöser Wahn aus. Die Cités erweisen sich als Nährboden für Salafismus und als fruchtbares Terrain für Dschihad-Prediger. Dies ist das bislang letzte bittere Ergebnis einer Entwicklung, in der seit Jahrzehnten größere Bevölkerungsteile ins soziale Abseits geschoben werden.

DER WILLE ZUR GRÖSSE

Vor nicht allzu langer Zeit hatte sich Nicolas Sarkozy noch als Hardliner profiliert, der die unruhigen Vorstadtsiedlungen mit dem Sandstrahlreiniger säubern und von ihrem Gesindel befreien wollte. Nun aber, im Sommer 2007, kurz nach seiner Wahl zum Präsidenten, äußert er sich, für viele überraschend, in staatsmännischer Manier zu Fragen des Urbanismus der Pariser Agglomeration. Er präsentiert ein Vorhaben zur Stadtentwicklung, in dem der Banlieue eine wesentliche Rolle zugedacht ist. In seiner Rede am 26. Juni anlässlich der Einweihung eines neuen Airport-Terminals in Roissy lanciert er das Projekt »Grand Paris« als große nationale Aufgabe.

Damit setzt er sich über das bis dahin vorherrschende Credo der staatlichen Dezentralisierungspolitik hinweg, das die Herstellung eines neuen Gleichgewichts zugunsten der regionalen Metropolen befürwortet. In den Mittelpunkt seines Diskurses stellt er die Frage der Wettbewerbsfähigkeit zwischen den Weltstädten. Die Tatsache, mit Paris eine Weltstadt zu besitzen, müsse als kardinaler Trumpf angesehen werden angesichts der verschärften Konkurrenz in Zeiten der Globalisierung. Es bestehe aber permanent die Gefahr, ins Hintertreffen zu geraten, nicht mithalten zu können gegenüber den wichtigsten Konkurrenten. »Soll Paris in zwanzig Jahren in der ersten oder in der zweiten Liga der Weltmetropolen spielen?« Ist Paris dabei, die Schlacht der Globalisierung zu verlieren und wird womöglich zurückgeworfen auf zunehmende Musealisierung? Mit leicht panischem Unterton beschwört Sarkozy das Risiko, dass Paris »sich von Schanghai, London oder Dubai abhängen lässt«, und kündigt eine entschlossene Rückkehr des Staates bei der Gestaltung des Pariser Großraums an. Eine Willensanstrengung sei erforderlich, denn Paris sei zwar der Sitz der französischen Industriegruppen, liege aber als internationaler Finanzplatz abgeschlagen weit hinter London. Sehr gut sei hingegen die Platzierung beim Tourismus, Stärken habe man auch infrages des Verkehrs aufzuweisen, mit großen Flughäfen und einem in die Nachbarländer hineinreichenden Hochgeschwindigkeitsbahnnetz. Solche Trümpfe müssten genutzt werden. Unbedingt zu verbessern sei wiederum die Positionierung im internationalen Shanghai-Ranking der Universitäten, das nur zehn französische Hochschulen unter den ersten fünfhundert aufweise und nur drei unter den ersten hundert. »Kann der Staat darauf verzichten, ein Projekt und eine Strategie zu haben für die wirtschaftlich stärkste Region Europas, die 28 Prozent unseres nationalen Reichtums produziert?«, fragt Sarkozy. Und kündigt noch im selben Jahr die Organisation eines internationalen Ideenwettbewerbs an. Zehn Architekten- und Urbanistenteams sollen unter Berücksichtigung des Kyoto-Protokolls zum Klimaschutz Vorschläge zur »Metropole des 21. Jahrhunderts« erarbeiten.

Im März 2008 wird das Amt eines Staatssekretärs für die »Entwicklung der Hauptstadtregion« geschaffen. Ernannt wird Christian Blanc, einstiger Chef der Pariser Verkehrsbetriebe RATP und früherer Generaldirektor von Air France. Die Schaffung dieses Postens macht deutlich, dass es sich beim Grand-Paris-Vorhaben um eine Staatsangelegenheit erster Ordnung handelt. Christian Blanc wird beauftragt, rasch ein Projekt zu definieren und in die Praxis umzusetzen. »Sie haben die Verantwortung dafür, eine Vision für die Hauptstadtregion mit dem Horizont 2030 zu definieren.«

Mit der angestrebten Schaffung einer Metropole »Grand Paris« schien nun wahrhaftig ein Riegel aufgesprungen zu sein. Dieser Schritt würde endlich über die seit 1860 bestehenden Grenzen hinausgehen, eine Ausdehnung des Stadtgebiets vornehmen, die Ausgrenzung der Banlieue überwinden, was von manchen progressiven Kräften immer wieder gefordert, aber von den herrschenden Eliten so lange hartnäckig verweigert worden war. Was hatte sich geändert, dass die Aufhebung dieser Abkapselung vorstellbar, ja wünschenswert erschien? Eine der möglichen Antworten lautet schlicht: Die alte Abgrenzung war nicht mehr nötig. Die politische Geografie hatte sich gründlich geändert, es gab keinen bedrohlichen roten Gürtel mehr, der die bürgerlichen Machtverhältnisse gefährden würde. Wo es noch kommunistisch geführte Gemeinden gab, war deren Politik mutiert zu einem pragmatischen Kommunalmanagement mit ein paar sozialen Nuancen.

Aber nicht nur hatte sich die Abgrenzung politisch erübrigt, sie war auch dysfunktional geworden, wie es Blancs Ernennungsschreiben präzisiert: »Die Kluft zwischen Paris und seiner Umgebung, die noch akzentuiert wird durch die Organisation der Verkehrsmittel und der Stadtplanung, erlaubt es nicht, den vollen Nutzen aus dem Potenzial der Agglomeration zu ziehen. Diese muss aber in ihrer Gesamtheit handeln, damit sie eine kritische Masse entwickelt, die groß genug ist, um mit den bedeutenden internationalen Kapitalen zu rivalisieren.«

Christian Blanc ist ein dynamischer Machertyp, der sich selbst in eine Reihe mit dem Baron Haussmann und Paul Delouvrier stellt. Tatsächlich wird ihm in seiner Auftragsbeschreibung die Aufgabe zugeteilt, »auf der Ebene der Agglomeration eine kohärente urbanistische Zielsetzung zu entwickeln, vergleichbar mit jener, die vor eineinhalb Jahrhunderten Paris in seinen derzeitigen Grenzen hervorgebracht hat«.

Und es gibt auch wirklich Ähnlichkeiten im Auftreten und sogar im Aussehen mit den beiden Vorläufern. Blanc ist ein wuchtiger Mann mit der Physis eines Rugbyspielers, autokratisch, eigensinnig, etwas schroff und gelegentlich undiplomatisch im Verhalten.

Seine Ernennung machte die Vertreter der Gebietskörperschaften des Pariser Großraums nervös. Sie wurde als ein staatlicher Schlag gegen die Dezentralisierung interpretiert, die seit 1982 Départements und Regionen von staatlicher Vormundschaft befreit und mit demokratisch legitimierten Strukturen ausgestattet hatte. Würde das neue Gebilde »Grand Paris« die Kompetenzen der Region Ile-de-France missachten, sich über sie hinwegsetzen? Es sah ganz danach aus. Christian Blanc säumte nicht, den Präsidenten des Regionalrats verbal zu attackieren, ihm Versagen und Mangel an Willenskraft angesichts der großen Herausforderungen vorzuwerfen. Kurz, der Grand-Paris-Staatssekretär machte sich sogleich unbeliebt. Sorgenvoll wurde darüber gerätselt, welche administrative Gestalt dieses »Grand Paris« annehmen würde.

ARCHITEKTENTRÄUME

Fürs allgemeine Publikum waren die administrativen und technischen Fragen der »gouvernance« zunächst von begrenztem Interesse. Große Aufmerksamkeit hingegen erzielte das Auftreten der zehn internationalen Architektenteams, deren Vorschläge Sarkozy selbst im April 2009 feierlich präsentierte. Spektakuläre Entwürfe, überraschende Ideen, bunte digitale Bilder: Das war sehr medientauglich, die dazugehörige Ausstellung in der »Cité de l'Architecture« am Trocadéro-Platz erlebte starken Zulauf, Magazine brachten Sondernummern zum Thema heraus. Es waren ja auch etliche Stars der Architekturszene dabei, unter ihnen Richard Rogers, Jean Nouvel, Christian de Portzamparc, Antoine Grumbach, Paola Vigano und der unumgängliche Roland Castro.

Wieder hielt Sarkozy eine längere Ansprache. Er unterließ dabei alle Hinweise auf politische Querelen, vermied technokratischen und ökonomischen Jargon, vielmehr hatte ihm sein Redenschreiber überraschend poetische Passagen in den Mund gelegt. So bezog sich der Präsident auf einen Text von Victor Hugo, der aus seinem Exil heraus Paris als die Inkarnation des Wahren, Schönen und Großen bezeichnet hatte. »Das Wahre, das Schöne, das Große, genau dies wollen wir auch mit ›Grand Paris‹ verwirklichen«, sagte Sarkozy und hob zu näheren Erläuterungen an: das Wahre, da es keine große Metropole ohne spirituelle und intellektuelle Dimension gebe. Das Schöne, weil Schönheit essenziell zur Qualität und Würde des menschlichen Lebens gehöre und die Schönheit einer Stadt zwar ein schwer definierbarer, aber sehr reeller Teil des Glücks derer sei, die sie bewohnen. Das Große, weil Paris berufen sei, einen vorderen Platz in der Zivilisation und der Weltwirtschaft einzunehmen. »Grand Paris« beschränke sich nicht auf die Ausweitung der Grenzen von Paris, sondern wolle Frankreichs Trumpfkarte in Europa und in der Welt sein. Und dann setzte er hinzu: »Das Wahre, das Schöne, das Große – aber etwas fehlt noch: Auch gerecht soll sie sein! Die Stadt ist ein Ganzes. Die Stadt ist ein Gefühl der Zugehörigkeit. Die Stadt, das ist die gleiche Würde, die allen Bürgern geschenkt wird. Die gleiche Berücksichtigung ihrer Probleme, ihrer Bestrebungen, ein gleicher Zugang zu Kultur, Bildung, Gesundheit, Beschäftigung, Mobilität. Die Stadt, das ist die Gleichheit der Chancen.«

Nach diesen erstaunlichen, fast revolutionären Tönen lobte er die Ergebnisse der internationalen Konsultation und betonte, wie wichtig es sei, die Architektur ins Zentrum der politischen Entscheidungen zurückzubringen: »Das Nachdenken von Urbanisten und Architekten bildet den Ausgangspunkt für die Erarbeitung dieses so symbolischen Grand-Paris-Projekts.«

Vielfältig ist das Angebot an Ideen. Zur Verhinderung des unkontrolliert-tintenfleckartigen Weiterwachsens der Agglomeration sehen die meisten Teilnehmer ein multipolares Modell vor, aber wenn das Team von Richard Rodgers fünf neue Zentren ums alte Paris herum anordnet, stellt sich die Gruppe Descartes gleich zwanzig neue Städte mit rund 500 000 Einwohnern vor, wohingegen sich in der Vision des Ateliers von Christian de Portzamparc die Groß-Pariser Ausdehnung in Form rhizomartiger Geflechte vollzieht.

Zu berücksichtigen waren das Kyoto-Protokoll über den Klimaschutz und das Prinzip der nachhaltigen Entwicklung. Das ließ einen breiten Rahmen für die Entfaltung von Urbanisten- und Architektenfantasien. Fast alle widmen sich der Verkehrsfrage, wenn auch auf recht unterschiedliche Weise. Hochbahnen, die in mehreren konzentrischen Ringen das alte Paris umfahren, eine Magnetschwebebahn über dem Boulevard Périphérique, Trams, Kollektivtaxis, Fluss-Transporte, Seine-Vaporettos und sogar Seilbahnen sind dabei.

Über zahlreiche umweltrelevante Details wurde nachgedacht. Die Biomasse ist zu vergrößern, es werden Feuchtgebiete angelegt, Uferzonen neu bepflanzt, aber auch Wohn- und Geschäftshäuser begrünt. Auf den Computerbildern quillt es grün von Balkons und Dachterrassen. Einem grünen Teppich ähnelt Paris von oben bei Richard Rogers, der im Übrigen in der nördlichen Banlieue einen neuen Wald mit einer Million Bäumen vorsieht.

Eine deutliche Vergrößerung der Waldgebiete befürwortet auch die »Groupe Descartes« um Yves Lion, ebenso wie die Förderung landwirtschaftlicher Aktivitäten. Außerdem sollen die Wasserläufe des Pariser Großraums ihre einstige Qualität wiedererlangen. »Wenn man wirklich wieder in der Seine baden könnte, dann wäre nicht nur das Leben unserer Mitbürger verbessert, sondern es wäre damit auch eine unvergleichliche touristische Attraktivität verbunden: Kommen Sie, baden Sie in der Seine! Dann wird man in Paris drei bis vier Millionen Touristen zusätzlich haben!«

Nicht alle wollen begrünte Dächer. Wie wäre es, wenn man sämtliche Gebäude des großen Paris mit Solarzellen ausstattete?, fragt Winy Maas von der niederländischen Gruppe MVRDV. Das würde nicht nur einen beträchtlichen Teil des Energiebedarfs decken, sondern es wäre auch ein ästhetischer Zugewinn für die Pariser Dachlandschaft. »Sie würde sich vom jetzigen Grau in Gold verwandeln. Und plötzlich ist da eine einzige glänzende Oberfläche, die sich in eine Fata Morgana verwandelt und etwas von einem Traum haben wird!«

Christian de Portzamparc hingegen träumt von einem neuen, in die bisherige Banlieue nach Aubervilliers vorgeschobenen Großbahnhof »Europe Nord« anstelle der Gare du Nord und Gare de l'Est, ein europäischer Hub für Reisende aus London, Brüssel, Köln oder Frankfurt. »Der neue Bahnhof, an dem man ankommt, wird effizient und gut angebunden sein, aber er wird auch Hotels, Bürohäuser, Finanz- und Businesszentren in seine Umgebung ziehen, ebenso wie Wohnungen und Parks – eine Art La Défense neuen Typs, wenn man so will. Das heißt, wir müssen Firmensitze und Arbeitsplätze nach Paris locken, sonst gehen sie nach Brüssel oder London.«

Nach La Défense soll übrigens vom Zentralbahnhof »Europe Nord« eine geräuschlose Magnetbahn fahren. Die Bahntrasse, die zur alten Gare du Nord führte, wird in einen grünen Park-Korridor verwandelt.

Stromabwärts im Seinetal sieht Antoine Grumbach die Zukunft von »Grand Paris«. Er scheint sich dabei an Napoléon Bonaparte zu erinnern, der 1802 schon sagte: »Paris, Rouen, Le Havre: ein und dieselbe Stadt, deren Hauptstraße die Seine ist.« Aber wahrscheinlich hat ihn auch der aktuelle französische Universaldenker Jacques Attali beeinflusst. Der schreibt in seinem Buch *Paris et la Mer*, dass Großstädte für ihre Entwicklungsmöglichkeit mehr denn je auf Häfen und Seeanbindung angewiesen seien. Und so will Grumbach Paris nicht weiter konzentrisch rund um den inneren Kern fortentwickeln, sondern zum Meer hin strebend! Bislang fehle einfach diese maritime Dimension. »Alle großen Weltmetropolen werden Hafenmetropolen sein, sonst bekämen sie keinen Zugang zu 85 Prozent aller Bewegungen und Waren, darunter würde ihre Wirtschaft empfindlich zu leiden haben. [...] Ich glaube, wenn man sich das Tal der Seine vornehmen würde, ließe sich die Identität einer Metropole von 16 Millionen Einwohnern herstellen. Wir haben uns auch für die Frage einer symbolischen Verbindung zwischen dem Fluss und Paris interessiert und diese große Promenade entlang der Seine bis nach Le Havre vorgeschlagen, eine virtuelle Achse, die die Champs Elysées bis zum Meer verlängert, und jedes Mal, wenn diese virtuelle Achse, die wir ›Axe de la Concorde‹ nennen, die Seine berührt, kreieren wir dort ein Event, einen symbolischen Ort, eine Skulptur aus Laserstrahlen zum Beispiel, dadurch wollen wir diese neue große Identität herstellen und so den Zielvorstellungen heutiger Wirtschaftsdenker entsprechen.«

Auch Roland Castro ist mit seinem Team an der großen Ideensammlung beteiligt. Früher und intensiver als andere hatte er sich mit der Grand-Paris-Frage beschäftigt. Trotz des Scheiterns seiner Banlieue-89-Mission glaubt er weiter unverdrossen an die emanzipatorische Kraft seiner Architektur. Er will die Banlieue so transformieren und ästhetisch aufwerten, dass sie bei ihren Bewohnern ein positives Zugehörigkeitsgefühl hervorbringt. Dazu sei es nötig, meint Castro, die vernachlässigten Zonen mit monumentalen Elementen anzureichern: »Monumentales ist unverzichtbar in einer Stadt. Man schätzt an der Stadt, dass es dort nicht nur Funktionelles gibt, nicht bloß Schlafen, Arbeiten, Essen und so weiter. Sondern dass es eine Reihe von Dingen gibt, die dem Ganzen einen Sinn geben. Ich schlage für ›le Grand Paris‹ vor, alle Ministerien in die Banlieue zu verlagern, alle großen Institutionen in die Banlieue zu verlagern, und dass dort große monumentale Ereignisse stattfinden, die mit den großen Fragen unserer Zeit verbunden sind, die zum Beispiel damit zu tun haben, dass unsere Republik heute eine multikulturelle Republik ist. Ich würde gern ein großes monumentales System am Ufer des Lac de Vaires einrichten, wo die Franzosen von heute, die von den Völkern der ganzen Welt abstammen, zur Feier ihrer Gemeinsamkeit zusammenkommen.«

Schon in den 1980er-Jahren hatte Castro den Vorschlag gemacht, die im 19. Jahrhundert auf Anhöhen rund um Paris errichteten militärischen Forts zu urbanen Reizpunkten zu machen. Jetzt greift er diese Ideen wieder auf und sieht in den Hügeln der ungenutzten Forts potenzielle neue Montmartres. Man müsse einen Blick haben für das Potenzial zur Wiederverzauberung der Banlieue, sagt er. »Es gibt immer großartige Orte, die man ins rechte Licht rücken kann. Es gibt immer spezielle Eigenheiten. Es gibt immer ein Flussufer. Es gibt immer etwas im Terrain, aus dem man was machen kann. [...] Das rationalistische Denken hat all das total vergessen, was man an urbaner Poesie aus der Geografie herausholen kann. [...] Man ist nie auf gesichtslosem Terrain, selbst wenn es sich um landwirtschaftliches Terrain handelt. Und das Poetische, das man fabrizieren kann, kommt aus diesem Erkennen der Orte, dieser Aufwertung der Orte. Auch wenn es seltsam klingt: Beim Thema urbane Gestaltung ist die zentrale Frage das Poetische. Wenn ich ein Quartier entwerfe, dann gehe ich darin zum Beispiel spazieren. Ich mache Architektur wie ein Spaziergänger. Wie ein Träumer.«

DER TECHNOKRAT

Nachdem die Ergebnisse des internationalen Ideenwettbewerbs mit dem Segen des Staatspräsidenten und großem Medienaufwand der Öffentlichkeit präsentiert waren, kam es wie ein Schock, als Sarkozys Grand-Paris-Staatssekretär Christian Blanc verkündete, was er selbst mit seinem Stab erdacht und beschlossen hatte. Sein Konzept beruhte auf zwei Grundsätzen: Erstens propagierte Blanc den Bau einer vollautomatischen unterirdischen Express-Metro, die in einer Doppelschleife oder »großen Acht« die wichtigsten Punkte des

Großraums rund um die Uhr miteinander verbinden sollte, ein Verkehrsmittel, für das nicht die Region, sondern der Staat zuständig wäre. Zum anderen definierte er eine Reihe von strategischen Territorien, »Cluster« genannt, die große Entwicklungspotenziale besitzen und wo Unternehmen und Forschungsstätten fruchtbare Beziehungsgeflechte bilden könnten, so etwa auf dem südwestlich von Paris gelegenen Campus von Saclay, wo sich bereits diverse naturwissenschaftliche und technologische Einrichtungen angesiedelt hatten. »Das Plateau von Saclay besitzt alle Voraussetzungen, um eine weltweite Referenzgröße in der Dimension von Silicon Valley zu werden.«

Andere Cluster wären La Défense als Finanzplatz und dynamisches Businesszentrum oder die Gegend der Plaine Saint-Denis mit ihrer wachsenden Spezialisierung im Bereich Unterhaltungsindustrie: »Ein großräumiger Sektor rund um Pleyel wird zum Territorium der Kreativität. Alle künstlerischen Bereiche und alle kreativ Tätigen werden dort ihre Hauptstadt finden sowie alle schöpferischen Ausdrucksformen, vor allem solche digitaler Art.«

Es handelte sich um Zonen, in denen bereits bestimmte Kompetenzen existierten, deren Zusammenwirken nun aber entschieden gefördert werden müsste, wozu auch das neue Verkehrssystem gehören würde, das die Kompetenzpole untereinander und mit dem inneren Paris verbinden sollte.

Was Christian Blanc da aus dem Zylinder zog, hatte mit den publikumswirksamen Fantasien der Architektenteams nur wenig gemein. Wo blieb das Poetische? Der selbstherrliche Technokrat – »meine Ambition ist eine historische« – hatte sich nicht mit den Baukünstlern abgesprochen und alle ihre schönen Ideen schlichtweg ignoriert. Sie fühlten sich brüskiert, empörten sich über die Reduzierung des Projekts auf ein banales Transportsystem, obendrein ein unterirdisches! »Um sich einer Metropole zugehörig zu fühlen, muss man sie entdecken können, wenn man sie durchquert«, befand der Urbanist Jean-Marie Duthilleul. Der leicht erregbare Jean Nouvel gab zornige Interviews, nannte Blanc eine Fehlbesetzung und forderte, den Staatssekretär aus dem Verkehr zu ziehen. Nicolas Sarkozy beeilte sich, die Vertreter der sensiblen Zunft zu beruhigen und kündigte ihnen die Schaffung eines »Atelier international du Grand Paris« an, in dem sie ihre Arbeit fortsetzen würden, einen generellen Think-Tank, wo sie in Diskussionen und Kolloquien zur Zukunft des großen Vorhabens beitragen könnten.

Dessen ungeachtet wurde kurz darauf per Gesetz die Société du Grand Paris (SGP) ins Leben gerufen, ein staatliches Instrument mit dem Auftrag, den Bau der neuen – »Grand Paris Express« genannten – Métro vorzubereiten und durchzuführen. Außerdem gehört es zu den Aufgaben der SGP, die Umgebungen der neuen Bahnhöfe zu entwickeln und zu vermarkten. Dazu wurde sie mit den nötigen Vollmachten etwa für Grundstücksenteignungen ausgestattet, was eigentlich in den Kompetenzbereich der Gemeinden gefallen wäre. Der Staat ließ keinen Zweifel daran, dass er die Umgestaltung der Pariser Region unter seiner Kontrolle halten wollte.

Staatssekretär Blanc hatte sich also durchgesetzt, mochte er dabei auch so manchen auf die Füße getreten sein. Dabei war ihm durchaus eine gewisse Freude an der Provokation eigen. Während seiner Audienzen, etwa wenn er sich mit Gewerkschaftern traf, paffte er demonstrativ dicke Havanna-Zigarren, ganz wie der Kapitalist in den klassischen Karikaturen. Offenbar hat er das sehr genossen, allerdings wurde ihm sein Hobby schließlich zum Verhängnis. Das Satire- und Enthüllungsblatt *Canard enchainé* fand heraus, dass er sich seine edlen Zigarren im Wert von 12 000 Euro auf Steuerzahlerkosten hatte kommen lassen. Der Haussmann-Verehrer war zu vielen in die Quere gekommen, hatte sich zu viele Feinde gemacht, auch in der Regierung, der er angehörte. Nun war ein Vorwand gefunden, ihn abzusägen, und so musste er gehen. Gleichwohl hat Christian Blanc denen, die nach ihm kamen, seine wesentlichen Orientierungen vererbt. Er bleibt der technokratische Geist hinter dem Grand-Paris-Projekt.

DIE JAHRHUNDERT-
BAUSTELLE

Nicolas Sarkozy hatte mit seinen spektakulären Auftritten und Maßnahmen die Grand-Paris-Idee einigermaßen abrupt als Thema in die Öffentlichkeit gebracht. Allerdings hatte der sozialistische Pariser Bürgermeister Bertrand Delanoë schon seit längerem diskret und geduldig eine Neuentwicklung des Verhältnisses zwischen Hauptstadt und Banlieue eingeleitet und seit 2001 Fühler zu den Nachbarn jenseits des Boulevard Périphérique ausgestreckt.

Das bis dahin von gegenseitigem Misstrauen geprägte Verhältnis zwischen Paris und seiner Banlieue änderte sich, es begann eine Phase der Annäherung. 2006 entstand die »Conférence métropolitaine« und dann das gemischte Syndikat »Paris Métropole«, ein Zusammenschluss von zunächst 143 Gemeinden, 7 Départements und weiteren Gebietskörperschaften, deren Vertreter in eine Phase des Brainstorming eintraten, sich Gedanken machten über die Gestaltung und Organisation der künftigen Métropole.

Ein enthusiastischer Streiter für das größere Paris im Hôtel de Ville war von Anfang Delanoës kommunistischer Referent Pierre Mansat. 2011 sah er in der Think-Tank-artigen Struktur »Paris Métropole« ein viel versprechendes Modell. »Als in der Stadt Paris die Linke ans Ruder kam und Bertrand Delanoë Bürgermeister wurde, stellten wir fest, dass es – abgesehen von technischen Kontakten zu Fragen wie Müll oder Kläranlagen – keinen Ort der Begegnung, des Austauschs zwischen den Teilen dieses Großraums gab. ›Paris Métropole‹ ist eine ziemlich atypische Einrichtung, ihr Prinzip ist simpel, aber effizient: Jedes Mitglied hat eine Stimme, egal ob es eine Gemeinde von 10 000 Einwohnern oder die Stadt Paris mit über 2 Millionen ist. Ich sehe darin eine neuarti-

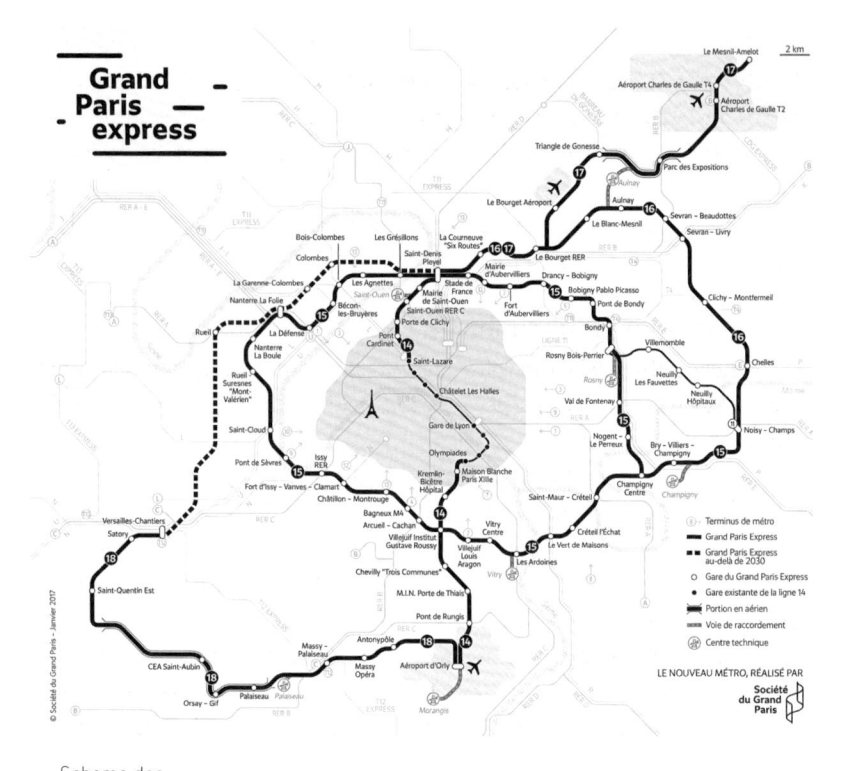

Schema des künftigen Grand-Paris-Metronetzes.

ge politische Bühne. Es hat sowohl etwas von einem Forum als auch von einem Verein. Es ist eine Bühne, auf der man Gesichtspunkte zu den großen Themen, zur wirtschaftlichen Entwicklung, zur Wohnungsfrage, zur finanziellen Solidarität und zur Kultur gegenüberstellen kann.«

Als Sarkozy von einer nötigen Neuordnung der Machtverhältnisse, von einer neuen »gouvernance«, im Pariser Großraum sprach, löste das Verunsicherung unter den Volksvertretern der Region aus.

Die Grand-Paris-Debatte gestaltete sich in einer ersten Phase von Juni 2007 bis Januar 2011 als wahrhafte Kraftprobe zwischen dem Staat und verschiedenen lokalen Politikern. Der Regionalrat der Ile-de-France war aufgestört und sah seine Kompetenzen infrage gestellt. Nervös wurde man auch auf der Ebene der Départements. Sollten die womöglich verschwinden im Rahmen einer Neuordnung des Pariser Großraums?

Nun lassen sich solcherlei strukturelle Änderungen nicht mehr per Federstrich erledigen. Gebiete können nicht einfach annektiert werden wie zu

Haussmanns Zeiten oder autoritär umgebaut wie unter de Gaulle und Delouvrier. Durch die 1982 eingeleitete Dezentralisierung entstanden demokratisch legitimierte Instanzen und Zuständigkeiten. Da sind die Region Ile-de-France, die Stadt Paris, sieben Départements, 400 Bürgermeister, diverse Gemeindezusammenschlüsse, und alle mit gewählten Volksvertretern, die ihre Rechte und Positionen beanspruchen.

SOLIDARISCHE METROPOLE?

Welche politische Form sollte dieses neue Gebilde »Grand Paris« annehmen, wo doch bereits so viele gewachsene Strukturen existieren? Und wofür sollte es zuständig sein?

Die vielschichtige Verwaltungsstruktur des Landes wird in Frankreich gern mit einem Millefeuille verglichen, einer mehrlagigen Crèmeschnitte. Die »Métropole Grand Paris« als neue Gebietskörperschaft wäre »eine nutzlose weitere Schicht im administrativen Millefeuille«, kritisierten die Repräsentanten der Region Ile-de-France. Aber der Vorschlag, die Départements zwecks Vereinfachung der Schichtpâtisserie zu fusionieren oder aufzulösen, rief wiederum bei den Generalräten heftige Proteste hervor. Es gab Erbhöfe zu verteidigen.

Sollte das geplante Gebilde eine eher hierarchische, also zentralisierende, oder eher eine konföderative Metropole werden? Mit welchen Kompetenzen? Und welche Gebiete sollten dazugehören? Nur Paris und die »petite couronne« aus den umliegenden drei Départements oder die gesamte Agglomeration?

Manch linker Politiker verband mit der zu schaffenden Métropole die Hoffnung auf mehr »égalité«, einer gerechteren Verteilung der Steuereinnahmen, eine Vorstellung, die an die Grand-Paris-Ideen der Zwischenkriegszeit, an die sozialreformerischen Forderungen von Henri Sellier oder André Morizet erinnert. In diesem Sinne äußerte sich 2011 auch Pierre Mansat: »Wir wollen eine Metropole entstehen lassen, die vollkommen solidarisch ist, das heißt, dass alle Bürger, wo auch immer ihr Wohnort ist und ihr Arbeitsplatz, den gleichen Zugang haben zum Angebot der modernen Großstadt. Wir wollen keine vernachlässigten, abgekapselten Territorien mehr, in denen sich die Armut konzentriert, in denen Not und Unbehagen dominieren. Diese zutiefst solidarische Metropole wollen wir also errichten, und eigentlich ist dies ein Gesellschaftsprojekt.«

Um einen Transfer von Reichtum zu ermöglichen, müsste die Métropole allerdings über die Verwendung der steuerlichen Ressourcen entscheiden können. Vor allem die reichen Gemeinden des Westens hatten wenig übrig für diese Idee. Eine neue Gebietskörperschaft, die sämtliche Lokalsteuern zusammenwerfen und umverteilen würde, brächte sie um ihre fiskalische Beute. Aber erst einmal wurde noch recht unverbindlich diskutiert.

Als François Hollande das Präsidentschaftsamt antrat, wurde das Grand-Paris-Projekt von der Linken übernommen und weitergeführt. Mit der Erarbeitung einer politischen Form für die zu schaffende Entität hatte der Staatspräsident zunächst das Syndikat »Paris Métropole« beauftragt. Aber nach zehn Jahren lockerer Debatten ging es nun um konkrete Machtfragen, und die Diskussionen waren bald festgefahren. Dem Syndikat aus gewählten Vertretern von Gemeinden und aus Generalräten gelang es nicht, sich auf ein Modell für die administrative Struktur und eine Definition der Zuständigkeiten zu einigen. So ging denn die Aufgabe auf die Parlamentsabgeordneten über.

Ein erstes, im Juni 2013 vorgelegtes Regierungsprojekt wurde vom Senat als zu zentralistisch zurückgewiesen, ein modifizierter Entwurf einer eher föderalen, multipolaren Metropole einige Monate später von der Nationalversammlung angenommen. Aber vor Ort in den Gemeinden brandete heftige Opposition gegen einen Artikel auf, der die finanziellen Kompetenzen der »Métropole Grand Paris« (MGP) regelte und die Möglichkeit fiskalischer Umverteilung eröffnete.

Die Bürgermeister liefen Sturm gegen die »Konfiszierung« ihrer Steuerhoheit. Sie waren grundsätzlich gegen eine integrierte Metropolenregierung und wollten ein Maximum an lokaler Macht bewahren. Um die MGP zu retten, verzichtete der sozialistische Premierminister Manuel Valls auf das Prinzip der finanziellen Solidarität, zu dem sich die Regierung bis dahin immer wieder ostentativ bekannt hatte.

Als geografische Eingrenzung der »Métropole Grand Paris« wurde das Territorium der Stadt Paris und der drei umliegenden Départements Hauts-de-Seine, Seine-Saint-Denis und Val-de-Marne mit ein paar Ergänzungen festgelegt: ein Gebiet mit 7 Millionen Menschen und 131 Gemeinden, aufgeteilt in 12 Territorien von rund 300 000 Einwohnern, die sich aus Gemeindezusammenschlüssen entwickelt haben. Sie werden bis 2020 die Verfügung über ihre Steuereinnahmen behalten, dann soll darüber neu entschieden werden.

Die Zuständigkeiten betreffen bisher Urbanismus, Verbesserungen auf dem Wohungssektor, wirtschaftliche und kulturelle Entwicklung sowie Fragen des Umweltschutzes. Sie könnten nach und nach erweitert werden. Das

Budget des administrativen »Grand Paris« ist vorerst äußerst bescheiden. Es werden daher kaum große Operationen finanziert, als vielmehr strategische Impulse gegeben.

»Am Ende kann man sagen: Der Berg kreißte und gebar eine Maus, denn dieses Gesetz bringt letztlich wenig konkreten Fortschritt zu grundlegenden Fragen wie Wohnungsbau und der Verminderung von Ungleichheiten«, so der enttäuschte Stadtgeograf Frédéric Gilli.

Andere Kritiker sprechen von einer »Low-Cost-Metropole«. Stéphane Troussel, Präsident des armen Département Seine-Saint-Denis, sieht die »großartige Chance verpasst«, mit den territorialen Ungleichheiten Schluss zu machen: »Wenn man beobachtet, wie sich die reichen Territorien einbunkern, [...] versteht man schnell, dass diese Metropole Grand Paris, reduziert auf strategische Kompetenzen und ohne große Mittel, bedauerlicherweise nicht die Rolle einer Speerspitze der territorialen Gleichheit spielen wird, die ihr gehört hätte.«

Seit Beginn des Jahres 2016 existiert die Métropole Grand Paris offiziell und juristisch. Der »conseil«, ihr Parlament, besteht aus 209 Mitgliedern: den Bürgermeistern der zugehörigen Kommunen und einigen Pariser Stadtverordneten. Zu ihrem ersten Präsidenten wählten sie aus ihren Reihen den Abgeordneten der Republikaner und Bürgermeister von Rueil-Malmaison, Patrick Ollier. Direkte Wahlen des Rates der Métropole durch die Groß-Pariser Bevölkerung sind erst für 2020 vorgesehen.

MÉTRO DER SUPERLATIVE

Während nach all diesen Auseinandersetzungen um die Frage des Führungssystems die neue administrative Einheit eine recht halbherzige und für viele enttäuschende Form angenommen hat – eine Métropole auf Sparflamme mit vagen Zuständigkeiten –, entwickelt das Projekt »Grand Paris« unter der Autorität der 2010 gegründeten Société du Grand Paris (SGP) eine ganz andere Dynamik. Die staatliche Struktur SGP verfügt für ihren Auftrag über ein stolzes Budget von 28 Milliarden Euro, um sie, wie ihr Präsident Philippe Yvin sagte, in »die europäische Baustelle des 21. Jahrhunderts« zu investieren: den Bau des »Grand Paris Express«, eines vollautomatischen Metrosystems für den Pariser Großraum.

In Schriften wie *Le Grand Paris Express, investissement pour le XXIe siècle*, herausgegeben von des Société du Grand Paris, wird stolz auf die epochale Be-

Der Bahnhof Saint-Denis Pleyel ist ein Knotenpunkt von vier neuen Linien.

deutung des Werks hingewiesen: »Der Grand-Paris-Express ist mehr als ein Verkehrsnetz, er ist das Knochengerüst der künftigen Entwicklung in der gesamten Hauptstadtregion. Er dient den Bewohnern, den Kollektivitäten, den wirtschaftlichen Akteuren und wird eine Quelle bahnbrechender Innovation darstellen.«

Wie es der abgehalfterte Grand-Paris-Staatssekretär Christian Blanc vorgesehen hat, wird das System der neuen Express-Metro als möglicher Hebel für das Zusammenwachsen und die künftige ökonomische Entwicklung der Métropole betrachtet. Blancs Konzept sieht sich bestätigt, auch wenn ein paar Kompromisse mit den Plänen der Region Ile-de-France bezüglich der Streckenführung eingegangen wurden.

Vorgesehen ist bis 2030 eine Verdoppelung des aktuellen Pariser Metronetzes: 200 Kilometer neue Strecken und 68 Bahnhöfe sollen entstehen, während in den vorangegangenen zehn Jahren bloß 10 Kilometer gebaut worden sind. Neben der Verlängerung der bereits existierenden vollautomatischen Linie 14 sollen vier neue Strecken konstruiert werden, der überwiegende Teil davon als Untergrundbahn. In einer Tiefe von bis zu 30 Metern werden im unterirdischen Vortrieb die Tunnel gegraben. In weiten, miteinander ver-

Der Japaner Kengo Kuma ist der Architekt des »Hub«.

knüpften Ringen werden die Bahnen die Hauptstadt umfahren, verkehrsmäßig erschlossen wird dadurch ein Gebiet von 140 Quadratkilometern. Und sie werden rund um die Uhr fahren. Alle zwei Minuten soll ein Zug kommen, in Spitzenzeiten sogar alle 90 Sekunden. Der Grand-Paris-Express fährt fahrerlos und vollautomatisch, funktioniert daher auch bei Streiks. Im Mai 2016 wurde mit den Arbeiten an der Linie 15 begonnen. Auf dem Terrain des künftigen Bahnhofs von Clamart fand am Einweihungstag ein großes Fest statt.

»Der Grand-Paris-Express ist eine großartige Verkehrsinfrastruktur, konzipiert, um die Entwicklung der bedeutendsten Wirtschaftsregion Europas zu fördern.« Superlative kennzeichnen die Verlautbarungen der Société du Grand Paris.

Zum ersten Mal verbindet ein Bahnsystem nicht bloß die Hauptstadt mit ihrer Peripherie. Durch die Streckenführung von Banlieue zu Banlieue müssen Millionen von Menschen nicht mehr notwendig das alte Paris durchqueren, sondern können es in Windeseile umfahren.

Aber es geht nicht nur um den Transport. Eine entscheidende Rolle kommt den 68 Bahnhöfen zu, ihnen ist die Funktion von Entwicklungspolen zugedacht. Dreißig Architekturkabinette arbeiten an ihrer Gestaltung. Hell, freundlich und poetisch sollen sie wirken und zum Mittelpunkt attraktiver Urbanisierung werden. Die SGP ist direkt zuständig für die Herrichtung der im Umkreis von 800 Metern um die Bahnhöfe gelegenen Terrains, die mit Bürogebäuden, Geschäften und Wohnungen zu neuen Zentren zu verdichten sind. Das neue Metronetz werde entscheidend zur Aufwertung des Baugrunds beitragen und die Wohnungsbautätigkeit stimulieren. Zwischen 250 000 und 400 000 Wohnungen könnten rund um die Stationen entstehen, so die triumphalen Vorhersagen.

Besondere Bedeutung wird bestimmten Knotenpunkten, den sogenannten Hubs, zukommen. Es handelt sich dabei um 14 Bahnhöfe, die international vorrangig wahrgenommen werden könnten, etwa wegen ihrer Nähe zu Flughäfen, Business- oder Forschungszentren. Für die Gestaltung ihrer Umgebung wurden besondere Wettbewerbe ausgeschrieben. Die Hubs sind geplant als Schaufenster französischen Know-hows zum Thema Konzeption und Realisierung der intelligenten und nachhaltigen Stadt.

Der Grand-Paris-Express, daran wird kein Zweifel gelassen, ist schlichtweg »die innovativste Métro der Welt«. Er begünstigt den Wechsel vom Individualverkehr zum kollektiven Transportmittel, trägt zur Verminderung von Treibhausgasen bei. Die neuen Züge sind sparsam im Verbrauch von Elektrizität, für die Bahnhöfe ist die Nutzung geothermischer Energie vorgesehen.

Außerdem handelt es sich um »die digitalisierteste Métro der Welt«. Denn das 200 Kilometer lange Streckennetz wird auch eine Pipeline für hochleistungsfähige Glasfaserkabel sein. Zudem werden die aktuellsten WLAN- und Mobiltelefonverbindungen in Tunneln und Stationen angeboten, und entlang der Strecken werden Data-Center verfügbar sein. »Bürgern und Unternehmen wird alles geboten, was zu einer ›smart city‹ gehört, einer intelligenten und vernetzten Stadt im Dienste ihrer Bewohner.«

WACHSTUM DURCH CLUSTER

Zu den Gebieten, die demnächst superschnell durch den Grand-Paris-Express miteinander verbunden werden sollen, gehören die als Cluster bezeichneten strategischen Territorien, die bereits im Konzept des kurzzeitigen Staatssekretärs Christian Blanc eine zentrale Rolle gespielt hatten. Bei ihm waren es neun, inzwischen hat man sich auf sieben Cluster geeinigt: Räumlich benachbarte, in ihrer Spezialisierung verwandte hoch qualifizierte Betriebe und Forschungseinrichtungen, deren Zusammenwirken zu fördern wäre und die zum Katalysator für Wachstum und Beschäftigung im Pariser Großraum werden könnten.

Ein sehr deutliches Profil besitzt bereits das als Finanz-Cluster gehandelte Wolkenkratzer-Geschäftsviertel La Défense. Es umfasst 400 Unternehmen, 3,5 Millionen Quadratmeter Büros und 180 000 Beschäftigte, aber es wohnen dort nur 20 000 Menschen.

Die Eröffnung eines Campus der Pariser Université Dauphine in La Défense und die Präsenz der Management-Hochschule Leonardo da Vinci sind Anzeichen für eine verstärkte Interaktion zwischen Universitätsbereich und Unternehmen. Zu den aktuellen Modernisierungsplänen gehört eine Steigerung des Wohnungsanteils, eine massive Erneuerung des Wolkenkratzerensembles und eine stärkere Begrünung des Betonuniversums. 2010 konnte sich die für La Défense zuständige Entwicklungs- und Verwaltungsgesellschaft den 300 Hektar großen Sektor »Seine-Arche« einverleiben, der auf dem Gebiet von Nanterre liegt. Die Ausdehnung wird wohl auf eine weitere Million Büroquadratmeter hinauslaufen. La Défense ist zwar verkehrsmäßig schon sehr gut mit dem inneren Paris verbunden, soll nun aber auch, wie die Société du Grand Paris mitteilt, »mit anderen strategischen Territorien des Grand Paris«, etwa mit den Flughäfen Roissy, Le Bourget und Orly, durch neue Schnellverbindungen vernetzt werden. Um erhöhte Attraktivität bemüht man sich schon deshalb, weil durch die unerwartete britische Brexit-Entscheidung die Hoffnung aufgekeimt ist, man könne eine größere Zahl von Institutionen und Topmanagern aus dem Finanzplatz London herbeilocken.

Auf dem zwanzig Kilometer südlich von Paris gelegenen Plateau von Saclay formiert sich ein Cluster mit naturwissenschaftlich-technologischer Orientierung. Nichts Geringeres als das französische Silicon Valley soll dort entstehen. Schon bald nach dem Zweiten Weltkrieg hatten sich Institutionen der physikalischen Grundlagenforschung dort angesiedelt, später kamen die Universität Paris-Sud, die Ecole Polytechnique und diverse Laboratorien hinzu. In der Nähe installierten große Industriegruppen ihre Forschungs- und Entwicklungsabteilungen.

Im Rahmen des Grand-Paris-Projekts entstand 2010 die neue Großuniversität Paris-Saclay, für die 23 Bildungs- und Forschungseinrichtungen zusammengelegt wurden, darunter mehrere »Grandes écoles«, Elitehochschulen. 48 000 Studenten und mehr als 10 000 Forscher gehören ihr an. Ziel ist es, in die Konkurrenz mit den weltweit renommiertesten Universitäten wie Harvard oder Cambridge MA einzutreten, teilzunehmen am »Kampf der Titanen«, über deren Rangfolge internationale Klassifizierungen wie das Shanghai-Ranking entscheiden. »Paris-Saclay wird der französische Titan«, frohlockt *Le Monde*.

Für mehrere Milliarden Euro wird nun ein großflächiger Campus hergerichtet. Bei der baulichen Gestaltung kommen Architekten wie Renzo Piano und Rem Kolhaas zum Einsatz. Die Linie 18 der Grand-Paris-Express-Métro wird die ausgedehnte Zone mit der übrigen Welt verbinden.

Zum naturwissenschaftlich-technologischen Cluster gehören die zahlreichen auf dem Territorium präsenten Unternehmen, die vom außergewöhnlichen Pool qualifizierter Forscher profitieren. Für sie wurde 2013 das Label »Paris-Saclay« geschaffen.

Ein anderes Beispiel für die Synergie von Forschung und Unternehmen bietet der Cluster Descartes in der östlichen Banlieue. Er ist dazu bestimmt, zur weltweit maßgeblichen Referenz für die Entwicklung der nachhaltigen Stadt zu werden. Es geht dabei um ökologische Bauverfahren, umweltschonende Mobilität und Energieeffizienz, um alles, was die Herausforderungen der Städte von morgen betrifft. Fünfzehn Hochschulen mit Schwerpunkten wie Architektur, Urbanismus oder Ingenieurwissenschaften bilden den Kern des ökotechnologischen Pols, dem ein Business-Park mit rund 350 Firmen und Gründerzentren für Start-ups angegliedert sind. Milliarden werden zum Ausbau des Campus in den Cluster Descartes gepumpt, der ab 2022 durch den Express-Metrobahnhof Noisy-Champs bedient werden wird.

GROSSE ERWARTUNGEN

Die Mitteilungen der Société du Grand Paris strotzen vor Enthusiasmus und Selbstgewissheit. Nicht nur trägt ihr neues Verkehrssystem zum Erfolg der Cluster und Exzellenzpole bei, es ist auch selbst ein Katalysator für Innovationen. Die Aussichten sind grandios, die Bedeutung der Express-Métro ist immens, das steht fest, obwohl gerade erst mit den Tunnelgrabungen begonnen wurde.

Segensreich werden die Auswirkungen auf den Beschäftigungssektor sein. Christian Blanc hatte schon von bis zu einer Million Arbeitsplätzen in einem Zeitraum von fünfzehn Jahren geschwärmt. Inzwischen ist man ein wenig vorsichtiger mit den Zahlen, aber sie sind immer noch beachtlich.

Pro Jahr soll die immense Baustelle, die zehn bis fünfzehn Jahre dauern wird, 15 000 Arbeitsplätze kreieren. Dazu kommen weitere 115 000 durch die mithilfe des Grand-Paris-Express neu geschaffenen Wirtschaftsaktivitäten.

Die durch das Metronetz generierte soziale und wirtschaftliche Wertschöpfung wird auf mindestens 70 Milliarden Euro geschätzt. Auch sind Steuereinnahmen in Höhe von 40 Milliarden zu erwarten. Und wenn einmal der Grand-Paris-Express voll in Betrieb ist, wird sich das Bruttosozialprodukt der Hauptstadtregion um 100 Milliarden vergrößern, das teilt Philippe Yvin, Präsident der Société du Grand Paris, mit.

Wenn man sich daran erinnert, wie schon früher Spezialisten und Statistiker die dynamischen Staatstechnokraten – etwa zur Zeit der beginnenden Fünften Republik – mit Zahlen beliefert haben, die sich dann als maßlos übertrieben herausstellten, wäre vielleicht ein wenig Vorsicht bei solchen enthusiastischen Vorhersagen geboten. Aber Zweifel sind hier offenbar verfehlt. Die Société du Grand Paris hat sich einen internationalen Beraterstab aus renommierten Ökonomen, Geografen und Verkehrsspezialisten zugelegt. Es ist demnach alles durchdacht und durchkalkuliert.

»Dieses Netz wird ein beispielloser ökonomischer, technologischer, sozialer Beschleuniger sein. Es wird die drei Flughäfen der Ile-de-France verbinden, die Geschäftszentren und die Stätten der Wissenschaft. Menschen, Ideen und Güter werden dadurch schneller zirkulieren.«

Für den Präsidenten der Großbank BNP-Paribas, der etwas von der Zirkulationssphäre versteht, ist das durch die Express-Métro vernetzte Grand Paris ganz einfach »das größte ökonomische Entwicklungsprojekt der Welt«.

DIE STADT ALS UNTERNEHMEN

Manche Grand-Paris-Befürworter hatten sich freilich etwas anderes vorgestellt. »All dies hat sich entfernt von dem großen gemeinnützigen Projekt, das wir erhofften«, klagte der Geografieprofessor Michel Lussault. 2015 taten sich von der realen Entwicklung Enttäuschte zusammen und lancierten ein »Manifest du Grand Paris«. Die Initiative kam von Pierre Mansat, dem Pariser Vizebürgermeister, der seit 2011 auch als Präsident des Atelier International du Grand Paris fungiert. In dieser von Nicolas Sarkozy 2010 gegründeten Struktur sollten die zehn Architekten- und Urbanistenteams der »internationalen Konsultation« ihre Diskussionen fortsetzen und Vorschläge für die Gestaltung der künftigen Metropole erarbeiten. Das Internationale Atelier, dessen Mitgliederzahl inzwischen auf fünfzehn erhöht wurde, veranstaltet regelmäßige Kolloquien und Workshops zu urbanistischen Fragen, hat aber eine rein beratende Funktion.

»Das Grand-Paris-Projekt leidet in bedenklicher Weise unter dem Fehlen einer Vision. Es benötigt eine Basis, braucht Werte, ein Narrativ, das einen Sinn ergibt und die Menschen zusammenbringt.« So Mansat im Aufruf für das Manifest. Und ein Mitstreiter bemängelte, es sei »ein Gefühl der Konfiszierung des Grand-Paris-Projekts durch die ökonomischen und politischen Kräfte« entstanden. Wenn man auf Google Images das Stichwort »Grand Paris« eingebe, bekomme man fast ausschließlich Bilder vom Transportschema der Express-Métro. Das von einem Kollektiv aus Architekten, Soziologen, Schauspielern, Journalisten und Beamten verfasste Manifest beschwor eine »humanere, warmherzigere Metropole«, auch »gastlich, attraktiv und solidarisch« solle sie sein, und jeder Citoyen müsse ganz demokratisch mitreden können. »Grand Paris darf nicht misslingen, dieses großartige Projekt, das unser aller Leben verbessern soll.«

Hatte nicht auch Präsident Sarkozy, von dem ja die neue Grand-Paris-Initiative gekommen war, eindringlich von der »gerechten Stadt« gesprochen? Wahr, schön, groß und gerecht sollte sie werden. Und auch von Schönheit und zivilisatorischen Werten war die Rede. »Die Zivilisation beginnt da, wo sich Politik und Ästhetik miteinander verbinden«, sagte er. Man müsse mit der verachtenswerten Gewohnheit brechen, die Kunst für etwas Überflüssiges zu halten, wo sie doch einem tiefen menschlichen Bedürfnis entspreche. Das klang gut. Aber waren dies wirklich bestimmende Motive für das große Vorhaben? Handelte es sich nicht eher um gefällige rhetorische Ornamente? Spielte nicht im Hintergrund eine ganz andere Melodie?

Renzo Pianos Justizpalast – neues Wahrzeichen im Pariser Norden.

Im Juli 2011 – Staatssekretär Christian Blanc war schon abgetreten – hatte Sarkozys nunmehr für das Thema Grand Paris zuständige Minister für Städtebau, Maurice Leroy, einen Auftritt im Rahmen eines Seminars in London. Dessen Thema war von dankenswerter Klarheit: »The Greater Paris Project: Financial and real estate opportunities«. Der Minister wandte sich an Financiers, deren Zeit, wie er wisse, »knapp und kostbar« sei, weshalb er gleich zum »Wesentlichen« kommen wolle. Und beim »Wesentlichen« ging es dann nicht um Schönheit, Zivilisation, Solidarität und Ähnliches. »Sie als Investoren haben Entscheidungen zu treffen, Sie benötigen dazu Informationen, um vergleichen und im Hinblick auf das Potenzial für Entwicklung und Rentabilität die zweckmäßigsten Entscheidungen treffen zu können. Sie brauchen für die Investitionsaussichten maximale Lesbarkeit und Vorhersehbarkeit.« Ausdrücklich unterstrich der Minister die ökonomische Ambition des Projekts. »Ich will ihnen erklären, wie dieses Grand Paris realisiert werden wird und warum es gute Gründe gibt, in dieses Projekt zu investieren und an seinen Erfolg zu glauben.« Es wurden präzise Informationen geliefert, ohne blumige Worte, dafür mit viel Zahlenmaterial, um die britischen Geschäftsleute davon zu überzeugen, dass dieses »Greater Paris« für sie ein gutes Geschäft sein könnte. Auch hier war wieder die Rede vom »zunehmenden Konkurrenzkampf, den sich die großen Metropolen liefern«. Aber ohne kulturell-zivilisatorische Begleitmusik.

»Diesen Wettbewerb betreiben wir an der Seite der Unternehmen in unternehmerischem Geist, mit entsprechenden Zielen, Methoden und Mitteln. Wir setzen auf die Zukunft so, wie Sie auf die Zukunft Ihrer Unternehmen setzen.« Und der Minister schloss mit den Worten: »Unsere Trümpfe stehen außer Frage. Es liegt an Ihnen, davon zu profitieren.«

FLUCHT NACH VORN

In seinem Aufsatz »Vers la ville entrepreneuriale« beschreibt der Stadtgeograf David Harvey den sich im Laufe der 1980er-Jahre vollziehenden Wandel von der traditionell verwaltungsorientierten Stadtregierung, die sich primär mit dem Funktionieren der städtischen Dienste und den Bedürfnissen der Bürger befasst, hin zu einem »unternehmerischen« Modell. »In den letzten Jahren hat sich ein Konsens in der Welt des fortgeschrittenen Kapitalismus herausgebildet: Städte, die gewinnen, sind solche, die eine unternehmerische Haltung zur ökonomischen Entwicklung angenommen haben.« Im Kontext der Globalisierung werden die Städte in einen Konkurrenzkampf getrieben, der sie zu einer aktiven, ja aggressiven Standortpolitik veranlasst, sie Strategien zur Steigerung ihrer Attraktivität entwickeln lässt mit dem Ziel, Betriebe, Investoren, Forscher, Kulturschaffende, kreative Elemente, generell hoch qualifizierte Kräfte anzuziehen.

Im Fall von Paris liegt die Besonderheit darin, dass sich hier massiver als anderswo der Staat einmischt und in diesem Prozess als dominanter Akteur auftritt. Trotz aller Dezentralisierungsbemühungen bleibt Frankreich in seiner ökonomischen Struktur extrem zentralistisch: Von der Wirtschaftskraft des Pariser Großraums mit über 30 Prozent des französischen Bruttosozialprodukts ist das ganze Land abhängig. Der Pariser Großraum habe den Auftrag, Motor für das nationale Wachstum zu sein, schrieb Christian Blanc zur Zeit seiner Tätigkeit als Staatssekretär in seinem programmatischen Buch *Le Grand Paris du XXIe siècle*. »Es geht darum, dass Frankreich im Wettbewerb der Territorien seinen Rang halten kann, indem es sich auf eine offene, dynamische, attraktive Hauptstadtregion stützt, die Reichtum und Arbeitsplätze schafft.«

Paris soll sich vergrößern, nicht um der benachteiligten Banlieue Gerechtigkeit widerfahren zu lassen, wie es einst Henri Sellier und andere gefordert hatten, sondern um den vergrößerten Stadtraum zu einer Wachstumsmaschine auszubauen.

Die Pariser Trümpfe stünden außer Frage, hatte der Städtebauminister gesagt. Gewiss, Paris spielt in der Topliga der Weltstädte, aber der Platz im Ranking ist permanent gefährdet. »Jedes Jahr treten immer mehr globale Städte auf allen Kontinenten gegeneinander an und konkurrieren um immer weniger werdende Neuinvestitionen, vor allem solche strategischer Art wie Hauptquartiere, Forschungs- und Entwicklungszentren. Sich zu unterscheiden ist wichtiger denn je«, so die Wirtschaftsprüfungsgesellschaft KPMG.

Keine Position ist definitiv gesichert. Je mehr eine Stadt in die Prozesse der Globalisierung eingebunden ist, desto stärker ist sie deren Unwägbarkeiten ausgeliefert. Errungene Vorteile sind rasch wieder dahin. Das Investitionskapital will ständig neu umworben sein, denn es ist nunmehr sehr viel freier, seinen Ort zu wählen.Optionen gibt es reichlich. Renommierte Unternehmen achten auf Details, sind sensibel für feine Nuancen von einem Ort zum anderen.

So ähnelt die Situation großer Städte immer mehr jener von großen Unternehmen, die zu jedem Zeitpunkt einer Konkurrenz unterworfen und daher gezwungen sind, sich permanent zu erneuern, Innovationen zu lancieren, sich umzuorganisieren, um ihre Marktanteile zu verteidigen, neue zu gewinnen oder den eigenen Niedergang zu verhindern.

Die zu befolgenden Rezepte sind weltweit die gleichen: Um sich als attraktiver Standort zu profilieren, muss die Stadt, wie David Harvey schreibt, als ein Ort der permanenten Erneuerung erscheinen, dynamisch, wegweisend, aufregend und kreativ – »ein Ort, an dem es sich gut leben, spielen und konsumieren lässt«.

Es gehört selbstverständlich ein Park zeitgemäßer Geschäftsimmobilien dazu, die den Ansprüchen von Spitzenunternehmen genügen. Erforderlich sind hochwertige Infrastrukturen im Informatikbereich. Man sei dabei, »aus Grand Paris die am intensivsten vernetzte Region in Europa zu machen«, heißt es in einer interministeriellen Mitteilung. Entscheidend sind auch effiziente und komfortable Verkehrsanbindungen. »›The Grand Paris‹ Outstanding Transport Connections« werden von der »Greater Paris Investment Agency« angepriesen. In der Tat: Zwei internationale Airports und ein Business-Flughafen, TGV-Hochgeschwindigkeitsverbindungen bis in die Nachbarländer – das kann sich sehen lassen. Und als besonderes Plus kommt bald dieses beispiellose Netz vollautomatischer Express-Metros hinzu, das obendrein, wie die Werbung verspricht, großartige Investitionsmöglichkeiten bietet: »Major investment opportunities around a new transport network«.

Führungskräfte sind anspruchsvoll und wählerisch. Eine unerlässliche Bedingung, um interessante Firmen herbeizulocken, ist gehobene Lebensqualität. »Unrivalled Quality of Life« verheißt die Groß-Pariser Marketing-Agentur. Dazu zählen etwa standesgemäßes Wohnen und hohe Umweltqualität: Dieser Forderung antwortet die Norm HQE (Haute qualité environnementale) der neuen Wohn- und Bürogebäude.

Erwartet werden ferner attraktive Lifestyle- und Freizeitangebote, Sportstadien, Tennis- und Golfplätze, niveauvolles Shopping, aufregende Gastronomie, woran gottlob kein Mangel besteht.

»Paris, Frankreichs Hauptstadt, ist eine weltweit einzigartige Marke«, erfährt man in einer Veröffentlichung der Société du Grand Paris. »Ihr Bekanntheitsgrad entspricht dem anderer emblematischer Marken wie Apple oder Coca-Cola. Paris verkörpert den Luxus, die Lebenskunst, die Gastronomie, verbunden mit einem einzigartigen kulturellen und historischen Erbe.« Der Faktor Kultur ist natürlich von immenser Bedeutung für den Wirtschaftsbereich Tourismus. »Das kulturelle Angebot der Pariser Region übt starke Anziehungskraft aus und ist ein Garant für potenziell unbegrenzte wirtschaftliche Aktivitäten.«

Aber über seine touristische Bedeutung hinaus steigert das Kulturangebot auch Anziehungskraft und damit Konkurrenzfähigkeit dieses zusam-

Frank Gehrys »Fondation Louis Vuitton«.

menwachsenden Großraums. »In welchem Maße kann das kulturelle Grand Paris eine Trumpfkarte in der Globalisierung werden?«, fragte 2011 eine Untersuchung im Auftrag des Staatspräsidenten und wies darauf hin, wie sehr die Kulturszene als »soft power«, als Kraft der Verführung zum Wettbewerbsvorteil und Standortargument werden kann. Ging es früher vielleicht einmal darum, die kulturellen Bedürfnisse der eigenen Citoyens zu befriedigen, zu ihrer Kultivierung und Unterhaltung beizutragen, so steht mittlerweile die Instrumentalisierung der Kultur zum Zwecke der Attraktivitätssteigerung im Vordergrund.

Was die Angebote des traditionellen Kultursektors betrifft, ist Paris bestens ausgestattet: Oper, Theater, Kinos, Galerien, Louvre, Gare d'Orsay, Centre Pompidou – das ist schon alles sehr gut. Aber die unternehmerische Stadt darf sich auch im Kulturangebot nicht auf ihren Lorbeeren ausruhen. Ständig sind neue Sensationen, weitere Highlights gefragt. Umbuhlt werden daher milliardenschwerer Mäzene wie Bernard Arnault, Chef des Luxusgüterkonzerns LVMH (Louis Vuitton-Moët-Hennessy).

Für seine Louis-Vuitton-Stiftung räumte ihm die Stadt eine Konzession von 55 Jahren im Bois de Boulogne ein. Von Frank Gehry, dem dekonstruktivistischen Architekten des Guggenheim-Museums in Bilbao, hat er sich ein aus gläsernen Riesenflügeln zusammenkomponiertes Gebäude errichten lassen, um dort die von ihm zusammengetragenen Objekte der Gegenwartskunst auszustellen, wobei das exzentrische Gehäuse den ausgestellten Werken eindeutig die Schau stiehlt.

Arnaults Dauerrivale im Club der Milliardäre wie auch als Kunstmäzen ist François Pinault, der über Marken wie Printemps, Gucci oder Puma herrscht. Er darf nun mit dem Segen des Pariser Rathauses sogar ein ehrwürdiges historisches Monument, nämlich die sehr zentral gelegene alte Handelsbörse im Hallenviertel, übernehmen und als Museum für seine Privatsammlung herrichten.

Spektakuläre Konzertsäle sind für Metropolen ein Must, wie man in Hamburg und anderswo weiß. Die neue Pariser Philharmonie von Jean Nouvel wurde 2015 auf dem alten Schlachthofgelände von La Villette unmittelbar am Boulevard Périphérique eröffnet, wo sie in die Banlieue-Gemeinde Pantin hinübergrüßt. Die Randlage ist kein Zufall, die Ränder sollen ja überwunden werden im Grand Paris. Schon steigen in Pantin die Immobilienpreise.

Ein weiterer Grand-Paris-Musiktempel ist gerade in Boulogne-Billancourt vollendet worden. Er heißt »La Seine musicale« und steht tatsächlich mitten in der Seine, auf der Ile Séguin, die bis 2004 von Fabrikationsanlagen des Renault-Werks bedeckt war. Der japanische Architekt Shigeru Ban hat dort ein schiffsförmiges, von einer mächtigen Kugel gekröntes Konzertgebäude für bis zu 6000 Zuschauer errichtet.

Aber zum Image der kreativen Stadt gehört unbedingt auch die Kunst im öffentlichen Raum. Der ideenreiche Jean Nouvel hatte schon vor einigen Jahren vorgeschlagen, die gesamte Stadtlandschaft mit Gegenwartskunst zu bestücken: Plätze, Straßen, Gebäude, Brücken, Autobahnen – nichts sollte mehr »kunstlos« bleiben. Die Société du Grand Paris sieht das ähnlich. Sie will aus ihrem Grand-Paris-Express eine »Supermetro der Kultur« machen, deren gesamtes Netz mit beständigen oder ephemeren Werken gespickt sein wird. »Der Grand-Paris-Express ist einerseits ein großartiges Verkehrs- und Raumgestaltungsprojekt, ebenso aber ein großes kulturelles Abenteuer, wo die Künstler an der Seite von Architekten und Designern an der Erfindung der Stadt von morgen teilnehmen. Dieses Grand Paris der Kreativität soll dazu beitragen, unserer Metropole den Spitzenplatz unter den Welthauptstädten im Hinblick auf Innovation, Lebensqualität und Jugend zu erkämpfen.«

Zu einer kreativen, innovativen und jugendlichen Welthauptstadt gehören auch unkonventionelle Elemente. Neue urbane Genres wie Hip-Hop, Rap, Techno, Graffiti oder Street-Art sollen aus der Marginalität hervorgeholt, gefördert, vorgeführt und gewürdigt werden. Dieser Aufgabe widmet sich etwa das »Centquatre«, ein großartig transformiertes Leichenwagendepot im Nordosten von Paris, wo diverse aktuelle Ausdrucksformen zelebriert werden, oder auch »La Place«, das neue, vom Rathaus unterstützte Zentrum der Hip-Hop-Kultur, im Nordflügel der »Canopée«, des neugestalteten Hallen-Forums.

Der Kulturbetrieb ist ein Faktor von »Lebensqualität«, das Kulturkarussell kennt keine Verschnaufpause. Mag auch der Philosoph Alain Brossat in seinem Buch *Le Grand dégoût culturel* angewidert von einer »Gesellschaft der kulturellen Verfettung« sprechen und kritisch auf die »endlose Vervielfachung des allgegenwärtigen Kulturellen« hinweisen, »mit allen Effekten des Gleichgültigwerdens, der Übersättigung und Entpolitisierung, die diese hervorbringt«.

Zur attraktiven Metropole gehören aufsehenerregende Ereignisse. Das Pariser Jahr besteht aus einer unaufhörlichen Abfolge kultureller und sonstiger Spektakel, darunter sind jede Menge Sport-Events: Tennismeisterschaften, Rugby-Turniere und, nicht zu vergessen, die Spitzendarbietungen des vom Golfstaat Katar finanzierten Fußballvereins Paris Saint-Germain (PSG). Aber um das neue größere Paris mit Macht auf die internationale Landkarte zu bringen, braucht es mehr. Es bedarf der internationalen Megaevents, damit wirklich die ganze Welt hinschaut. Deshalb hat sich Paris für die Olympischen Spiele 2024 beworben und auch gleich für die im Jahr darauf vorgesehene Weltausstellung. Beide Kandidaturen, so sagte 2015 Premierminister Manuel Valls, sollten als Hebel dienen, die Infrastrukturen des großen urbanistischen Projekts zu beschleunigen und vor allem die Existenz von Grand Paris zu besiegeln. Grand Paris solle »zum einen für seine Bewohner, aber auch in den Augen der übrigen Welt zu einer territorialen Realität werden«.

Das für die Olympia-Bewerbung zuständige Komitee hat sich zum Entsetzen der Académie française für einen englischsprachigen Slogan entschieden. Aber wer seine Weltgeltung absichern will, muss weltweit verständlich sein. Und so leuchtete denn im Februar 2017 vom Eiffelturm das offizielle Motto »Made for sharing«. Eine klare Botschaft: Paris will mit anderen teilen. Und jedenfalls teilt es diesen Spruch mit den Firmen Burger King und Pizza Hut, die ihn bereits vorher benutzt haben. Na und? Wie die Société du Grand Paris schon mitgeteilt hatte: Paris ist eine Marke wie Coca-Cola oder Apple ...

HÖHENKOLLER

Ein wichtiger Faktor im Konkurrenzkampf der Metropolen sind die sogenannten »signature buildings«, von Stararchitekten entworfene Bauwerke, die den Städten als Markenzeichen dienen.

Zu den stereotyp beschworenen Vorbildern gehören die Oper von Sidney und Frank Gehrys Guggenheim-Museum in Bilbao, hochgepriesene Beispiele für die Möglichkeit, durch ein einziges Bauwerk ruckzuck einer gesichtslosen Stadt ein Gesicht zu geben, sie wiedererkennbar zu machen. Wer weiß denn, wie Bilbao vor dem Bau des Guggenheim-Museums ausgesehen hat?

Eine Riege internationaler Stars, möglichst Inhaber des Pritzker-Preises, steht inzwischen für die Produktion von neuen Wahrzeichen bereit. Ihre Landmarken sind über die Kontinente gesprenkelt. Und alle Städte wollen dieselben Stars. Der Drang nach vorzeigbarer Originalität hat zur Folge, dass rund um die Welt dieselben architektonischen Signaturen zu finden sind.

Der kritische Stadtsoziologe Jean-Pierre Garnier erinnert im Übrigen daran, dass viele der gefragten französischen Spitzenarchitekten in ihren jungen Jahren linke Positionen vertraten, als Maoisten, Trotzkisten oder Kommunisten aktiv waren, die für das »Volk« bauen wollten, bevor sie sich zu narzisstischen Kreativen fortentwickelt und in die Dienste der Mächtigen gestellt haben. »Kaum, dass sie in den Berufsstand eintraten, beeilten sich diese Revolutionäre des Zeichentischs, wieder an die Tradition der Mandarine anzuknüpfen. Der Linksradikalität ihrer jungen Jahre entledigt, lagern Jean Nouvel, Christian de Portzamparc, Roland Castro und andere ›Starchitekten‹ mehr denn je auf den Treppenstufen der Paläste.«

Was nun Paris betrifft, gibt es eigentlich keinen Mangel an gebauten Landmarken – Eiffelturm, Sacré-Cœur, Notre-Dame, Arc de Triomphe – nur leider ist das alles schon so alt, es fehlt das Zeitgemäße. Immer wieder wird die Gefahr der Musealisierung beschworen. Die Metropole des 21. Jahrhunderts muss, wie es scheint, neue Zeichen setzen. »Paris sera toujours Paris«, hatte Maurice Chevalier einmal voreilig gesungen. In Kürze sind einige Neuheiten zu erwarten, die bei manchen Paris-Liebhabern Verstörungen auslösen dürften.

So werden sie sich auf das Phänomen einer neuen Pariser »Vertikalität« einstellen müssen. Zu Zeiten von Pompidou und Malraux war schon einmal das Loblied auf Türme gesungen worden, dann begann mit Giscard d'Estaings Amtszeit eine Phase, in der die Konstruktion von Hochhäusern abgelehnt und für Paris eine Höhenbegrenzung auf maximal 37 Meter verfügt wurde. Die hat im Juli 2008 der damalige Bürgermeister Bertrand Delanoë wieder aufgehoben. »Warum soll man sich verbieten, Türme zu bauen, wenn sie schön sind, wenn sie sich harmonisch in die Stadtlandschaft einfügen?«, fragte ein Jahr später Staatspräsident Nicolas Sarkozy. »Warum sollte man sich a priori eine künstlerische, eine architektonische Ausdrucksform verbieten?«

Musikpalast auf dem Gelände der alten Renault-Fabrik.

Das erneuerte, vergrößerte Paris braucht eine anständige Skyline. Alle tonangebenden Städte der Welt bauen Türme: London, Barcelona, Dubai, Schanghai! Will man denn ins Hintertreffen geraten?

Die Promoter sind sowieso für Wolkenkratzer, und die Architekten scheinen geradezu versessen darauf, Türme zu bauen. Die steigern ihren Marktwert und schmeicheln ihrem Ego. Jetzt haben sie grünes Licht von den politisch Verantwortlichen. »Paris ist nicht vollendet«, befand ganz in ihrem Sinne der Pariser Bürgermeister. Man müsse »die Höhe in die Stadt reintegrieren, ohne die Irrtümer der Vergangenheit zu reproduzieren«. Die Bewohner sind zwar mehrheitlich dagegen, werden aber nicht gefragt. Auf keinen Fall wollte der Sozialist Delanoë auf sich sitzen lassen, was ihm von rechten Gegnern vorgeworfen wurde, nämlich dass er Paris zu einer »Museumsstadt« verkümmern lasse. So ein paar Wolkenkratzer würden, so meinte er, Paris das Gesicht einer »dynamischeren« Stadt verleihen. Und so beginnen sich die Leuchttürme des 21. Jahrhunderts rund um das alte Haussmann-Paris zu erheben.

DIE STADT ALS UNTERNEHMEN   249

Jean Nouvels Philharmonie an der Porte de Pantin.

Wenn Renzo Piano für London »The Shard«, diesen 304 Meter hohen gläsernen Stachel ans Südufer der Themse stellen konnte, dann hat er für Paris doch immerhin den 160 Meter hohen neuen Justizpalast entworfen, einen eckig abgestuften Klotz, der aus dem Viertel Les Batignolles emporragt. Es handelt sich um ein in Public Private Partnership (PPP) errichtetes Objekt, und wie fast immer bei PPP wurden die veranschlagten Kosten mächtig überschritten. Anfangs sollte das neue Tribunal 575 Millionen Euro kosten, es sind aber 2,4 Milliarden geworden. Ein Verein namens »Justice dans la cité« hatte kritisiert, der wirkliche Bedarf für die Justiz sei nicht nachgewiesen, im Übrigen habe man den bisherigen Justizpalast auf der Ile de la Cité gerade für 60 Millionen Euro renoviert. Auch die Justizministerin Christiane Taubira hatte sich gegen das Projekt ausgesprochen. Aber der Wunsch nach dem Turm-Symbol war wohl einfach größer.

Zwanzig Meter höher als Pianos Tribunal wird der pyramidenförmige »Tour Triangle« an der Porte de Versailles, den die Architekten Herzog und de Meuron konzipiert haben. Seit der Tate Modern in London, dem Olympiastadion in Peking und der Elb-Philharmonie in Hamburg sind die beiden Schweizer nicht zu umgehen als Lieferanten von »signature buildings«. Das umstrittene Vorhaben wurde von Delanoës Nachfolgerin im Bürgermeisteramt, Anne Hidalgo, energisch durchgeboxt. Der Turm werde »ein weiteres Kunstwerk in einer Stadt sein, die nie aufgehört hat, ihrem großartigen Patrimonium Neues hinzuzufügen«. Das komplett privat finanzierte dreieckige Gebilde soll Investitionen in Höhe von 500 Millionen Euro generieren, 5000 Arbeitsplätze werden durch seinen Bau geschaffen. Der für Städtebau zuständige stellvertretende Bürgermeister Jean-Louis Missika nannte die Pyramide ein »starkes und emblematisches Monument«, das die Kraft von Paris im Wettstreit der Weltstädte verkörpere. Es werde in der Pariser Skyline einen Dialog mit dem Eiffelturm führen. Das in der Nacht hell beleuchtete monumentale Dreieck wird direkt an der Nahtstelle zwischen »intra« und »extra muros« stehen. Die Leute aus der Banlieue werden also auch etwas davon haben.

Jean Nouvel strebte schon 2009 entschlossen in die Höhe, als er seine Vorschläge für das vergrößerte Paris bekanntgab. Zur Umrahmung des Seinehafens von Gennevilliers schwebten ihm mehrere schlanke, 300 Meter hohe Gebäude vor. In ähnlicher Weise wollte er den stillgelegten Regierungsflughafen Villacoublay umbauen. Aber auch das historische Paris wollte er mit neuen Orientierungsmarken bestücken. Mindestens vier sehr hohe Gebäude schienen ihm angebracht: eines an der Porte Dauphine, ein anderes hinter dem Friedhof Père Lachaise, ein drittes unweit des Nord- und des Ostbahnhofs und das vierte zwischen den Gares de Lyon und Austerlitz. Dafür konnte sich bisher noch niemand erwärmen. Aber an der bisherigen Stadtgrenze im 13. Arrondissement darf Jean Nouvel seine »Tours Duo« realisieren, zwei asymmetrisch verkantete Türme, der eine 180, der andere 122 Meter hoch. Ende 2020 sollen sie bezugsfertig sein.

Der britische Weltstar Sir Norman Foster hatte in einem Interview erklärt, Paris brauche eigentlich keine Türme. Gleichwohl ist er drauf und dran, an der Brücke von Neuilly, am Paris zugewandten Rand von La Défense, die Zwillingstürme des »Hermitage Plaza« zu bauen. Sie sollen beide 323 Meter hoch werden. Damit wären sie einen Meter niedriger als der Eiffelturm, eine Geste, die Foster als Referenz auf das alte Pariser Symbol verstanden wissen will. Die beiden neuen Riesen sollen in ihren 93 Etagen neben den unvermeidlichen Büros ein Luxushotel, Restaurants, Appartements, ein Zentrum für Thalassotherapie, einen Konzertsaal und eine Galerie für Gegenwartskunst beherbergen. Auch soll es mehrere Schwimmbäder darin geben. »Sie bieten dank der immensen Glasfenster einen unvergleichlichen Blick auf Paris und stellen eine echte Alternative zum Schwimmbad im Ritz dar«, wird von einem Sprecher der Immobiliengruppe »Hermitage« mitgeteilt. Die gehört einem umtriebigen russischen Baulöwen namens Emin Iskenderov, der sich dieses gewaltige Projekt in den Kopf gesetzt hat. Noch ist nicht sicher, ob die Finanzierung zustande kommt. Aber wenn, dann dürften Norman Fosters von überallher sichtbaren Zwillingstürme zwangsläufig zu einem Wahrzeichen des Grand Paris werden.

EXKURSION 11: LA DÉFENSE

Route: Pont de Neuilly – »Le Bassin« – Esplanade du Général de Gaulle – Cœur Défense – CNIT – Grande Arche – Japan Bridge – RER La Défense

Distanz: 3 km
Gehzeit: 1 h
Ausgangspunkt: Métro Pont de Neuilly
Endpunkt: RER/Métro La Défense

Der Parcours beginnt an der Métro **Pont de Neuilly**. Mit gebotener Ehrfurcht kann man sich auf der Seinebrücke den Herrschaftspalästen nähern.

»Gigantische Massen aus Kristall, höher als irgendein Gebäude auf der Welt. Kristall, in dem sich das Blau spiegelt; das in den grauen Himmel des Winters leuchtet, das eher in der Luft zu schweben scheint, als dass es auf dem Boden haftet, das abends glitzert durch den elektrischen Zauber. [...] Dies sind die Bürogebäude.«

Le Corbusiers Traum von der »Ville radieuse« scheint hier erfüllt, eine glitzernde Front von Bürogebäuden ragt in den Himmel, intensiv sichtbar und selbstherrlich. Allerdings hätte er es sicher gern einheitlicher gehabt, nicht so neoliberal-individualistisch.

Bevor wir das Reich der Banken und Firmensitze betreten, werfen wir von der rechten Seite der Brücke aus einen kurzen Blick auf die charmante **Ile de la Jatte,** mit dem kleinen Tempel auf der Spitze und den dekorativen Hausbooten. Auf der Insel entstanden einst berühmte Gemälde wie Georges Seurats *Un dimanche après-midi à l'Ile de la Grande Jatte*.

Die Insel gehört halb zu Neuilly, halb zu Levallois. Vor mehreren Jahren wurde sie auf Betreiben der beiden Bürgermeister Sarkozy und Balkany zu einem Elite-Wohnort hergerichtet.

Nach Überquerung der Brücke geht es einen etwas gewundenen Fußweg hinauf in die größte europäische Businesszone. Wir lassen das Novotel rechts liegen und erreichen die erste Betonplattenebene. Vor dem Turm »Allianz One« glitzert ein quadratischer Teich im Sonnenlicht: **Le Bassin.** Zur Mittagszeit verzehren hier Hunderte Büromenschen ihr Déjeuner aus Plastiknäpfen, die sie in einem der Food-Trucks erworben haben. Aus dem Wasser ragen sanft schwankende Tentakel mit mehrfarbigen Lichtern, installiert von dem Künstler Panayotis Vassilakis, genannt Takis.

Man hat zur Humanisierung des Glas- und Betongebirges überall Skulpturen eingestreut, weshalb sich La Défense als eine Art Open-Air-Kunstgalerie präsentieren kann. Neuerdings bemüht man sich auch, das mineralische Ambiente durch Bepflanzungen zu verschönern.

Wenn man scharf hinschaut, sieht man auf der Paris zugewandten Seite des Takis-Bassins etwas Grünes wachsen. Das ist der **Clos du Chantecoq,** ein 2007 angelegter Weingarten mit 740 Rebstöcken, Chardonnay und Pinot Noir. Die Produktion beträgt 400 Liter pro Jahr. Was damit geschieht, ist nicht näher bekannt.

Esplanade du Général de Gaulle heißt die 31 Hektar große Promenade für Fußgänger, die sich als Teil der großen, am Louvre beginnenden Prachtachse durch La Défense zieht – ein Paradebeispiel der »architecture sur dalle«: Auto- und Bahnverkehr, Belieferung und Entsorgung finden unsichtbar unter dem weitläufigen Betonsockel statt.

Das nächste Kunstobjekt am Rand der Esplanade heißt nach seinem Schöpfer **Le Moretti,** ein ovales Gebilde aus farbigen Röhren, das einen Belüftungsschacht kaschiert. Hier machen wir einen Abstecher nach rechts und treffen auf den schon 1975 errichteten Turm **Manhattan.** Er war mit seiner verspiegelten, kurvigen Silhouette das erste formal aus dem Rahmen fallende Hochhaus und galt damals als kühn und avantgardistisch.

Gleich links dahinter erhebt sich einer der neuesten Türme, der auf den fantasielosen Namen **D2** hört, ein wunderlicher, von einem Stahlgeflecht zusammengehaltener Zapfen, der mal mit einer Avocado, mal mit einer Riesengurke verglichen wird und an ein ähnliches Gebäude in London erinnert, das dort »The Gherkin« genannt wird.

Wie die Londoner Gurke wurde auch D2 mit dem »Emporis Skyscraper award« ausgezeichnet. Jawohl, auch Wolkenkratzer haben ihre Wettbewerbe und Preisverleihungszeremonien. Was man von unten nicht sieht: Unter der offenen Kuppel verbirgt sich ein lauschiger Dachgarten mit Bäumen und Buschwerk. Überhaupt gibt sich La Défense als umweltfreundliches Terrain, was einem vielleicht nicht sofort in den Sinn käme. Ein Stück weiter nach links, vorbei am Sitz des belgisch-französischen Bankenkonzerns Dexia: Da steht seit kurzem das ebenfalls preisgekrönte Prachtstück **Carpe Diem,** dem das Zertifikat »Hohe Umweltqualität« verliehen worden ist – für nachhaltiges Bauen, Energieeffizienz, schonenden Ressourcenverbrauch. Im oberen Teil des ökologisch angeblich so vorbildlichen Wolkenkratzers hat sich der Rüstungskonzern Thales installiert.

Zurück zur zentralen Esplanade. In deren Mitte erhebt sich ein anachronistisches Objekt, das hier gar nicht hinzugehören scheint, die Skulptur, von der das Viertel seinen Namen hat. Die 1883 eingeweihte Bronzestatue **La Défense de Paris** ist eine Hommage für die Nationalgardisten, die im Krieg von 1870/71 bei der Verteidigung der Hauptstadt gegen die preußischen Truppen ums Leben kamen. Erst im Januar 2017 hat man dieses Werk des Bildhauers Louis-Ernest Barrias wieder für jedermann sichtbar aufgestellt, nachdem es lange auf einer unteren Ebene verborgen war.

Als Peter Handke 1974 hier entlangwanderte, war er der Statue nicht begegnet. Es war hier damals alles noch recht kahl und zugig, und es gefiel ihm gar nicht. In *Als das Wünschen noch geholfen hat* beschrieb er seinen Eindruck: »Es war wie das Gelobte Land, aber nicht in dem Sinne des Paradieses, sondern in dem Sinn, dass sich der Zustand der Welt endlich unverstellt und unverlogen zeigte. Aus einer riesigen Metrostation kommt man über mehrere Rolltreppen auf eine weite, steinerne Plattform, an deren Rand schon überall die Häusertürme stehen, viele noch im Bau. [...] Es gab ein Schnellkaufgeschäft, das ›Quick food‹ hieß. An einer Snack-Bar mit Sandwiches und dergleichen stand traurig mit altfranzösischen Buchstaben: ›Brasserie‹. [...] La Défense müsste eigentlich Sperrzone sein – weil da die Geheimnisse der technokratischen Welt sich ganz unverschämt verraten. Ein Stacheldraht gehört ringsherum und Schilder ›Fotografieren verboten‹. Aber die verantwortlichen Unmenschen in ihren menschenwürdigen Umgebungen sind sich schon zu sicher. Geil lassen sie auf den Tafeln vor den Hochhausunterschlupfen ihre Namen leuchten: Bank von Winterthur, Chase Manhattan Bank, Siemens, Esso...«

Das scheint lange her zu sein. Man schaue sich nur die heiteren Ausflügler an, die bei sonnigem Wetter auf den Rasenflächen zu Füßen der Konzernsitze ihr Picknick veranstalten, mit Blick auf dieses gläserne Hochgebirge. Es kommen heute viele Besucher heraus, um sich von der gewaltigen Kulisse beeindrucken zu lassen. Womöglich empfinden manche sogar Nationalstolz angesichts dieser in Europa einmaligen Anhäufung exzentrischer Monsterbauten.

Von den Türmen der ersten Generation, die Handke damals sah, sind viele längst wieder abgerissen. Nur wenige der schlichten, rechteckigen, bloß 100 Meter hohen Klötze sind noch übrig. Zu ihnen gehört **Atlantique,** der früher Aquitaine hieß und Sitz von Elf-Aquitaine war, der skandalumwitterten Staatsfirma, die inzwischen im Mineralölkonzern Total aufgegangen ist. Fast bescheiden duckt sich das Gebäude im Schatten der neuen Riesen. Der 2014 eröffnete Turm **Majunga** ist doppelt so hoch. In seine gewellte bioklimatische Fassade sind Balkons mit Grünpflanzen eingebaut, auch Majunga wurde mit einem Qualitätslabel ausgezeichnet.

Gleich neben dem historischen Atlantique steht der monumentale **EDF-Turm** (Electricité de France). Der Firmensitz des weltweit größten Stromproduzenten und Atomkraftwerkbetreibers wurde vom US-Stararchitekten Ieoh Ming Pei entworfen, dem auch die Louvre-Pyramide und der Anbau des Historischen Museums in Berlin zu verdanken ist. Die Besonderheit des Turms besteht in einer schrägen Aussparung in den 26 unteren Etagen. Dadurch scheint es, als habe man ihm ein Stück aus der Fassade herausgeschnitten.

Bei den meisten neueren Gebäude in

La Défense ist der Wille zum originellen Look erkennbar, ob asymmetrisch, kubistisch, abgerundet, eingekerbt oder durchlöchert, sie scheinen vom Zwang besessen, durch Einzigartigkeit auftrumpfen zu müssen. La Défense hat schon mehrere Stagnationsphasen erlebt, Büropaläste veralten schnell, wenn sie dann nicht gründlich renoviert oder durch neue ersetzt werden, droht der Niedergang. Mit einer solchen Krise war 2005 Nicolas Sarkozy konfrontiert. Er war damals Innenminister und Präsident des Verwaltungsrats der EPAD, der für den Business-Distrikt zuständigen staatlichen Institution, und er setzte einen massiven Ausbau von La Défense durch. Türme wurden abgerissen und neu gebaut, 450 000 Quadratmeter Büroflächen kamen hinzu. Aber nicht alles gelang. Da war zum Beispiel der **Tour Signal**: für den wurde ein Wettbewerb ausgeschrieben, an dem sich Stararchitekten wie Portzamparc, Nouvel, Foster, Koolhaas, Libeskind, Hadid oder Wilmotte beteiligten. Gewonnen hatte ihn Jean Nouvel mit dem Entwurf eines Büroturms von 301 Meter Höhe und 71 Etagen. Aber dann klappte es nicht mit der Finanzierung.

Noch ein anderes von Sarkozys spektakulären Défense-Projekten konnte nicht realisiert werden: 2009 hatte er sich in den Kopf gesetzt, seinen Sohn Jean auf den Präsidentensessel der mächtigen EPAD zu hieven, einen damals 23-jährigen Jurastudenten im zweiten Jahr, mit wenig hervorstechenden Leistungen. Das kam nicht gut an. In den Medien war von zynischem Nepotismus die Rede, die ausländische Presse verglich Frankreich mit einer Bananenrepublik, die Umfragewerte waren verheerend. Beleidigt machte der ideenreiche Staatspräsident einen Rückzieher, Erbprinz Jean musste auf den tollen Posten verzichten.

Gegenüber dem EDF-Turm, auf der nördlichen Seite der Esplanade, beherrscht der Komplex **Cœur Défense** das Blickfeld. Mit dem von Ceausescu hinterlassenen Regierungspalast in Bukarest ist er mit 350 000 Quadratmeter Bürofläche das größte Nutzgebäude Europas, was stolz in den einschlägigen Broschüren mitgeteilt wird. Das Monstrum, das die Büros von 22 Firmen und ein Konferenzzentrum beherbergt, wurde seit seiner Fertigstellung im Jahr 2001 mehrfach als Spekulationsobjekt hin und her gereicht. Vom ursprünglichen Promoter Unibail wurde es 2004 für 1,3 Milliarden Euro an Goldman-Sachs verkauft, von denen dann 2007 für 2,1 Milliarden an die Bank Lehman Brothers. Es war zu diesem Zeitpunkt nicht nur das größte, sondern auch das teuerste Gebäude Europas. Man beachte, wie sich der Real-Estate-Wert wie von Zauberhand erhöht hat. Dann kam die Lehman-Pleite, und das Gebäude fiel im Rahmen einer Rettungsaktion an ein Investorenkonsortium, bis es 2014 an den texanischen Pension Fund Lone Star abgegeben wurde, nun wieder – Geheimnisse der Immobilienwelt – für 1,3 Milliarden. Zweifellos werden die Texaner das »Défense-Herz« bald mit ordentlichem Gewinn wieder verkaufen.

Gleich links neben dem Cœur-Défense-Mastodont befindet sich der **Espace info Défense,** wo Pläne und Infomationsmaterialien zu bekommen sind: über Hotels, Restaurants, Shopping-Center, Kinos und die im Gelände verstreuten Kunstwerke, über die größte Indoor-Golfanlage Europas, das Défense-Jazzfestival oder den Défense-Weihnachtsmarkt. Niemand soll sich langweilen, dafür sorgt die für Animation und Events zuständige Firma Defacto. Demnächst will sie auch die unter der Betondecke verborgenen Flächen und Kavernen für kommerzielle und gastronomische Nutzung erschließen, für Lounge-Bars, Fastfood-Lokale, Fitnessclubs oder – warum nicht? – auch Champignonzucht.

La Défense, es lässt sich nicht leugnen, ist inzwischen ein Touristenmagnet. Viele Besucher kommen wegen des immensen Einkaufszentrums **Les 4 Temps** – natürlich das größte Frankreichs.

Ein anderes Shopping-Center hat sich inzwischen auch im Inneren der früheren Ausstellungshalle **CNIT** (Centre des Nouvelles Industries et Technologies) angesiedelt. Die große weiße Muschelschale, dieses auf drei Punkten ruhende Betonsegel, war das erste und lange das einzige Gebäude auf dem Défense-Hügel. Als das Werk einer Architektengruppe um Bernard Zehrfuss 1958 eingeweiht wurde, schwärmte André Malraux, man habe seit den großen Kathedralen des Mittelalters nichts Vergleichbares geschaffen. Das CNIT hat vielleicht etwas von der Nierentisch-Ästhetik der 1950er-Jahre, aber für den Blick von unten auf die kühne Betondecke lohnt es sich, hineinzugehen.

In der Umgebung des CNIT wurden schon in den 1970er-Jahren die ersten voluminösen Skulpturen aufgestellt, so Alexander Calders 75 Tonnen schwere rote Stahl-Spinne oder die bunten Riesenfiguren von Miró. Links hinter der Halle erhebt sich der 12 Meter hohe Daumen des Marseiller Bildhauers César Baldaccini. Das ist große, ja sogar riesengroße Kunst, man kann es nicht bestreiten.

Noch viel größer aber ist die auf François Mitterrands Geheiß errichtete **Grande Arche,** der vorläufige ästhetische Schlusspunkt der großen historischen Achse. Der wuchtige Kubus, ein Werk des dänischen Architekten Johan Otto von Spreckelsen, gibt dem baulichen Durcheinander von La Défense so etwas wie ein Gesicht. Eingeweiht wurde das weiße Tor hundert Jahre nach dem Eiffelturm im Juli 1989 zur 200-Jahr-Feier der Französischen Revolution. Sein offizieller Name: »Grande Arche de la fraternité«. Das Innere hat sich bisher als wenig benutzerfreundlich erwiesen. Im Südpfeiler sitzen Mitarbeiter des Umweltministeriums in niedrigen Räumen ohne Tageslicht, im Dach befand sich ein inzwischen geschlossenes Informatikmuseum, im Sockel eine Ausstellung zu Europa, die wegen mangelnden Publikumsinteresses dichtgemacht wurde. Jetzt hat sich dort eine Managementschule einquartiert. 2010 wurden die defekten Außenfahrstühle und die beliebte Aussichtsterrasse geschlossen. Nach langen Reparaturarbeiten ist sie seit Mai 2017 wieder zugänglich.

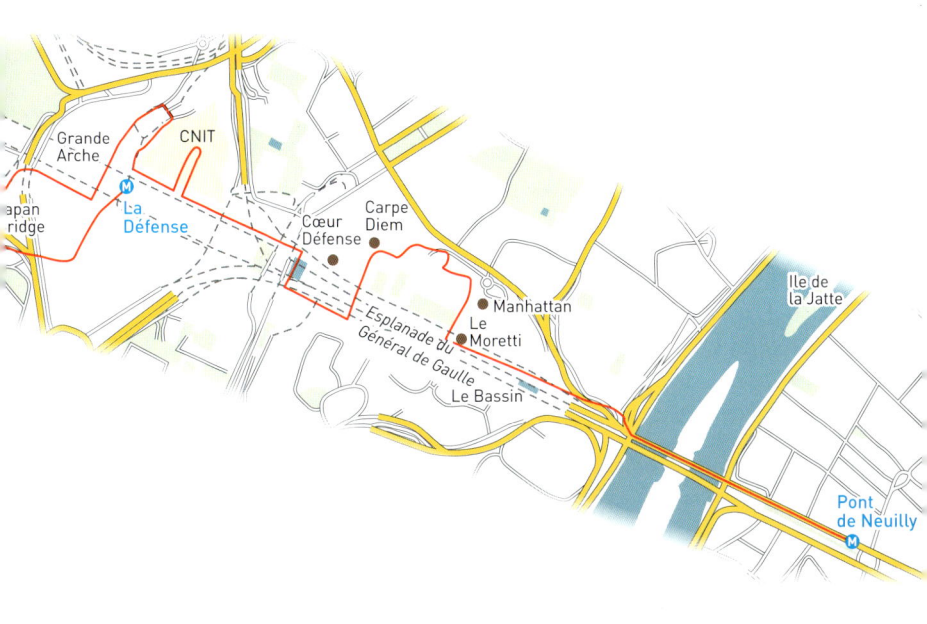

Für den Stadtsoziologen Thierry Paquot ist La Défense »eine urbane Ausstülpung aus dem Zeitalter des Produktivismus, die das Paradigma für das ist, was nicht mehr gebaut werden sollte«. Ein Beispiel für hilflose Empörung. Tatsächlich ist La Défense nachgerade ein Modell für das, was nun in vielfacher Weise gebaut werden wird. Und die urbane Ausstülpung setzt sich schon hinter der Grande Arche nach Nordwesten fort auf das Gebiet von Nanterre, wo Massen weiterer Büro- und Wohngebäude entstehen und der viel beschäftigte Architekt Christian de Portzamparc dabei ist, die größte aller großen Veranstaltungshallen zu errichten, die **Arena 92,** wahlweise Rugby-Stadion oder Konzertsaal für 40 000 Zuschauer.

Machen wir noch einen Schlenker links an der Grande Arche vorbei, den Cours Valmy entlang in Richtung auf die beiden Société-Générale-Türme. Das Gebäude **Le Pacific** zur Linken hat in der Mitte eine schlitzartige Öffnung. Dort geht es hinein und auf die **Japan Bridge,** eine glasüberdachte Fußgängerbrücke, die der Japaner Kisho Kurokawa entworfen hat. Sie überquert ein Straßengewirr und führt in einen offenen Spalt des verspiegelten, halbkreisförmigen **Immeuble Kupka.** Das ist zu durchqueren, dann geht es nach links, über eine weitere Brücke zur Place des Degrés, wieder nach links durch eine Unterführung und zurück zum großen Platz vor der Arche, wo sich der Zugang zur RER- und Metrostation befindet. Von hier aus kann – gesättigt mit wahrscheinlich zwiespältigen Eindrücken – der Rückweg angetreten werden.

Türme der Bank Société Générale.

Cœur Défense.

Mittagspause »au Bassin«. CNIT von innen.

Das Immeuble Kupka. CNIT von außen.

La Défense: ein Touristenziel.

La Grande Arche. Der Turm »Carpe Diem« und seine Nachbarn.

EXKURSION 12: UMGEWIDMETE INDUSTRIEBRACHEN IN DER PLAINE SAINT-DENIS

Route: Cité des Francs-Moisins – Stade de France –
Rue Francis de Pressensé – Campus SFR –
Parc du Temps des Cerises – Place aux Etoiles

Distanz: 3 km
Gehzeit: 1 h
Ausgangspunkt: Métro Porte des Lilas oder Hoche
Endpunkt: RER D Stade de France, Saint-Denis

Von den Metrostationen **Porte des Lilas** (Linie 11) oder Hoche (Linie 5) fährt der Bus 170 Richtung Saint-Denis. Unsere Fahrt geht bis zur Haltestelle Bergeries Franc Moisin.

Machen wir zunächst einen kurzen Abstecher in die **Cité des Francs-Moisins,** die sich nach rechts hin ausbreitet. In den 1960er-Jahren befand sich dort noch eine Bidonville, eine wilde Wellblech- und Bretterbudenstadt, in der 6000 meist portugiesische Immigranten hausten.

Zu jener Zeit war die Plaine Saint-Denis noch eine der größten Industriezonen Frankreichs. Das »Grand ensemble« wurde 1974 eingeweiht. Während die Industrie aus der Umgebung verschwand, entwickelte sich die Cité zu einem Problemquartier mit hoher Arbeitslosigkeit und den üblichen Begleiterscheinungen. Vor etwa fünfzehn Jahren begann eine gründliche Transformation: Größere Riegel wurden gesprengt, es entstanden großzügige Grünflächen zwischen den Wohnblocks, die Siedlung wirkt weniger brutal als manche anderen »Grands ensembles«. Zur Verschönerung gehört ein großes, schon etwas verblichenes Wandgemälde mit dem Titel »Fraternité«. Es beschwört das brüderliche Miteinander der Bewohner, die aus dem Maghreb, Schwarzafrika und Portugal stammen. Das Fremdenverkehrsamt des Département Seine-Saint-Denis weist gerne darauf hin, dass der Filmemacher Abdellatif Kechiche hier mit Laienschauspielern aus dem Quartier seinen Spielfilm *L'Esquive* (Das Ausweichen) gedreht hat, der 2005 gleich vierfach mit dem César ausgezeichnet wurde.

Trotz alledem wird die **Cité des Francs-Moisins,** in der rund 10 000 Menschen leben, offiziell als ZUS, »Zone urbaine sensible«, eingestuft.

Auflockerung und Begrünung haben nichts an der hohen Arbeitslosigkeit geändert. In unübersichtlichen Ecken floriert der Drogenhandel, gelegentlich kommt es zu gewaltsamen Ausschreitungen, so im August 2016, als ein Linienbus überfallen und in Brand gesetzt wurde. Daraufhin weigerten sich die Fahrer der Linie 170, das Quartier abends zu bedienen.

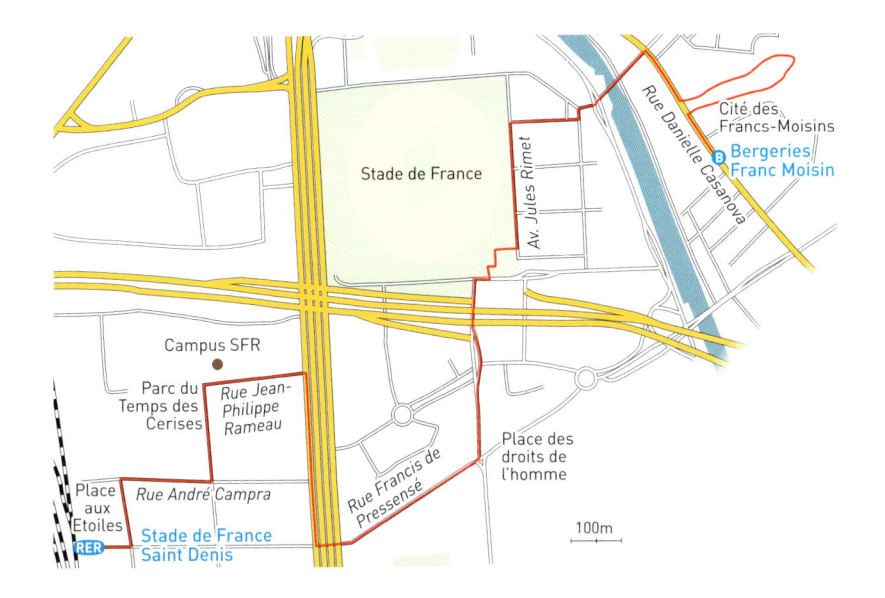

Zurück zur Hauptstraße Rue Danielle Casanova und auf der Höhe des Postamts nach links auf die neue Fußgängerbrücke, die den Kanal Saint-Denis überspannt. Sie ist ein Werk des Architekten Marc Mimram, der durch die grenzüberschreitende »Brücke der zwei Ufer« von Straßburg nach Kehl bekannt wurde. Eine Grenze, in diesem Fall eine soziale, überschreitet auch diese sehr viel kleinere Kanalbrücke. Sie führt hinüber in eine Welt aus Dienstleistungsunternehmen, deren brandneue Gebäude auf den Brachen der aufgegebenen Fabriken emporgewachsen sind.

Begonnen hatte die große Verwandlung mit der Errichtung des Nationalstadions **Stade de France** auf dem Gelände einer großen Kokerei. Das Stadion wurde mit Blick auf die Fußballweltmeisterschaft von 1998 gebaut. Noch als Bürgermeister von Paris setzte sich Jacques Chirac gemeinsam mit den kommunistischen Lokalpolitikern für den Standort Saint-Denis ein, wobei auch die Idee dahinterstand, das Stadion könne zu einer Neuentwicklung des krisengebeutelten Territoriums beitragen. Natürlich musste es von Paris aus erreichbar sein, deshalb wurden zwei RER-Bahnhöfe gebaut. Damit waren Grundbedingungen für die weitere Entwicklung der Zone gegeben.

Die Straßennamen in dem neu entstandenen Quartier zwischen Kanal und Stadion haben alle etwas mit Sport zu tun. Wir gehen durch die Rue du Mondi-

Cité des Francs-Moisins. Telekommunikationsanbieter auf Industriebrache.

Campus SFR. Zeichen an der Wand.

Firmensitze am Parc du Temps des Cerises.

SNCF-Verwaltung und Fernsehstudios Rue André Campra.

al 1998, kreuzen die Rue Jesse Owens und biegen nach links in die Avenue Jules Rimet, benannt nach dem französischen »Erfinder« der Fußballweltmeisterschaft. Hinter der großen Schüssel geht es halb rechts über die Rue Ahmed Boughera el Ouafi am Cegelec-Gebäude vorbei in eine Fußgängerunterführung. El Ouafi war ein aus Algerien stammender Marathonläufer, der bei den Olympischen Spielen von 1928 in Amsterdam für Frankreich die einzige Goldmedaille gewann. Die Unterführung, in der kugelförmige Lampen permanent ihre Farbe wechseln, damit keine Beklemmung aufkommt, führt auf die Avenue du Stade de France. Auch wenn eine Nebenstraße noch Rue de la Cokerie heißt, hat sich diese ganze Gegend in wenigen Jahren zu einer Businesszone des tertiären Sektors entwickelt. »La Plaine mit ihren weitläufigen Terrains, nur zehn Minuten von Paris und Roissy entfernt, verwandelt sich in ein Paradies für Geschäftsleute«, so stand es im März 2012 in der Monatszeitung *Le Monde diplomatique*. »Die Immobilienpromoter (Morgan Stanley, Bouygues, Kaufman & Broad ...) eilen herbei, dann folgen die Unternehmen, um von Büroräumen zu profitieren, die zwei- bis dreimal billiger sind als im Pariser Stadtzentrum.«

Zur Linken schiebt sich das große Gebäude des Telekommunikationsanbieters Orange ins Bild. 2010 ist er aus dem 13. Arrondissement hierher an die **Place des droits de l'homme** (Platz der Menschenrechte) umgezogen, sehr zum Leidwesen der Beschäftigten, die da nicht hinwollten. Damals, vor ein paar Jahren, war das hier draußen auch noch wirklich eine verödete Pampa, inzwischen sind fast alle Parzellen bebaut. Angestellte wurden anfangs auf der Straße tätlich angegriffen, ihre Autos aufgeknackt, Smartphones und Laptops geklaut. Einige Firmen gingen dazu über, ihre Leute mit Kleinbussen vom Bahnhof abzuholen. Dann wurden flächendeckend Überwachungskameras installiert.

Die Mitarbeiter von Orange wie die anderer Firmen zeigen bislang wenig Neigung, sich in der Nähe ihres Arbeitsplatzes anzusiedeln. Wohnungen höheren Standards sind im Bau, aber die Nachfrage ist begrenzt. Die Leute kommen zur Arbeit aus Paris und fahren abends wieder dorthin.

Hinter der abgerundeten Fassade des französischen Normungsinstituts AFNOR biegen wir nach rechts in die **Rue Francis de Pressensé** ein. Die rechte Seite ist schon komplett bebaut, wobei die in Pink gehaltene Fassade der Internet-Shopping-Plattform »vente-privée.com« farblich gezielt aus dem Rahmen fällt. Links liegt noch immer ein Terrain vague mit Resten von Schrebergärten. Eine lange Mauer ist mit martialischen Spraygemälden verziert, die eine bedrohliche Komponente in die Bürowelt bringen. Waren das die Kids aus der »Cité des Francs-Moisins«?

Für die ortsansässige Bevölkerung gibt es hier so gut wie keine Jobs. Von den 1800 Orange-Angestellten kommen gerade fünf aus Saint-Denis. Nicht mal in der Cafétéria sind Einheimische beschäftigt.

Die Straße kreuzt nun die Autobahn 1, die von hier bis fast zum Boulevard Périphérique hin überdeckt wurde, wodurch eine breite Allee mit teilweise baumbestandenen Promenaden entstanden ist. Bald werden die Reste von Banlieue-typischer Bebauung Platz machen für weitere Firmensitze. Gehen wir ein Stück nach rechts an der zur Autobahn hin gelegenen Häuserfront entlang und biegen dann in die **Rue Jean-Philippe Rameau** ein. Die gesamte rechte Seite der Straße wird eingenommen vom brandneuen Sitz des Telekommunikationsriesen SFR. Die Firma gehört zum Imperium des Multimilliardärs Patrick Drahi, der sich überdies mit der Tageszeitung *Libération*, dem News-Magazin *L'Express* und dem Nachrichtensender *BFM* ein beträchtliches Medienreich aufgebaut hat.

Architekt des ausgedehnten Komplexes war Jean-Paul Viguier, von dem auch zwei herausragende Défense-Türme (Cœur Défense und Majunga) stammen. Der verzweigte Palast nennt sich **Campus SFR,** als wäre er eine Einrichtung des entspannten akademischen Miteinanders und unbeschwerten Studierens. Dabei handelt es sich bei den 8500 Beschäftigten um Angestellte, die unter einigem Druck stehen und immer mal wieder von Entlassungswellen bedroht sind. So wurde 2016, im Jahr der Eröffnung des »Campus«, die Ausdünnung des Personals der insgesamt 15 000 SFR-Mitarbeiter um ein Drittel beschlossen, mit »freiwilligen« Abgängen über die nächsten drei Jahre. Aber solange sie im Hauptquartier verweilen dürfen, stehen ihnen vier Restaurants, Fitnesssäle und ein eigenes Starbucks-Café zur Verfügung.

Die Rue Jean-Philippe Rameau führt uns zu einer Grünanlage mit einem kleinen Feuchtbiotop und bequemen Liegestühlen, auf denen sich die Leute aus den Hightech-Büros in ihrer Mittagspause ausstrecken können. Außerdem kann Basketball und Tischtennis gespielt werden. Der Square heißt **Parc du Temps des Cerises,** nach dem Lied »Le Temps des cerises«, das als Hymne der Pariser Kommune gilt. Und tatsächlich steht am Rand eine Tafel mit dem Liedtext. Angesichts der Konzernniederlassungen, die den kleinen Park umgeben, wirkt dies einigermaßen grotesk. Aber die Kommunisten, die im Rathaus von Saint-Denis immer noch regieren, wollten wohl auf diesen letzten Gruß an ihre eigene Geschichte nicht verzichten.

Am Gebäude der Siemens-Medizintechnik vorbei geht es erst die Avenue des Fruitiers entlang, dann biegen wir rechts in die **Rue André Campra,** wo sich die »Studios du Lendit« befinden. Hier werden Quizshows, Serien und andere Sendungen für französische Fernsehkanäle produziert. Dieses ist eines von vielen Fernseh- und Filmstudios, die sich in der ehemaligen Industriezone von La Plaine angesiedelt haben. Am bekanntesten ist die nicht weit von hier eröffnete Cité du Cinéma des Filmregisseurs und Produzenten Luc Besson (*Im Rausch der Tiefe, Nikita, Lucy* u. a.). Auf dem Terrain eines alten Elektrizitätswerks betreibt er seit 2012 seine eigene Cinecittà, der eine Abteilung der Filmhochschule Louis Lumière angeschlossen ist.

Von der Rue André Campra aus führt unser Weg nun die Rue Luigi Cherubini hinunter. Die gesamte rechte Straßenseite wird vom Sitz der staatlichen Eisenbahngesellschaft SNCF beherrscht. Seit 2015 hat sie ihre auf verschiedene Pariser Bahnhöfe verteilten Verwaltungszentren mit insgesamt 5000 Leuten hierher verlagert. Besonders die leitenden Angestellten sträubten sich mit aller Kraft gegen den Abschied aus der Innenstadt. Einige drohten, eher zu kündigen, als ins verrufene Département Seine-Saint-Denis mit der Ordnungsnummer 93 zu ziehen. »Neuf trois« ist in den Köpfen vieler Pariser gleichbedeutend mit Misere, Tristesse und Gewalt. Eine Weile wurde in der SNCF-Direktion darüber nachgedacht, ob man nicht fürs eigene Personal eine private Brücke vom RER-Bahnhof direkt in den Firmensitz legen sollte. Das wurde dann doch unterlassen. Inzwischen hat sich die Aufregung auch etwas gelegt.

Auf der anderen Seite der Rue Luigi Cherubini residiert die französische Filiale von Franz Kafkas erstem Arbeitgeber, der Versicherungsgesellschaft Generali, die auch zwei gläserne Bürokisten in der eintönigen Avenue François Mitterrand bezogen hat. Generali gehörte zu den allerersten Unternehmen, die sich hier herausgewagt hatten. Es begann schon 2003 mit dem Umzug, also vor Urzeiten. Seither haben sich die 4000 Mitarbeiter an das Ambiente gewöhnt, auch wenn manche wehmütig an die Büros im alten Haussmann-Paris zurückdenken mögen.

Die Rue Luigi Cherubini endet an der **Place aux Etoiles,** wo sich die Station der RER-Linie D befindet. In einiger Entfernung sieht man den Turm vom Carrefour Pleyel mit der Kia-Werbung auf der Spitze. Er steht dort seit 1973 – ein einsamer Vorläufer. Inzwischen hat sich um ihn herum ein weiteres aufstrebendes Businessviertel gebildet, zu dem auch Luc Bessons Kinostadt gehört. Der Carrefour Pleyel ist als Knotenpunkt für mehrere Grand-Paris-Express-Linien auserkoren und bekommt einen repräsentativen Bahnhof, den der japanische Architekt Kengo Kuma bauen soll. Zwischen dem künftigen Hub und dem Platz der Sterne liegt wie ein unüberwindliches Tal eine breite Gleisanlage. Von hüben nach drüben gibt es keine Verbindung, aber das soll so nicht bleiben. Auch hier wird wieder der Brückenspezialist Marc Mimran aktiv werden und bis Ende 2023 die beiden Teile der Plaine Saint-Denis zusammenbringen.

Diese ganze Gegend, so unfertig sie jetzt noch erscheinen mag, wird im künftigen Grand Paris ein Pol von zentraler Bedeutung sein.

PROPAGANDA
UND PROTESTE

Viel ist in diesem Jahrzehnt auf den Weg gebracht worden. Beachtliche Verkehrsinfrastrukturen wurden lanciert, die Smart City nimmt Formen an, Innovationscluster wachsen zusammen. Grand Paris ist dabei, sich einen zeitgemäßen Look zuzulegen.

Werden aber all diese Bemühungen und Initiativen hinreichend wahrgenommen? Kommt die Botschaft an bei den Financiers in aller Welt? Wie entwickelt sich die Attraktivität des Pariser Großraums nach Meinung der Investoren? Was muss getan werden, um sie zu steigern?

Mit solchen Fragen befasst sich die Institution Paris Ile-de-France Capitale Economique, die meist unter dem Namen Greater Paris Investment Agency auftritt. Alle bedeutenden Unternehmen der Region, darunter auch die Société du Grand Paris, sind Mitglieder dieser sehr speziellen PR-Agentur. Um sich die nötige Klarheit zu verschaffen, stützt sie sich auf die Analysen des Global Cities Investment Monitor. Der befragt für seine jährlichen Berichte 500 Spitzeninvestoren aus 22 Ländern nach ihrer Einschätzung der wichtigsten Metropolen und kommt so zu einer Rangfolge der Global Cities.

Von Jahr zu Jahr werden so die Ups and Downs gemessen. 2014 war Paris im Ranking hinter New York und London auf Platz drei vorgerückt: ein gutes Jahr. 2015 war dann allerdings das Jahr der Terroranschläge: Rückfall auf Platz fünf hinter Singapur und Schanghai. Dubai und Frankfurt konnten ihre Plätze verbessern, Los Angeles, São Paulo und Berlin verließen die Top Ten. 2016 ging es wieder aufwärts: Paris stieg in der Attraktivitätsskala auf Platz vier, hinter London, New York und Schanghai. Als einzige andere europäische Metropole kam Berlin zurück in die ersten zehn, während Frankfurt auf den dreizehnten Platz zurückfiel. Es hat etwas von einer Fußballligatabelle.

Und was halten die Investoren von der Bewerbung um die Olympischen Spiele und die Weltausstellung?, wollte der Global Cities Investment Monitor unter anderem wissen. Nun, sie sind der Meinung, dies werde sich positiv auswirken auf die Anziehungskraft der Hauptstadtregion, eine Position, die besonders in den Golfstaaten und in Asien vertreten wird. Die Greater Paris Investment Agency befasst sich aber nicht nur mit Benchmarking und Ranking, sondern vor allem mit aufwendigen Promotion-Aktivitäten. Sie unternimmt Roadshows um die großen Pariser Perspektiven im Ausland vorzustellen, so etwa in Montreal, Peking, Wuhan, Bangkok oder in Doha, bei der Begegnung mit der Qatar Investment Authority, sie veranstaltet regelmäßig Events in Paris, wie das »Forum Grand Paris ›Innover pour réussir‹« (durch Innovation zum Erfolg) oder den »Abend der Attraktivität«. Um angesichts des zu erwartenden Brexit für den Finanzplatz Paris zu werben, wurde das Kolloquium »Welcome to Europe« abgehalten, dazu gab es den Slogan »Grand Paris Région est business friendly«. Manchmal kommen französische Restbestände dem Neusprech in die Quere.

Besonders stolz ist man auf das »Französisch-Chinesische Seminar« vom Oktober 2016, zu dem hochrangige Akteure der Finanzwelt und Vertreter der größten chinesischen Baufirmen kamen, deren Umsatz, wie ehrfürchtig berichtet wird, zusammen »tausend Milliarden Euro übersteigt«.

Nie zuvor hätten chinesische Führungskräfte dieses Kalibers derart deutlich ihr Interesse für Grand Paris manifestiert, schwärmte der Präsident der Société du Grand Paris.

GIGANTISCHE PERSPEKTIVEN

Es wird kein Aufwand gescheut, um bei jenen für Grand Paris zu werben, auf deren ökonomisches Engagement man spekuliert. Aber auch bei der eigenen Bevölkerung muss die Grand-Paris-Idee gefördert werden. Eine positive Einstellung zur erweiterten Metropole soll entstehen, wo bisher Gleichgültigkeit vorherrschte. Was die Mentalitäten bisher geprägt hat, war die klare Trennung von drinnen und draußen, »intra« und »extra muros«. Die Abneigungen und Abgrenzungen sind über lange Zeit gewachsen. Das Interesse der Hauptstädter an der Banlieue ist immer noch recht gering. »C'est la zone!« Damit sich der normale Citoyen mit dem großen, ohne sein Zutun entstandenen Projekt identifiziert, muss er pädagogisch beziehungsweise propagandistisch bearbeitet werden.

Um die Herstellung von Wir-Gefühl, Konsens und Akzeptanz macht sich ein Blog der Tageszeitung *Libération* verdient. Unter dem Titel »Enlarge your Paris« – ironische Anspielung auf notorische Spam-Botschaften in der E-Mail – wird regelmäßig auf die Reize des Pariser Umlands aufmerksam gemacht. Die Banlieue erscheint in einem sympathischen Licht, es werden kulturelle Aktivitäten präsentiert, Galerien, Jazzkonzerte, Restaurants, Wanderwege, Gemeinschaftsgärten, eine Filmemacherin in Montreuil, die aufkeimende Schickeria von Pantin, Street-Art-Künstler in Vitry … Es wird versucht, die Hauptstädter aus ihrer Festung zu locken und ihnen die Welt jenseits des Boulevard Périphérique schmackhaft zu machen, die allerdings als allzu konfliktlose Schönwetterzone erscheint.

Die offizielle Grand-Paris-Werbung fürs Volk wurde im Juli 2016 vorgestellt: ein Fünf-Minuten Clip, produziert im Auftrag des Präfekten der Region Ile-de-France, der Société du Grand Paris und der Métropole du Grand Paris. Darin fallen Sätze wie »Ich träume von einer Stadt, die mir neue Horizonte eröffnet. Von einer Stadt, die ihre Grenzen überwindet.« (Im Hintergrund wachsen plötzlich neue Türme empor.) – »Ich träume von einer Stadt, die unsere Geschichte erzählt und die Zukunft erfindet.« (Bilder von der neuen Philharmonie und von Disneyland.) – »Ich träume von einer Stadt, die mich auf das Wesentliche konzentriert. Eine Stadt, in der ich den Wettlauf gegen die Zeit gewinne«. (Dazu der Hinweis auf 68 neue Bahnhöfe.) – »Ich brauche eine vernetzte Stadt, mit neu definierten Räumen.« (Bild von La Défense.) – »Ich träume von einer Stadt, in der etwas zu lernen ist. Ich möchte Zugang zum Wissen haben, zu den Erkenntnissen der größten Denker.« (Dazu die Zeile: »Das Große Paris baut die weltweit größten Universitätspole.«) – »Ich will ausgehen! Teilhaben! Entdeckungen machen!« (Heitere junge Menschen mit Champagnergläsern.) – »Die Stadt, die ich mir vorstelle, ist eine, die sich jeden Tag fortentwickelt, für uns!« – »Eine Stadt, die meine Grenzen erweitert.« – »Eine Stadt, die in die Welt ausstrahlt.« – »Eine Stadt um kreativ zu sein!« (Eine Tänzerin auf dem Operndach, im Hintergrund der Eiffelturm. Dazu erscheint die Zeile: »Schaffen wir gemeinsam die Metropole Grand Paris.«)

Ohne es recht zu wissen, haben die Menschen also von diesem Grand Paris geträumt, wie es die lächelnden Models im Werbeclip suggerieren. Man wolle den »citoyens« damit »die beachtlichen Vorteile und gigantischen Perspektiven des Grand Paris« verständlich machen, sagte der Präfekt.

Man will sich ihrer nachträglichen Zustimmung mithilfe der Werbeästhetik versichern, will ihnen möglichst sogar Begeisterung einimpfen. Sie sollen sich lokalpatriotisch identifizieren. Auf keinen Fall sollen sie stören, denn wie man weiß, kann der Citoyen leicht zum Unsicherheitsfaktor werden.

Die großen Entscheidungen werden von einer untereinander vernetzten Elite getroffen, zu der Politiker, Wirtschaftsexperten, Urbanisten und das Baugewerbe zählen, dessen drei größte Gruppen – Bouygues, Vinci, Eiffage – bereits Grand-Paris-Aufträge in Milliardenhöhe bekommen haben. Es steht eine Menge auf dem Spiel, Baulöwen und Planer brauchen Sicherheit. Öffentliche Debatten und »Konsultationen« werden veranstaltet, wenn das Wichtigste in der Regel längst beschlossen ist. Für den Stadtsoziologen Jean-Pierre Garnier sind sie lediglich ein demokratisches Alibi ohne wirklichen Einfluss auf die städtebaulichen Entscheidungen: »Trotz aller Bemühungen der Autoritäten und ihrer medialen Relais, das Gegenteil glauben zu machen, hat das dem Städter zugeteilte ›Mitspracherecht‹ über die Qualität der urbanen Landschaft nur den Status bestätigt, der immer schon der seine war: der des Zuschauers. Heute wie gestern bleibt die Baukunst die Apanage der Fürsten, ob sie nun ›globale‹ Manager sind, Regierende oder lokale Potentaten, sekundiert von namhaften Architekten, deren Dienste sie sich gesichert haben.«

Bei mehreren Grand-Paris-Vorhaben machte sich durchaus Widerspruch bemerkbar. Die Entscheidung, Paris erneut mit Hochhäusern zu bestücken, stieß auf Euphorie bei den Architekten, aber auf Ablehnung bei vielen Einwohnern. Zahlreich waren die Gegner des Triangle-Turms. Zu ihnen gehörten auch die Pariser Grünen, die das Projekt als »unnütz« und »antiökologisch« verurteilten und die angeblich umweltfreundliche Bauweise als Ökofeigenblatt denunzierten. Das demonstrativ illuminierte, klimatisierte Riesendreieck mit seinem Dauerbetrieb von Aufzügen sei ein schlimmer Energieverschwender. Kritisiert wurde das Gebäude auch aus ästhetischen Gründen und weil es ohne jede Abstimmung mit der Bevölkerung beschlossen worden sei. Alle Proteste und Petitionen liefen ins Leere.

Opposition riefen auch die von Jean Nouvel entworfenen »Tours Duo« hervor. Die zwei eigenwilligen Türme wurden von Bürgerinitiativen als optische Verschandelung der Pariser Stadtlandschaft gegeißelt. Der gerichtliche Einspruch, der gegen die Baugenehmigung erhoben wurde, blieb folgenlos.

Für viele eine Zumutung: das Projekt »Europa City«.

Proteste gab es ebenfalls gegen den Wissenschafts- und Technologiepark von Saclay, für den mehrere Hundert Hektar fruchtbarste Felder geopfert werden sollen. Dreißig lokale Initiativen, vereinigt im »Collectif Saclay citoyen«, versuchten vergebens, auf dem Rechtsweg oder durch Unterschriftensammlungen, ein Moratorium zu erwirken.

Gleich mehrere Petitionen wurden gegen die Pariser Bewerbung für die Olympischen Spiele von 2024 gestartet. Sie sei ein wirtschaftlicher und ökologischer Wahnwitz, werde auf Kostenexplosion, Betonierungsexzesse und Sicherheitsprobleme hinauslaufen. Das Argument positiver Langzeitauswirkung gehöre ins Reich der Schimären. Aber auch hier: Keine Chance für die »Spielverderber«.

DUBAI ANTE PORTAS

Einwände gegen Vorhaben, die im Zusammenhang mit den Grand-Paris-Perspektiven stehen, wurden bisher systematisch abgeschmettert oder schlicht ignoriert.

Allerdings ist da noch das umstrittene Projekt »Europa City«, an dem sich massive Proteste mit bislang unabsehbaren Folgen entzündet haben. Im bisher landwirtschaftlich genutzten Gonesse-Dreieck unweit des Charles-de-Gaulle-Flughafens will die Supermarktgruppe Auchan ein Einkaufs- und Amüsierzentrum pharaonischen Ausmaßes bauen. Bestehen soll es aus einer kreisförmig angelegten Shopping-Mall, an die sich eine Reihe von Attraktionen angliedert: Indoor-Skipiste, Aqua-Land, Freizeitpark mit Achterbahn, Dauerzirkus mit 2500 Plätzen, Säle für temporäre Kunstausstellungen – das Ganze unter einer grünen, grasbewachsenen Haube. Zur ökofreundlichen Orientierung gehört ferner, dass es nach Vertreibung der letzten lokalen Landwirte einen synthetischen Bauernhof mit echten Tieren geben soll, dies besonders im Interesse der Kinder. Vorgesehen sind Hotelkapazitäten von 2700 Zimmern. »Europa City« wird einen eigenen Bahnhof der Grand-Paris-Express-Métro bekommen, weshalb die Betreiber schon Massen von Tagesbesuchern herbeiströmen sehen. Angestrebt wird eine jährliche Besucherzahl von 31 Millionen, mehr als doppelt so viel wie bei Disneyland. Es handle sich ganz einfach um das »neue Freizeitquartier von Grand Paris«, verkündete der Projektdirektor, um ein »revolutionäres neues Modell«, um einen »beispiellosen Attraktiviätspol«. Das muss man wohl an höherer Stelle auch so gesehen haben, sonst hätte man dieser »Stadt« ohne Bewohner keinen eigenen Bahnhof zugesagt.

3,1 Milliarden Euro will das Supermarktimperium investieren. 11 500 Jobs werden in Aussicht gestellt. Das hat manche Lokalpolitiker in dieser mit hoher Arbeitslosigkeit geschlagenen Gegend für die Sache eingenommen. Auch Regierungsmitglieder gaben ihren Segen. Der sozialistische Premierminister Manuel Valls sagte dem Vorhaben, das er als attraktivitätssteigernd und innovativ bezeichnete, seine Unterstützung zu. Und auch Laurent Fabius, damals Außenminister und außerdem für Tourismus zuständig, lobte »Europa City« als bedeutendes Projekt: »Es wird unser Territorium strukturieren und zu seiner wirtschaftlichen Vitalität beitragen.« Als Premierminister hatte sich Fabius seinerzeit schon um die Ansiedlung von Disneyland in der Pariser Region verdient gemacht.

Mit ersten Protestaktionen machte sich 2011 das »Collectif pour le Triangle de Gonesse« (Kollektiv für das Gonesse-Dreieck) bemerkbar. Im Mittelpunkt stand die Kritik an der Zerstörung landwirtschaftlich genutzter Flächen. Eine Website wurde eingerichtet, das Kollektiv verlieh der Auchan-Gruppe den Pinocchio-Preis wegen Greenwashing – Umweltzerstörung, die sich als ökologisch ausgibt. Gegen die enormen Mittel, die der Konzern für die mediale Anpreisung seiner Konsum- und Freizeitstadt aufwendet (siehe www.europacity.com), scheinen die Verteidiger des Gonesse-Dreiecks wenig ausrichten zu können. Dennoch wuchs die Bewegung, weitere Umweltgruppen stießen hinzu, das globalisierungskritische Netzwerk Attac begann sich für den Fall zu interessieren, ebenso die linke Bauerngewerkschaft Confédération paysanne. Durch Versammlungen in der »Bourse du travail«, dem zentralen Pariser Gewerkschaftshaus, und über einschlägige Internetseiten (nonaeuropacity.com) wurde eine breitere Öffentlichkeit erreicht. Im April 2015 erschien in der Webzeitschrift *médiapart* ein Aufruf, der mit der »Europa City«-freundlichen Haltung der staatlichen Autoritäten ins Gericht geht. Unter den zahlreichen Unterzeichnern waren der Bauernrebell und EU-Abgeordnete José Bové und der Philosoph Edgar Morin. Gegeißelt wird die Unfähigkeit, das Dogma des Wirtschaftswachstums selbst in seinen vulgärsten Erscheinungsformen infrage zu stellen. Die bloße Ankündigung künftiger Arbeitsplätze und positiver ökonomischer Auswirkungen reiche, um die Politiker hinter sich zu scharen. Der Fall von »Europa City« sei geradezu eine Karikatur dieses Vorgangs.

Angezweifelt werden die fabelhaften Perspektiven für Jobs und Besucher, zu einer Zeit, da die Frequentierung großer Einkaufszentren rückläufig ist. Mit denen sei die Gegend ohnehin schon übermäßig bestückt, machen die Gegner geltend. Sollen dennoch Hunderte Millionen öffentlicher Gelder in die Infrastruktur der Auchan-City fließen?

Es wurde dann im Frühjahr 2016 eine öffentliche Konsultation veranstaltet, bei der die Supermarkt-Gruppe den ehemaligen Kulturminister Jean-Jacques Aillagon aufbot. Der sang ein Loblied auf das gemischte Angebot des künftigen Einkaufsparadieses. Hier werde das Vorurteil entkräftet, dass zwischen Kultur und Kommerz ein prinzipieller Antagonismus bestünde. Frei nach Goethe hätte er sagen können: »Kommerz und Kunst, sie scheinen sich zu fliehen und haben sich, eh' man es denkt, gefunden.« Als Aillagon, der auch als Kunstberater des Multimilliardärs François Pinault tätig ist, während der Debatte ausrief: »Wenn mich etwas an diesem Projekt verführt hat, dann seine kulturelle Dimension«, brach der Saal in Gelächter aus.

Zeigen die Proteste Wirkung? Jedenfalls ist die anfängliche Euphorie verblasst, Zweifel sind aufgekommen. In den Kreisen der »Europa City«-Planer verschlechtert sich die Stimmung. Der Rücktritt des bisherigen Projektdirektors im Dezember 2016 scheint auf größere Verunsicherungen hinzuweisen. Kontroverse Signale kamen nun auch aus der Regierung: Die Ministerin für Raumordnung äußerte Bedenken wegen der Konsequenzen, die ein derart immenses Einkaufszentrum für den lokalen Einzelhandel haben könnte.

Angesichts des näher rückenden Baubeginns besteht die Gefahr, dass sich aus der bislang friedlichen Opposition im Gonesse-Dreieck eine ZAD entwickelt, eine »Zone à défendre« (zu verteidigende Zone), wie sie schon anderswo in Frankreich entstanden sind. Dabei werden Terrains besetzt, die von »unnützen« und »schädlichen« Großvorhaben bedroht sind. Zu den bisherigen, teilweise schon erfolgreich verteidigten Zonen gehören der geplante Flughafen von Notre-Dame-des-Landes bei Nantes, die Talsperre von Sirvens bei Albi, die Center-Parc-Freizeitanlage von Roybon im Alpenvorland oder das Atommüllendlager im ostfranzösischen Bure. »Europa City«, die Supermarkt-Utopie, die schon als »Dubailand« verspottet wird, steht auf der Kandidatenliste. Man weiß ja, mit welcher Plötzlichkeit hierzulande Proteste hochschäumen und sich ausbreiten können. Fürs gesamte Grand-Paris-Projekt wäre eine ZAD »Europa City« extrem peinlich.

BESSERES LEBEN FÜR ALLE?

Ob mit oder ohne »Europa City«: Ein mächtiger Prozess hat eingesetzt, der den städtischen Raum und das Leben der Groß-Pariser erfassen wird. Eine Dynamik wurde entfesselt, die, wie man hört, allen zugutekommen soll. Durch sie werde die Lebensqualität verbessert und das soziale Ungleichgewicht der Region beseitigt, kündigt die Société du Grand Paris an. »Die wahre Herausforderung für die Société du Grand Paris ist es, jedem eine bessere Zukunft zu ermöglichen.«

Von Solidarität und Gerechtigkeit für die Benachteiligten ist in offiziellen Verlautbarungen zwar gelegentlich die Rede, aber eher beiläufig. Im Mittelpunkt stehen die technischen Hochleistungen, die Bautätigkeiten, die zu erwartenden Wertsteigerungen rund um die neuen Entwicklungspole. Merkwürdig abwesend in den euphorischen Präsentationen der Grand-Paris-Perspektiven sind die Problemquartiers der Banlieue, die heruntergekommenen Sozialsiedlungen mit ihrer prekarisierten Bevölkerung, eine Thematik, die doch vor kurzem noch Medien wie politische Diskurse beherrschte. Während sich die großen »Cluster« abzeichnen, dazu auserkoren, die vergrößerte Metropole in der weltweiten Konkurrenz günstig zu positionieren, ist über die ZUS, die »problematischen urbanen Zonen«, wenig zu hören, von denen es in der Region immerhin 157 gibt und in denen jeder achte Ile-de-France-Bewohner lebt. Sie werden weitgehend übergangen, wenn über die großen Herausforderungen der Metropole diskutiert wird.

Aber man muss sich darüber nicht wundern, denn Veröffentlichungen und Diskurse der Grand-Paris-Verantwortlichen sind imprägniert vom Geist des Marketing. Wo die Stadt der Zukunft wie eine Ware verkauft werden soll, wird sie so positiv wie möglich dargestellt. Wo Begeisterung zu schüren ist, passt die Realität von Problemzonen nicht ins Konzept.

Allerdings bringt sie sich gelegentlich in Erinnerung, so zum Beispiel im Februar 2017, als ein mehrtägiger Aufruhr die »Cité des 3000« in Aulnay-sous-Bois erschütterte. Auslöser war die gewaltsame Festnahme eines jungen Schwarzen namens Théo. Er erlitt schwere Verletzungen und musste ins Krankenhaus. Einer der Polizisten hatte ihm einen Schlagstock in den Anus gerammt. Die Unruhen griffen auf andere Orte wie Clichy-sous-Bois, Tremblay, Nanterre oder Asnières über. Es flogen Molotowcocktails, Mülleimer und Autos wurden angezündet, Polizeistationen demoliert. Die Randale drohte weiter zu eskalieren. Staatspräsident Hollande sah sich veranlasst, einen Besuch an Théos Krankenbett zu machen.

Solche Aufstände sind nicht gut fürs Grand-Paris-Image, darauf hatte schon Christian Blanc in seinem Buch von 2010 hingewiesen. »Paris wird in den Augen der Welt nicht lange die Hauptstadt der Lebenskunst sein, wenn von dort Bilder städtischer Krawalle mit brennenden Autos und verwüsteten Quartiers kommen! Wir müssen aus Grand Paris ein Ensemble machen, dessen verschiedene Teile in Harmonie miteinander leben.«

Das Banlieue-Problem erscheint hier als Störfaktor, der das große Projekt gefährdet und den es deshalb zu beseitigen gilt. Andernfalls droht ein Punktverlust im Ranking der Global Cities. Es muss also etwas für die Leute aus den »problematischen« Zonen getan werden. Sie könnten beim Bau der Supermetro beschäftigt werden, auch wenn dafür natürlich vor allem gut ausgebildete Fachkräfte gefragt sind. Aber die Baufirmen sollen sich verpflichten, eine begrenzte Zahl von ungelernten Arbeitslosen und Sozialhilfeempfängern – die Rede ist von 5 Prozent des Gesamtbedarfs – zwecks Wiedereingliederung in die Arbeitswelt einzustellen.

Ansonsten soll alles viel besser werden, wenn erst einmal die neue Métro in Betrieb ist. Denn dann können die Leute aus den zuvor isolierten, abgelegenen, schlecht verbundenen Cités auf Jobsuche im ganzen Großraum gehen. »Der-Grand-Paris-Express erleichtert die Reintegration in den Arbeitsmarkt für jene Ile-de-France-Bewohner, für die die isolierte Situation der Territorien den Zugang zu Arbeitsplätzen erschwert hat.«

Es werden ja, so wird vorhergesagt, Jobs in großen Mengen im Bereich der neuen Wachstumspole entstehen, zumal rund um die neuen Bahnhöfe. Aber was für Arbeitsplätze werden das sein? Aller Voraussicht nach solche, die recht hohe Anforderungen an Ausbildung und Qualifikation stellen, kaum geeignet für die Leute aus den benachteiligten Banlieue-Zonen.

Bezeichnend ist das Beispiel der Plaine Saint-Denis: Dort haben sich mitten in einer Gegend mit großen sozialen Problemen auf industriellem Brachland Dutzende von Topunternehmen angesiedelt. In wenigen Jahren entstand einer der bedeutendsten tertiären Beschäftigungspole des Pariser Großraums. Dennoch ist dort die Arbeitslosenzahl nicht gesunken. Die Firmen, die in die Plaine Saint-Denis umzogen, weil Grund und Boden billig und die Verkehrsanbindung nach Paris und zum Flughafen günstig war, brachten schon einen Teil ihrer Angestellten mit. Und für die neu geschaffenen Stellen fehlten den ortsansässigen Arbeitssuchenden die Voraussetzungen. Freie Stellen wurden ausnahmslos mit Kräften von auswärts besetzt. Die Auswirkungen auf die lokale Beschäftigungssituation beschränkte sich auf einige Jobs im Reinigungswesen. Wie der Geograf Philippe Subra in seinem Buch *Le Grand Paris. Géopolitique d'une ville mondiale* schreibt, hat die geografische Nähe von Arbeitsplätzen »keinen Effekt, solange die Frage der ›Anstellbarkeit‹ der Bewohner nicht gelöst ist«. Es bestehe das Risiko, dass ein neuer Wirtschaftspol funktioniere »wie eine Enklave des Wohlstands inmitten einer Umgebung, die von dauerhafter Krise betroffen ist«.

GENTRIFIZIERUNG DER BANLIEUE

Die Ausbreitung tertiärer Aktivitäten ist in allen unmittelbar an Paris angrenzenden Banlieue-Gemeinden – der sogenannten Petite Couronne – zu beobachten, häufig verbunden mit einer deutlichen Tendenz zur Gentrifizierung. In der *New York Times* berichtete eine Reporterin begeistert über die neuen Verhältnisse in Pantin: »Chanel hat hier sein Hauptquartier eingerichtet. Hermès hat ganze Straßenblocks für seine Ateliers aufgekauft. Neue Appartmenthäuser wachsen empor, Teile davon sind für preisgünstige Wohnungen reserviert, aber auch für Cafés am Kanalufer. Unweit vom chinesischen Supermarkt Tang Frères hat die Galerie Thaddaeus Ropac in einem alten Lagerhaus neue Räume eröffnet, wo sich Angehörige der internationalen Kunstszene Werke von Anselm Kiefer und Joseph Beuys anschauen.«

In der alten Kommunistenhochburg Ivry erlebt ein Arbeiter- und Industrieviertel am ehemaligen Seinehafen seine Mutation zum Mittelschichtquartier Confluences: Appartements für Besserverdienende, durchmischt mit

Bürogebäuden. Zu Hunderten mussten die bisherigen Bewohner ihre alten Wohnungen für das neue Prestigeobjekt verlassen. Die Banlieue muss sexy werden! Schon wird der Canal de l'Ourq, der sich durch die östliche Banlieue hinzieht, als »Champs-Elysée der Zukunft« gehandelt. Und wie wäre es mit einem »Central Park« nach New Yorker Vorbild im Norden bei La Courneuve? Eine der Lieblingsideen des Architekten Roland Castro: dem großen Parc Georges Valbon eine »urbane Fassade« aus Hochhäusern zu verpassen, wofür man seine Fläche um 70 Hektar amputieren müsste, aber dafür würde er dann durch eine spektakuläre Bebauung eingerahmt, die auch für Bessergestellte attraktiv wäre und somit für »mixité«, soziale Durchmischung, sorgen würde. Das hat immerhin eine anwachsende Opposition bei Anliegern und einigen Volksvertretern hervorgerufen – »Nein zur Betonierung der grünen Lunge des Département 93!« –, denn dieser Volkspark ist ein wichtiges Naherholungsgebiet für eine Bevölkerung, die allgemein über wenig Mittel verfügt. Castros politische Freunde und Förderer machten schließlich einen Rückzieher. Der »Central Park« des visionären Architekten ist erst einmal vom Tisch. Aber der Park von La Courneuve ist ein Grand-Paris-Filetstück, und die Idee einer teilweisen Bebauung und damit sozialen Aufwertung des Gebiets ist keineswegs aufgegeben.

Zu den offiziellen Zielen gehört der Bau von 70 000 Wohnungen pro Jahr, über einen Zeitraum von 25 Jahren. Währenddessen wird mit einem Bevölkerungszuwachs von 1,5 Millionen gerechnet.

Die als Kerne der Urbanisierung vorgesehenen neuen Bahnhofsquartiers dürften weitgehend von großen privaten Immobiliengruppen gestaltet werden, die an rentablen Investitionen interessiert sind. Gewiss, es besteht die Verpflichtung, einen begrenzten Anteil von Sozialwohnungen in die Programme einzubeziehen. Aber das heißt nicht unbedingt, dass dort arme Leute einziehen. Die höheren HLM-Kategorien sind für Familien der Mittelschicht bestimmt, etwa Lehrer oder Beamte mit durchaus normalen Gehältern. Die teureren Sozialwohnungen passen besser in den Kontext der neuen »Zentralitäten«. Es geht hier nicht darum, die Wohnungsnot der ärmeren Schichten zu beheben, sondern Attraktivitätspole zu schaffen.

Einiges spricht dafür, dass die Ausdifferenzierung von Arm und Reich eher fortschreiten wird. Anne Clerval, Autorin von *Paris sans le peuple?*, einer Studie über die Verbürgerlichung der Hauptstadt, sieht im Grand-Paris-Vorhaben ein »Projekt intensivierter Gentrifizierung«. Durch die Ansiedlung strategischer Aktivitäten und den Bau hochwertiger Wohnkomplexe rund um Stationen des Grand-Paris-Express sollten neue Bevölkerungsschichten angelockt werden. Als einen »Motor der sozialen Segregation« bezeichnet der Geograf Philippe Subra den Immobilienmarkt. Dessen Evolution spiele eine essenzielle Rolle bei Bevölkerungsbewegungen. Durch das steigende Preisniveau vertreibe er die Unterschicht nun auch aus der an Paris angrenzenden Banlieue. Eine wachsende Ungleichheit zeichne sich ab zwischen nebeneinander existierenden Territorien der Ile-de-France: hier solche, die an die globalisierte Ökonomie angeschlossen sind – Geschäftsviertel, Forschungszentren, komfortable Wohnanlagen, Logistikzonen –, dort abgehängte krisengebeutelte Sozialsiedlungen. Die Steigerung der Attraktivität eines Territoriums und damit die Wertsteigerung der Immobilien verbanne die am wenigsten zahlungskräftigen Familien immer weiter nach draußen in die Randzonen der Region.

»Es ist klar, dass es kein Grand Paris geben wird, das nicht die Segregationen überwindet«, dekretierte der Architekt Michel Cantal-Dupart, einstiger Mitstreiter von Roland Castro bei der Mission »Banlieue 89«. Offenbar macht er sich Illusionen über das Wesen des großen Vorhabens. Etwas blauäugig wirkt auch die folgende Feststellung: »Worin besteht das Ziel des Grand Paris? Es besteht darin, dass sich die Stadt Paris solidarischer zu ihrer unmittelbaren Umgebung verhält.«

Das klingt wie aus den 1920er-Jahren, als sich sozialreformerische Politiker der Linken für eine Ausdehnung der Hauptstadt einsetzten. In den Darstellungen der aktuellen Grand-Paris-Strategen herrschen andere Prioritäten vor: Angestrebt wird hohe internationale Attraktivität für hochwertige Unternehmen und deren hoch qualifizierte Mitarbeiter, denen das Terrain zu bereiten ist, etwa durch Sicherstellung hoher Lebensqualität, auch durch Büros und Wohnungen hoher Umweltqualität, außerdem geht es um hohe Wettbewerbsfähigkeit und hohe Einstufungen im Metropolenranking.

VERSPÄTUNGSTRAUMA

Wie berauscht sind sie von der großen Aufgabe, überschlagen sich in Erfolgsmeldungen und Selbstlob. Die Hauptstadtregion wird »zur besten Smart City von allen«, die Airport-Infrastruktur ist »ultra-leistungsfähig«, man strebt nach »Exzellenz in allen Bereichen«, Grand Paris ist ein »in der Welt einzigartiges ökonomisches Entwicklungsprojekt«.

Die Euphorie wirkt bisweilen etwas zwanghaft, als müssten alle Zweifel weggejubelt werden, als gelte es, ein neues Produkt zu verkaufen. Und so ist es ja auch: Es ist noch gar nicht lange her, dass die Grand-Paris-Dynamik entfesselt wurde. Angeschoben hatte sie Nicolas Sarkozy mit seiner überraschenden Rede von 2007. Eine Verspätung war diagnostiziert worden, die es aufzuholen gelte, um nicht in gefährlicher Weise den Anschluss zu verpassen – ein wiederkehrendes französisches Phänomen. Das Verspätungstrauma hat französische Regierungen schon mehrfach heimgesucht und sie zu massivem Eingreifen veranlasst, meistens war davon die Hauptstadtregion betroffen. »Keine Hauptstadt eines industrialisierten Landes hat eine Entwicklung, eine Evolution erlebt, die derart abhängig ist von staatlichen Instanzen der Macht und Verwaltung wie Paris«, bemerkt der Paris-Chronist Philippe Meyer in seinem Essayband *Paris la Grande*.

In der jüngeren Geschichte gab es drei besonders markante Fälle, in denen der Staat sich plötzlich zu brachialen Interventionen veranlasst sah, so während des Zweiten Kaiserreichs, als sich Louis Napoléon daranmachte, in autoritärer Manier Frankreichs bedrohlichen Rückstand in Bezug auf Industrialisierung, Verkehrswesen und Städtebau zu beseitigen, dann zu Beginn der Fünften Republik unter Charles de Gaulle, als nach dem Ende der Kolonialära das Land seine Stagnation mit einem abrupten Sprung in die kapitalistische Moderne überwinden sollte, und drittens unter Sarkozy, der mit der Grand-Paris-Offensive auf eine anhaltende Wachstumskrise reagierte und die Hauptstadtregion aufrütteln wollte, die ihm unzureichend für die Herausforderungen der Globalisierung gerüstet schien: »Le Grand Paris, das ist Frankreich nach der Krise. Ein Frankreich, das aus der Krise stärker, schöner, wettbewerbsfähiger und, wie ich hoffe, glücklicher hervorgehen wird.«

Allen drei Staatschefs dienten für die radikale Transformation der Hauptstadt und ihrer Umgebung Erfüllungsgehilfen ähnlichen Kalibers: Napoléon III hatte seinen Haussmann, bei de Gaulle war es Paul Delouvrier und für Nicolas Sarkozy wurde Christian Blanc tätig – allesamt durchsetzungsfähige Zuchtmeister, derer es offenbar bedarf, um den Pariser Großraum zu dynamisieren: »Es wird kein starkes und ehrgeiziges Frankreich geben, wenn sich die Ile-de-France auf sich selbst zurückzieht. Wenn sie darauf verzichtet, die höchsten Türme Europas zu bauen. Wenn sie darauf verzichtet, die besten Forscher der Welt anzuziehen«, sagte Sarkozy mit warnendem Pathos.

Also werden sich in der Tiefe ein Jahrzehnt lang die Tunnelmaschinen durch 200 Kilometer Untergrund fräsen, während an der Oberfläche die neuen Zentralitäten in Form kleiner La-Défense-Ableger entstehen und auf den letzten Äckern Wissenschaftscluster und Shopping-plus-Kultur-Freizeitparks wachsen, derweil das alte Paris eine Halskrause aus exzentrischen Wolkenkratzern und ein Twin-Tower-Paar mit Schwimmbädern für Millionäre bekommt. Wo Wachstum das einzige Kriterium darstellt, ist alles gleichwertig und gut. Aber wird es auch nachhaltig sein? »Wie viele Konferenzzentren kann es geben, wie viele Stadien, Vergnügungsparks, touristische Häfen, spektakuläre Einkaufszentren?«, fragt der marxistische Stadtsoziologe David Harvey. In einem System konkurrierender Städte sei jeder Wettbewerbsvorteil ephemer, die Gesetze der Konkurrenz forderten permanente Erneuerungen auf der Ebene der Lifestyle-Angebote, der kulturellen Formen, der Serviceprodukte. »Es resultiert daraus ein Mahlstrom urbaner Innovationen, der zugleich Dynamik und Zerstörung bringt.«

Zur Flucht nach vorn gibt es offenbar keine Alternative. Und es scheint ja bislang ganz gut zu laufen. Das »Observatorium der internationalen Investitionen« bescheinigt Grand Paris zu Beginn des Jahres 2017 einen Zuwachs von 12 Prozent und einen Sprung auf den fünften Platz (nach London, Schanghai, Hongkong und New York). Und wenn erst die Metrostrecken fertig sind, wird es kein Halten mehr geben.

Ökonomische Einbrüche, Finanzkrisen, politische Verwerfungen, soziale Konflikte kommen in den Grand-Paris-Prognosen nicht vor. Dabei hat in der Vergangenheit der naive Glaube an statistische Vorgaben beim Städtebau zu empfindlichen Fehleinschätzungen und Flops geführt, wie es die Karriere der »Villes nouvelles« illustriert.

Reich ist die Geschichte des Urbanismus auch an Rückziehern und Kehrtwendungen. Manches, was als der Weisheit letzter Schluss galt, wurde nach relativ kurzer Zeit wieder verworfen, man denke an die Verherrlichung der »Grands ensembles« und ihre anschließende Verdammung. Einige bereits beschlossene Operationen, so die Anlage von Autobahnen quer durch Paris, konnten in letzter Minute abgewendet werden. Oft schon kam es anders als geplant, es empfiehlt sich, ehernen Gewissheiten zu misstrauen.

Auch auf die Gefügigkeit der Bevölkerung ist in Frankreich nicht immer Verlass. Schon im Anfangsstadium der viel gepriesenen Metamorphose formiert sich Kritik von unten. 2012 wurde die COSTIF gegründet, »Koordination für die Solidarität der Ile-de-France-Territorien und gegen Grand Paris«

(costif.parla.fr). Sie kritisiert anhand einzelner Grand-Paris-Vorhaben die Betonierung der Landschaft bei gleichzeitiger Ökoheuchelei, den undemokratischen Charakter weitreichender städtebaulicher Entscheidungen, die aufblühende Immobilienspekulation, die zunehmende Gentrifizierung. Einige dieser Vorhaben wurden auch ins *Petit livre noir des grands projets inutiles* aufgenommen, das 2013 zum ersten Mal erschienene »kleine schwarze Buch der unnützen Projekte«.

Wie stark sich solche derzeit noch recht bescheidenen oppositionellen Bewegungen entwickeln werden, ist unklar. Nach Einschätzung von Eric Hazan, dem leidenschaftlichen Paris-Flaneur und linken Verleger, ist in und um Paris der aufsässige Geist trotz Verbürgerlichung und Boboisierung noch nicht völlig erloschen. In seinem Buch *Paris sous tension* malt er sich gar aus, wie im Zuge eines Volksaufstands die Grenze zwischen »intra« und »extra muros« überwunden wird zugunsten eines revolutionären Grand Paris. Die offiziellen Stararchitekten und Stadtplaner würden verjagt, statt der Konstruktion weiterer verglaster Bürofassaden und neuer Türme in La Défense würden Stadt und Banlieue durch lebendige und lebenswerte Straßen zusammengenäht – ein kleiner utopischer Wunschtraum. Aber Hazan meint, diese Stadt sei grundsätzlich für Überraschungen gut und zitiert eine Stelle aus Balzacs *Glanz und Elend der Kurtisanen:* »Die soziale Natur bringt, vor allem in Paris, solche Zufälle mit sich, so launenhafte Verschlingungen der Verhältnisse, dass die Fantasie der Erfinder mit jedem Augenblick übertroffen wird.«

LITERATURVERZEICHNIS

Honoré de Balzac, *Glanz und Elend der Kurtisanen*, Insel, Frankfurt a. M. 1998.

Banlieue rouge 1920–1960, hg. von Annie Fourcaut, Autrement, Paris 1992.

Hacène Belmessous, *Le nouveau bonheur français*, L'Atalante, Nantes 2009.

Linda Bendali, *Sarcelles, une utopie réussi?*, Gulf Stream, Nantes 2006.

Walter Benjamin, *Illuminationen. Ausgewählte Schriften*, Suhrkamp, Frankfurt a. M. 1980.

Walter Benjamin, *Das Passagen-Werk*, Suhrkamp, Frankfurt a. M. 1983.

Serge Berstein, Pierre Milza, *Histoire de la France au XXe siècle, Bd. 4: 1958–1974*, Editions Complexe, Brüssel 1999.

Christian Blanc, *Le Grand Paris du XXIe siècle*, Le Cherche midi, Paris 2010.

Ernst Bloch, *Das Prinzip Hoffnung*, Suhrkamp, Frankfurt a. M. 1970.

Alain Brossat, *Le Grand dégoût culturel*, Seuil, Paris 2008.

Camille, *Le petit livre noir des grands projets inutiles*, Le Passager Clandestin, Neuvy-en-Champagne 2013.

Louis-Ferdinand Céline, *Reise ans Ende der Nacht*, Rowohlt, Reinbek 1968.

Blaise Cendrars, *La Banlieue de Paris*, Denoël, Paris 1995.

Paul Chemetov, Marie-Jeanne Dumont, Bernard Marrey, *Paris-Banlieue 1919–1939. Architectures domestiques*, Dunod, Paris 1989.

Jean Chesneaux, *De la modernité*, La Découverte, Paris 1983.

Louis Chevalier, *L'assassinat de Paris*, Editions Ivréa, Paris 1997.

Françoise Choay, *Pour une anthropologie de l'espace*, Seuil, Paris 2006.

Anne Clerval, *Paris sans le peuple?*, La Découverte, Paris 2013.

Jean-Louis Cohen, André Lortie, *Des fortifs au periph. Paris, les seuils de la ville*, Picard, Paris 1991.

Claude Cottour, *Une brève histoier de l'aménagement de Paris et de sa région*, DREIF, Paris 2008.

Eugène Dabit, *Faubourgs de Paris*, Gallimard, Paris 1990.

Marie-Jeanne Dumont, *Le logement social à Paris 1850–1930. Les habitations à bon marché*, Mordaga, Liège 1991.

Norma Evenson, *Paris. Les héritiers d'Haussmann*, Presses universitaires de Grenoble, Grenoble 1983.

Annie Fourcaut, Emmanuel Bellanger, Mathieu Flonneau, *Paris/Banlieues: conflits et solidarités, historiographie, anthologie, chronologie, 1788–2006*, Créaphis, Paris 2007.

Jean-Pierre Garnier, Denis Goldschmidt, *La Comédie urbaine ou la cité sans classe*, Maspero, Paris 1978.

Jean-Pierre Garnier, *Des Barbares dans la cité. De la tyrannie du marché à la violence urbaine*, Flammarion, Paris 1996.

Jean-Pierre Garnier, *Une violence éminemment contemporaine. Essais sur la ville, la petite bourgeoisie intellectuelle et l'effacement des classes populaires*, Agone, Marseille 2010.

Frédéric Gilly, Jean-Marc Offner, *Paris, métropole hors les murs. Aménager et gouverner un Grand Paris*, Presses de la Fondation nationale des Sciences politiques, Paris 2008.

Edmond und Jules de Goncourt, *Germinie Lacerteux*, Aufbau, Berlin 1980.

Jean-Francois Gravier, *Paris et le désert français*, Préface de Raoul Dautry, Le Portulan, Paris 1947.

Roger-Henri Guerrand, Chrstine Moissinac, *Henri Sellier, urbaniste et réformateur social*, La Découverte, Paris 2005.

David Harvey, *Paris, Capital of Modernity*, Routledge, New York 2006.

Georges-Eugène Haussmann, *Mémoires du Baron Haussmann*, Bd. 3, Victor-Havard, Paris 1890.

Eric Hazan, *L'invention de Paris*, Seuil, Paris 2002.

Eric Hazan, *Paris sous tension*, La Fabrique, Paris 2011.

Histoire de la France urbaine, Bd. 4: *La ville de l'âge industrielle*, hg. von Georges Duby, Seuil, Paris 1983.

Victor Hugo, *Der Glöckner von Notre-Dame*, Diogenes, Zürich 1985.

David Jordan, *Die Neuerschaffung von Paris*, S. Fischer, Frankfurt a. M. 1996.

Siegfried Kracauer, *Jacques Offenbach und das Paris seiner Zeit*, Suhrkamp, Frankfurt a. M. 1976.

Anthony Lacoudre, *Ici est né l'impressionnisme. Guide de randonnées en Yvelines*, Editions du Valhermeil, Saint-Ouen-l'Aumône 2003.

La Culture des camarades, hg. von Antoine Spire, Autrement, Paris 1986.

Le Corbusier, Pierre Jeanneret, *Oeuvre complète de 1910–1929*, Les Editions d'Architecture SA, Erlenbach-Zürich 1948.

Jean-Pierre Le Dantec, *Dédale le Héros*, Balland, Paris 1991.

Henri Lefebvre, *Le droit à la ville*, Anthropos, Paris 1972.

Le Grand Pari(s). Consultation internationale sur l'avenir de la métropole parisienne, hg. von Le Moniteur Architecture, Paris 2009.

Le Grand Paris Express, investissement pour le XXIe siècle, hg. von der Société du Grand Paris, Paris 2015.

Madeleine Leveau-Fernandez, *La zone et les fortifs*, Le Temps des Cerises, Montreuil 2005.

Günter Liehr, »Villes nouvelles: Antwort auf die Krise von Paris?«, in: *Die Zukunft der Metropolen: Paris – London – New York – Berlin*, hg. von Technische Universität Berlin, Berlin 1984.

Günter Liehr, *Der Untergrund von Paris*, Ch. Links, Berlin 2000.

Raymond Lopez, *L'Avenir des villes*, Robert Laffont, Paris 1964.

Bernard Marchand, *Paris, Histoire d'une ville*, Seuil, Paris 1993.

François Maspero, *Roissy-Express. Reise in die Pariser Vorstädte*, Beck & Glückler, Freiburg 1993.

Niklaus Meienberg, *Zunder. Überfälle Übergriffe Überbleibsel*, Diogenes, Zürich 1995.

Philippe Meyer, *Paris la Grande*, Flammarion, Paris 1997.

Pierre Milza, *Napoléon III*, Perrin, Paris 2006.

Dolf Oehler, *Ein Höllensturz der Alten Welt*, Suhrkamp, Frankfurt a. M. 1988.

Thierry Paquot, *Désastres urbains. Les villes meurent aussi*, La Découverte, Paris 2015.

Marc Perelman, *Le Corbusier. Une froide vision du monde*, Michalon, Paris 2015.

Michel Pinçon, Monique Pinçon-Charlot, *Quinze promenades sociologiques*, Payot, Paris 2009.

Michel Pinçon, Monique Pinçon-Charlot, *Sociologie de Paris*, La Découverte, Paris 2014.

Alain Plessis, *De la fête impériale au mur des fédérés 1852–1871*, Seuil, Paris 1979.

Benoît Pouvreau, Marc Couronné, Marie-Françoise Laborde, Guillaume Gaudry, *Les Cités-jardins de la banlieue du nord-est parisien*, Le Moniteur, Paris 2007.

Michel Ragon, *Histoire de l'architecture et de l'urbanisme moderne*, Casterman, Paris 1986.

Jacques Rancière, *Moments politiques. Interventions 1977–2009*, La Fabrique, Paris 2009.

Régine Robin, *Le mal de Paris*, Stock, Paris 2014.

Christiane Rochefort, *Kinder unserer Zeit*, Suhrkamp, Frankfurt a. M. 1978.

Alain Rustenholz, *De la banlieue rouge au Grand Paris*, La Fabrique, Paris 2015.

Luc Sante, *The Other Paris*, Faber and Faber, London 2015.

Wolfgang Schivelbusch, *Geschichte der Eisenbahnreise. Zur Industrialisierung von Raum und Zeit im 19. Jahrhundert*, Hanser, München 1977.

Klaus Schüle, *Paris. Die kulturelle Konstruktion der französischen Metropole*, Leske + Budrich, Opladen 2003.

Philippe Subra, *Le Grand Paris. Géopolitique d'une ville mondiale*, Armand Colin, Paris 2012.

Villes contestés. Pour une géographie critique de l'urbain, hg. von Cécile Gintrac und Matthieu Giroud, Les Prairies ordinaires, Paris 2014.

Emile Zola, »Les environs de Paris«, in: *Contes et Nouvelles*, François Bernouard, Paris 1928.

Emile Zola, *Die Beute*, Rütten & Loening, Berlin 1972.

Emile Zola, *Paradies der Damen*, Rütten & Loening, Berlin 1983.

BILDNACHWEIS

Sofern im Folgenden nicht anders vermerkt, stammen alle Fotos von Günter Liehr.

S. 10/11: Carte des fortifications de Paris et environs, 1841, Bibliothèque nationale de France

S. 14 links: Rue de la Fontaine Molière, 1866, Foto: Charles Marville (1813–1879)

S. 14 rechts: Impasse de la Brasserie, um 1866, Foto: Charles Marville (1813–1879)

S. 15 links: Passage Saint-Guillaume, Paris Ier, um 1866, Foto: Charles Marville (1813–1879)

S. 15 rechts: Ancienne école de Médecine. 1898. © Eugène Atget

S. 19: Honoré Daumier (1808–1879), Juli 1834, Rogers Fund, 1920

S. 24 Plan de l'Ile de la Cité, um 1754 von Jean Delagrive (1689–1757), Bibliothèque nationale de France

S. 30/31: Rue Soufflot, um 1853–70, Fotograf unbekannt, Charles Marville zugeschrieben, State Library of Victoria, Melbourne.

S. 33: Foto: Charles Marville, zwischen 1858 und 1878, Musée Carnavalet, Histoire de Paris

S. 36: L'arasement de la butte des Moulins, 1870, en vue du percement de l'avenue de l'Opéra, Foto: Charles Marville, Bibliothèque nationale de France

S. 51: *L'Homme au balcon*, Boulevard Haussmann, 1880, Gustave Caillebotte (1848–1894), Christie's

S. 55: Revendications de la banlieue, 1886, Bibliothèque nationale de France

S. 56: Direction de l'Aménagement Urbain

S. 58: Porte d'Asnières, Cité Valmy 1913, Foto: Eugène Atget (1857–1927), Bibliothèque nationale de France

S. 59: Foto: Eugène Atget (1857–1927), Bibliothèque nationale de France

S. 68: Aux abattoirs de la Villette: femmes travaillant, 1917, Bibliothèque nationale de France

S. 76: *Bain à la Grenouillère*, Claude Monet, 1869, National Gallery London

S. 77: *Le déjeuner des canotiers*, Pierre-Auguste Renoir, 1880/81, Phillips Collection Washington DC

S. 85: Institut Auguste Perret

S. 91: La Cité de la Muette à Drancy, Fonds Eugène Baudouin. © Cité de l'Architecture & du Patrimoine

S. 125: Bibliothèque nationale de France

S. 127: Rue des Archives

S. 130: Congrès socialiste: discours de Léon Blum, Pressefoto, 1932, Bibliothèque nationale de France

S. 136: Baraque américaine d'après le modèle Nissen, Exposition de 1945 via Architecture française, Juli 1945

S. 137: Baraquement près du Bassin du Roy, Le Havre, Fonds des Musées historiques

S. 143: http://books.openedition.org/psorbonne/2425

S. 147: Banlieue nord de Paris, Foto: David Monniaux

S. 148: Durchgang bei der Place des Fêtes, 1970, anonym, Bibliothèque historique de la ville de Paris. https://etudesphotographiques.revues.org/3407

S. 230: Sociéte du Grand Paris

S. 234/235: Kengo Kuma associates – Sociéte du Grand Paris

S. 277: www.skyscrapercity.com/showthread.php?t=332767&page=420

PERSONENVERZEICHNIS

A

Abbé Pierre 135, 136
Aillagon, Jean-Jacques 279
Alphand, Jean-Charles 27, 40, 47
Aragon, Louis 139
Arnault, Bernard 245, 246
Attali, Jacques 225

B

Baldaccini, César 256
Baltard, Victor 22, 26, 47, 159, 195
Balzac, Honoré de 45, 113, 219, 288
Ban, Shigeru 246
Barbier, Auguste 17
Beaudoin, Eugène 133
Beauharnais, Joséphine de 73
Belgrand, Eugène 27, 93
Benjamin, Walter 29, 30, 47
Berger, Jean-Jacques 15
Berlioz, Hector 79
Bernhardt, Sarah 40, 48
Besson, Luc 271, 272
Bizet, Georges 80
Blanc, Christian 221, 222, 226–228, 234, 236, 238, 241, 243, 282, 286
Bloch, Ernst 147

Blum, Léon 129, 130
Bodelschwingh, Friedrich von 64
Bofill, Ricardo 183, 185, 189, 192–194, 196, 197
Bonaparte, Louis-Napoléon (Napoléon III) 13–16, 25, 27, 32, 45, 46, 78, 93, 101, 209, 286
Bonaparte, Napoléon (Napoléon I) 10, 13, 23, 62, 78, 225
Bonnier, Louis 60, 83, 84, 98, 102
Bové, José 279
Breker, Arno 131, 132
Breton, André 40
Brooks, David 199
Brossat, Alain 247
Bruant, Aristide 54

C

Caillebotte, Gustave 49, 51
Cantal-Dupart, Michel 215, 285
Carco, Francis 54
Carné, Marcel 22
Castells, Manuel 161
Castro, Roland 113, 214, 215, 223, 225, 226, 248, 284, 285
Céline, Louis-Ferdinand 8, 86

Cendrars, Blaise 8, 88
Charles V 10
Chemetov, Paul 162
Chevalier, Louis 51, 159, 164, 183
Chevalier, Michel 14, 101
Chirac, Jacques 196–198, 217, 265
Choltitz, Dietrich von 134
Cogné, François 47
Cohen, Jean-Louis 168
Considérant, Victor 16

D

Dabit, Eugène 62
Daudet, Alphonse 80
Daumier, Honoré 19, 28
Davioud, Gabriel 22, 38, 40, 48
Delanoë, Bertrand 229, 249, 250
Delebarre, Michel 218
Delouvrier, Paul 178, 179, 214, 222, 231, 286
Déroulède, Paul 47
Deutsch de la Meurthe, Emile 110
Doisneau, Robert 8
Drahi, Patrick 271
Dubreuilh, Louis 58
Duclos, Jacques 127

Dudok, Wilhelm Marinus 111
Dumas, Alexandre d. Ä. 44, 48
Dumas, Alexandre d. J. 48
Dumas, Thomas Alexandre 48

E
Eluard, Paul 139
Enfantin, Barthélemy Prosper 14, 101
Engels, Friedrich 17, 33
Evenson, Norma 149

F
Fabius, Laurent 218, 278
Fainsilber, Adrien 71
Fermigier, André 165
Ferrat, Jean 121, 139
Flaubert, Gustave 79
Foster, Norman 251, 255
Franju, Georges 70

G
Gabin, Jean 146
Gagarin, Juri 140
Garnier, Charles 24, 25, 45
Garnier, Jean-Pierre 200, 215, 217, 248, 276
Gaulle, Charles de 141, 145, 156, 159, 178, 214, 231, 286
Gehry, Frank 245, 246, 248
Gilliam, Terry 185, 193
Giscard d'Estaing, Valéry 170, 182, 184, 185, 196, 197, 249
Godard, Jean-Luc 184
Goncourt, Edmond und Jules de 28, 52, 79
Gravier, Jean-François 137, 178
Grumbach, Antoine 223, 225
Guichard, Olivier 182

H
Handke, Peter 254
Harvey, David 13, 36, 242, 243, 287
Haussmann, Eugène 9, 15–29, 32, 33, 36, 38–40, 45, 47, 50, 62, 93, 131, 145, 159, 162, 169, 195, 209, 210, 222, 228, 231, 286
Hazan, Eric 159, 160, 164, 288
Heckly, Louis-Clovis 105
Heine, Heinrich 17
Hénard, Eugène 59, 83
Herzog, Jacques 112, 250
Hidalgo, Anne 209, 250
Hitler, Adolf 131, 134
Holley, Michel 164, 165, 171, 172, 176
Howard, Ebenezer 89
Hugo, Victor 8, 10, 223

I
Iskenderov, Emin 251

J
Jaussely, Léon 60
Jospin, Lionel 217

K
Kechiche, Abdellatif 264
Klapisch, Cédric 210
Kuma, Kengo 235, 272

L
Labourdette, Jacques-Henri 150
La Goulue 54
Latour, François 86, 92
Lebaudy, Amicie 84, 100–103
Le Corbusier 84, 86, 90, 108, 110, 111, 143, 144, 164, 252
Le Dantec, Jean-Pierre 144
Ledoux, Nicolas 61, 78
Le Play, Frédéric 87
Leroy, Maurice 241
Lion, Yves 224
Lods, Marcel 133
Lopez, Raymond 146, 162–164
Lussault, Michel 240

M
Maas, Winy 224
Malraux, André 160–162, 249, 256
Manet, Edouard 79
Mansat, Pierre 229, 231, 240
Marchais, Georges 213
Marrane, Georges 130
Marville, Charles 28
Maspero, François 8
Maupassant, Guy de 80, 81, 82
Mercier, Louis-Sébastien 61
Meuron, Pierre de 112, 250
Meyer, Philippe 286
Michel, Louise 51, 124, 131
Milza, Pierre 29
Mimram, Marc 186, 265
Miró, Joan 256
Missika, Jean-Louis 251
Mitterrand, François 170, 198, 212, 214, 216, 256
Moilin, Tony 34, 37
Monet, Claude 51, 72, 76–79, 81
Montand, Yves 139
Montijo, Eugénie de 46
Morin, Edgar 279
Morisot, Berthe 78, 79
Morizet, André 92, 129–231

N
Nadar 27, 28, 30
Nadaud, Martin 57
Nerval, Gérard de 40

Nouvel, Jean 70, 110, 223, 227, 246, 248, 250, 251, 255, 276
Nuñez-Yanowsky, Manuel 186, 193

O

Oehler, Dolf 38
Ollier, Patrick 233

P

Paquot, Thierry 148, 257
Patellière, Denis de la 146
Pei, Ieoh Ming 254
Pereire, Emile und Isaac 14, 15, 21, 48
Perret, Auguste 83–85
Persigny, Victor de 16
Philippe Auguste (Philippe II) 10
Piaf, Edith 132
Piano, Renzo 213, 238, 241, 250
Pinault, François 246, 279
Pissarro, Camille 51, 72, 78
Poëte, Marcel 60
Pompidou, Georges 159, 161, 166, 170, 182, 196, 249
Portzamparc, Christian de 223, 224, 248, 255, 257
Proust, Marcel 47

Q

Quilès, Paul 218

R

Rambuteau, Claude-Philibert de 15
Rancière, Jacques 182
Reinhardt, Django 54
Renaudie, Jean 147
Renault, Louis 133
Renoir, Auguste 51, 72, 78, 80, 81, 82, 113, 219
Rocard, Michel 216
Rochefort, Christiane 146
Rogers, Richard 223, 224
Rohmer, Eric 194
Romains, Jules 57

S

Sacco und Vanzetti 126
Sagan, Françoise 48
Saint-Saëns, Camille 79, 80
Sand, Georges 79
Sarkozy, Nicolas 9, 105, 218, 220–223, 226, 227, 229, 230, 240, 241, 249, 252, 255, 286
Sauvage, Henri 93
Schivelbusch, Wolfgang 23
Sellier, Henri 89, 90–92, 114, 120, 121, 130, 133, 231, 243
Seurat, Georges 51, 252
Siegfried, Jules 94
Sisley, Alfred 51, 72, 78, 80
Spreckelsen, Otto von 256
Stalin, Josef 138
Subra, Philippe 283, 285
Sue, Eugène 23, 39

T

Taïbi, Azzedine 114
Takis (Panayotis Vassilakis) 252
Tapie, Bernard 216
Thiers, Adolphe 11, 35
Thorez, Maurice 127, 140
Toulouse-Lautrec, Henri de 54
Troussel, Stéphane 233
Tschumi, Bernard 70
Turgenjew, Iwan 79

V

Vaillant-Couturier, Paul 120, 124, 128
Valls, Manuel 232, 247, 278
Verneuil, Henri 146
Viardot, Pauline 79
Vigo, Jean 63
Viguier, Jean-Paul 271
Vlaminck, Maurice de 78

W

Weill, Kurt 80

Y

Yriarte, Charles 28
Yvin, Philippe 233, 239

Z

Zehrfuss, Bernard 256
Zola, Emile 20, 21, 23, 29, 30, 52, 80, 160